COLLECTION AFRIQUE
Celso Salles

Celso Salles, fils de Manuel Ferreira Salles et Horaide de Sousa Salles, né le 28 mai 1959, dans la ville d'Itirapina - SP - Brésil, marié à Mírian Amorim Salles en 1988, père de Leandro Amorim Salles (1994) et Lucas Amorim Salles (2000), diplômé en Sciences économiques - Administration des affaires, par ITE - Toledo Institute of Education de Bauru - SP - Brésil. Spécialisé dans les plateformes numériques et la gestion de projets, appartenant principalement au domaine social, vivant à Luanda - Angola - Afrique, en 2021, où il a écrit un autre livre de la Collection África.

2021

Dans cet ouvrage, qui clôt la Collection África et donne le titre au livre, vous, lecteurs, pourrez apprécier les différents contenus publiés dans la Collection, par l'écrivain afro-brésilien Celso Salles, résidant en Angola en 2021. Dans ce que nous pouvons appeler « les meilleurs moments » de chaque livre, l'auteur sélectionne des extraits qui, à sa façon, peuvent grandement aider à la formation d'une nouvelle génération d'êtres humains qui doit réduire les différences, ainsi que prendre soin de la défavorisés, ses grands et nobles objectifs. La Collection África couvre une lacune importante sur le marché de l'édition, car, écrite en portugais, avec des versions en anglais, français, allemand et espagnol, elle apporte aux lecteurs du monde entier une richesse de connaissances du continent africain. La grande ambition de l'auteur avec la Collection África est d'ÉVEILLER les esprits et les cœurs pour RÉPARER toutes les énormes erreurs commises par les générations passées et que, PAR OBLIGATION, il nous appartient de CHANGER. Au terme de ce grand Projet, l'auteur prévient déjà qu'une autre COLLECTION AUDACIEUX ET SANS PRÉCÉDENT 100 pour cent centrée sur l'Afrique est à venir.
BONNE LECTURE.

IMPORTANT:

Dans la version portugaise vers le français de ce livre, la technologie Google Translate a été utilisée. Toute suggestion d'amélioration, ainsi que toute question, veuillez nous envoyer à educasat@hotmail.com

DÉVOUEMENT

Née dans une famille pauvre de Belo Horizonte, Maria da Conceição Evaristo de Brito a émigré à Rio de Janeiro à un jeune âge et est diplômée en arts de l'Université fédérale de Rio de Janeiro (UFRJ). Elle devient enseignante, rompant avec la tradition des femmes de sa famille, qui servaient de bonnes dans les maisons des familles les plus riches - certaines issues du monde littéraire, comme celle d'Otto Lara Resende.

Mais ses encouragements à la littérature ne viennent pas de là. Dans les débats et les interviews, qui remplissent aujourd'hui l'agenda de l'écrivain, Conceição rapporte que les relations entre sa famille et les propriétaires de la maison étaient de subordination absolue. Beaucoup de travail et peu d'argent étaient la clé de la socialisation.

Sa trajectoire, selon l'écrivain elle-même, s'est construite à partir du désir et de l'insatisfaction face aux inégalités sociales. Sa famille était nombreuse - elle est la deuxième de dix enfants - et elle a combiné ses études avec la lessive et la livraison de vêtements. Elle est la première de sa famille à recevoir un diplôme universitaire — aujourd'hui, Conceição est titulaire d'un doctorat en littérature comparée de l'Universidade Federal Fluminense.

Escrevivência (Rédaction de vos expériences de vie)

Votre écriture raconte beaucoup de votre histoire. Conceição a inventé un terme pour sa littérature, engagée sur la condition de femme noire dans une société marquée par les préjugés : l'écriture.

Le terme renvoie à une double dimension : c'est la vie qui s'écrit dans l'expérience de chacun, comme chacun écrit le monde auquel il fait face. En ce sens, lire les romans, essais et poèmes de Conceição Evaristo, c'est visiter la vraie vie d'une femme qui a lutté pour conquérir ce qui, à cause des préjugés, coûte cher.

Par conséquent, la littérature signifiait pour Conceição Evaristo une libération. Une possibilité d'enregistrer les injustices, les douleurs et les silences qui autrement resteraient cachés, comme cela arrive aux personnes qui ne sont pas entendues.

Lire son œuvre, c'est lire l'histoire de femmes qui vivent en retrait, séparées de la sphère publique. Ces personnages, qui se mêlent entre le réel et la fiction, apparaissent de manière récurrente dans son œuvre.

Parmi ses œuvres les plus importantes figurent les romans Ponciá Vicencio et Becos da Memória et le livre de poésie Poemas da Recordação e Outros Movimentos. En outre, l'écrivain a publié trois recueils de nouvelles : Unsubmissive Tears of Women, Olhos d`água et Stories of Slight Mistakes and Similarities.

Conceição Evaristo
OLHOS D'ÁGUA

Maria da Conceição Evaristo

L'écriture de Conceição Evaristo est une invitation à la réflexion sociale et, bien sûr, à la lecture. Apprenez à mieux connaître l'écrivain et plongez-vous dans l'œuvre de l'un des principaux artistes brésiliens du début de ce siècle.

Source : Scielo, O Globo et Itaú Cultural.

LIVE REAFRO: VIVRE AFRICAINE - DE L'ORALITÉ À L'ÉCRITURE - 10 ANS EN AFRIQUE - RENCONTREZ CELSO SALLES ! - FAIT LE 09.2021

INTERVENANT : Gilson Ferraz Junior – Entrepreneur, professeur et consultant en franchise, spécialisé dans le formatage et principalement dans la structuration d'organisations de franchise, plus de 27 ans de services destinés au segment de la franchise. Il vend, interagit avec les investisseurs et les entrepreneurs intéressés à acquérir des connaissances et des conseils. Intervenant avec adhésion au segment de la franchise, réalisant des formations individuelles et collectives. Son parcours comprend le cours d'administration à l'UFS, l'élargissement de mes connaissances en gestion du marketing à l'UNG et un MBA en gestion d'entreprise à l'ESAMC, PDG de CASA DA FRANQUIA. site web : www.casadafranquia.com - Instagram #casadafranquia -

REMERCIEMENT SPÉCIAL

Je me souviens, comme si c'était aujourd'hui, de mon père Manoel Ferreira Salles, fils de Domingos et Luisa Ferreira Salles. Ils vivaient à Vinhedo quand j'avais encore 8 ans. Mes grands-parents, descendants d'Africains Brésiliens, portaient encore beaucoup de culture africaine, héritée de l'époque de l'esclavage.

Mes grands-parents ont beaucoup parlé à mon père Manoel Ferreira Salles et Luis Ferreira Salles, le frère cadet de mon père, d'une grande quantité de terres héritées des maîtres pour lesquels les parents de mes grands-parents travaillaient encore sous l'esclavage.

Beaucoup de ces terres étaient situées dans la zone qu'occupe actuellement la ville de Jundiaí, à l'intérieur de l'État de São Paulo et à proximité de Campinas.

Il s'avère que la propriété foncière était en fait verbale, comme c'est encore le cas dans une grande partie du territoire africain, où les SOBAS de chaque région légitiment leur propriété foncière respective.

Les fils des seigneurs enregistrèrent alors toutes les terres à leur nom et la famille Ferreira Salles resta sans rien.

Mon père et mon oncle sont allés de registre en registre à la recherche de tout document pouvant légitimer la possession des terres de leurs grands-parents et arrière-grands-parents.

Après des recherches inlassables, ils ont vu que cela ne servirait à rien et ont abandonné.

En une nuit, dans notre séance familiale, où il y avait toujours des sambas et des conversations arrosées de vin, comme mon grand-père était producteur de vin, il avait un vignoble sur sa ferme où il produisait le vin de la famille et le vendait aux voisins et aux entrepôts Vinhedo , Valinhos, Louveira, j'ai pris la parole quand j'avais 15 ans à l'époque, j'ai fait un discours qui a fini par faire taire toutes les personnes présentes.

Je me permets d'utiliser des extraits de ce discours pour adresser mes plus sincères remerciements au CONTINENT AFRICAIN. AU PEUPLE AFRICAIN.

Il dit aux personnes présentes à cette séance familière :

Je vais demander un petit silence pour que toutes les personnes présentes ici puissent entendre mes paroles. Je veux les adresser à mon Père Manoel et à mon Oncle Luis. J'ai suivi leurs efforts pour récupérer les terres de la famille Ferreira Salles. Un vrai combat, qui n'a malheureusement pas abouti à un seul centimètre de terrain en faveur de la Famille Salles.

Je voudrais dire aux deux guerriers que les fils des seigneurs ont pris la terre qui appartenait à notre famille, mais que devons-nous prendre en compte, que l'essentiel, exactement l'essentiel qu'ils n'ont pas réussi à voler nous et, dans la mesure où cela dépend de moi, de mes enfants et petits-enfants, ne pourra jamais nous en sortir, qui est le SANG AFRICAIN. Ce sang qui coule dans nos veines est sans aucun doute NOTRE GRAND HÉRITAGE. NOTRE HÉRÉDITAIRE.

De gauche à droite : Luis Ferreira Salles, Manoel Ferreira Salles, Horaide Sousa Salles et Maria Brandina. Photo prise en 1940 sur la place centrale de la ville d'Itirapina - SP - Brésil

PRÉFACE

Les principaux dossiers, recherches et études sur l'histoire de l'humanité, son origine et son parcours, tissent leurs racines dans un territoire spectaculaire : le continent africain.

À partir de ces racines solides, les nations se diversifient sur tous les continents de cette planète simple, que nous appelons la Terre.

Les fruits de cette diaspora humaine aboutissent dans environ 195 pays selon l'ONU (Nations Unies). J'inscris le terme grossièrement donné à la volatilité historique de la formation de nos nations, toujours dans une phase qui remonte aux conceptions géopolitiques.

D'une représentativité étonnante, environ 28% de ces pays sont liés aux drapeaux du continent africain, soit environ 55 pays, selon l'UA (Union africaine).

Avec une lecture fine du monde, traversée par une proposition respectueuse du regard académique et de la place de la parole, à propos des concepts de Djamila Ribeiro, issue de la diaspora vécue par l'auteur, accentuée dans sa brésilienne, Celso Salles aborde l'influence compréhensive que ces pays, situés en Afrique, représentent au monde et, en particulier, à la formation de la nation appelée Brésil.

Les pays d'Afrique, dans un processus accéléré de croissance économique, l'expansion des infrastructures urbaines et des macrostructures nationales, l'organisation des dispositifs touristiques, se traduisent par des indicateurs d'augmentation de leur PIB (Produit Intérieur Brut), dont certains se positionnent parmi les 10 premiers pays en rapport à la croissance économique mondiale.

Avec un style narratif raffiné, l'auteur de la COLLECTION ÁFRICA parle de propositions comme philosophie de vie, comme la parabole de la plantation de dattes, dans d'autres aspects, l'importance de développer les échanges académiques, culturels, entrepreneurials et commerciaux entre nos pays , configure en impliquant votre autobiographie comme une expérience imbriquée dans la vie quotidienne de chaque lecteur.

Enfin, dans ce beau et inspirant recueil de textes, l'Afrique et le Brésil s'entrelacent en offrant une lecture incontournable, comprenant la pertinence significative que cette configuration représente pour le monde actuel et son futur proche.

Prof. Dr Odair Marques da Silva

Odair Marques da Silva développe un profil diversifié dans sa carrière professionnelle. Agit en tant que professeur titulaire d'un diplôme en sciences, ajoute le domaine de l'analyse des systèmes avec une spécialisation en technologies de l'information à PUCCAMP, complétée par une maîtrise en gestion à FEM/UNICAMP et un doctorat à UTAD (Portugal) avec une concentration chevauchante entre culture numérique et méthodologies pédagogiques . Dans un autre aspect, il est également impliqué dans l'enseignement dans le domaine de la Pédagogie Sociale et la publication de plusieurs articles et livres, en co-organisation, sur ce thème. Elle publie le livre Atlas géoculturel de l'Afrique et le projet de diffusion des pays d'Afrique à travers le site www.africaatual.com.br.

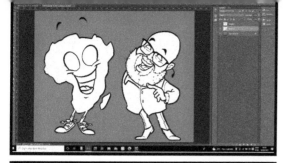

José Policena, plus connu sous le nom de famille PoLICENA, est brésilien et travaille depuis plus de 30 ans dans le domaine graphique et artistique. Il a travaillé pour plusieurs journaux, chaînes de télévision. Il a plusieurs œuvres développées pour plusieurs entreprises à travers le Brésil et même à l'international, telles que : Philippines, USA, France, Roumanie, Japon et Angola.

Avec un trait caractéristique pour la douceur, l'élégance et la vie qu'il donne aux caricatures et aux personnages qu'il crée, il s'engage dans ce qui est proposé et parvient à transmettre dans la ligne tout ce qui est demandé par le client.

Spécialiste du design, a développé de l'art pour des brasseries internationales, des dessins animés pour les autorités locales et plusieurs États brésiliens, a participé à des programmes de télévision nationaux, réalisant des caricatures.

Apprenez-en plus sur son travail sur : www.policena.com.br,

WhatsApp : +55 14 99751-7513, ou,

+55 14 99127-9519, e-mail : policena.design@gmail.com.

8

PRÉSENTATION

Il y a 12 livres au total, voir l'index aux pages 12 et 13. Dans ce 12ème livre, nous faisons un tour des différents contenus et à la fin du Résumé de chaque livre, nous fournissons le QR code pour pouvoir acheter et avoir le contenu complet de chaque livre.

Les livres de la Collection AFRIQUE de l'auteur Celso Salles sont commercialisés par AMAZON.COM et d'autres librairies à travers le monde.

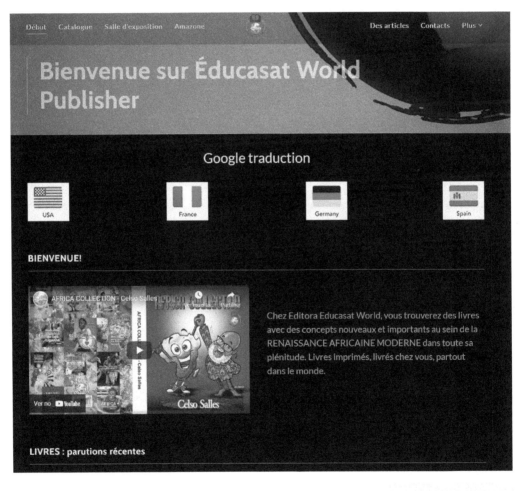

educasatworld.com

INTRODUCTION

Que dire dans ce livre 12, COLLECTION AFRIQUE, qui n'a pas déjà été dit dans les autres livres de la Collection. En fait, il y a toujours quelque chose à dire quand il s'agit de l'Afrique. Dans la dédicace que j'ai faite de ce livre au peuple africain, je l'ai fait du fond de l'âme, car nous qui sommes nés et avons grandi hors du continent africain avons besoin de l'ÂME AFRICAINE pour nous recomposer en tant qu'êtres humains. Malheureusement, la presse en général se préoccupe de faire connaître ce que l'Afrique n'a pas et oublie de se concentrer sur ce que l'Afrique a.

J'ai essayé de mettre dans ces livres 21 ans de travail à distance et en face à face.

Comme vous le verrez dans le résumé de mon autobiographie dans les pages suivantes, j'ai effectivement mis le pied sur le territoire africain en septembre 2011. Lorsque j'écris ce livre, je réalise exactement 10 ans sur le continent africain. Au début avec des allées et venues et, Dieu merci, maintenant résidant et buvant à la fontaine africaine d'innombrables connaissances.

Dès que nous arrivons ici, nous sommes tentés de voir les qualités de l'Afrique comme si elles étaient des défauts, précisément parce que nous supposons que notre mode de vie en Occident est correct. Nos valeurs sont les meilleures.

Cependant, chaque fois que la terre tourne autour de son propre axe, nous apprenons à admirer le peuple africain, sa force, sa joie, sa sagesse et surtout son NOYAU DE FAMILLE.

En novembre 2013, nous sommes à la Mission Kakolo avec 3 missionnaires, Ashwin, Benedict et Frère Thomas. La paroisse compte 34 communautés, avec un poste de santé, une école jusqu'à la 4e et des Sœurs qui s'occupent de cette même école. En ce moment, nous investissons beaucoup dans les jeux d'entraînement avec l'organisation de diverses activités spirituelles pour qu'ils deviennent des communicateurs et des formateurs. Nous avons visité les communautés même s'il y a encore beaucoup de difficultés en termes d'accès, surtout pendant la saison des pluies. Le but des visites, en plus du travail spirituel, est de faire prendre conscience à la société de leur réalité afin qu'ils puissent eux-mêmes introduire un changement. Il y a un esprit très créatif chez les jeunes parce qu'ils construisent eux-mêmes leurs instruments de musique et leur propre musique dans leur langue qui raconte des histoires de la Bible.

INDICE

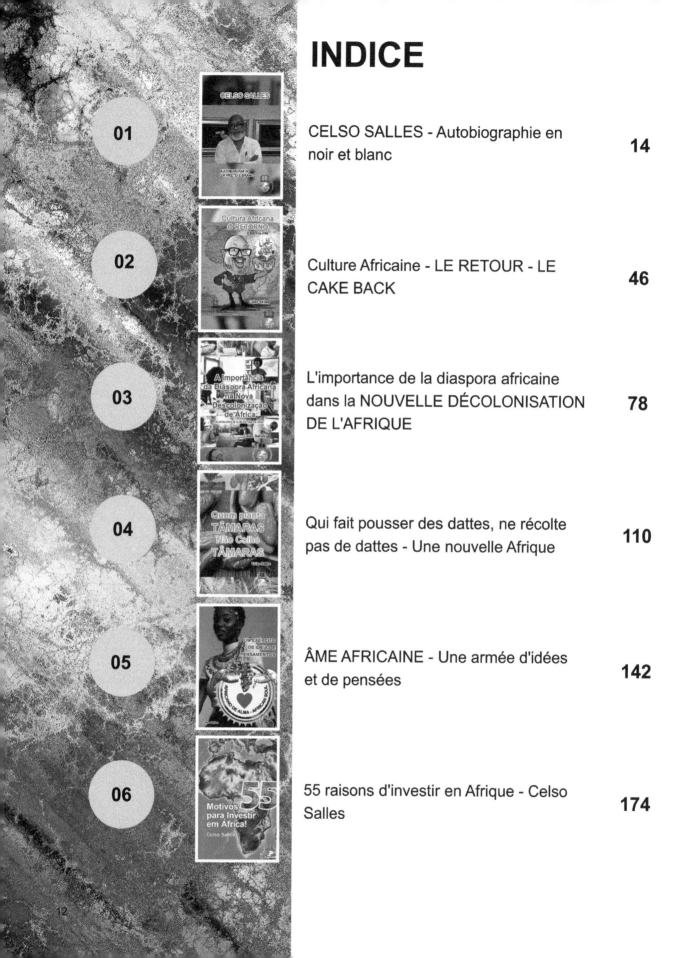

INDICE

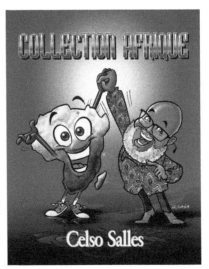

CELSO SALLES

AUTOBIOGRAFIA
EM PRETO E BRANCO

educasat

Editora

CELSO SALLES - Autobiographie en noir et blanc.

Jusqu'en décembre 1958, ma mère, Horaide de Sousa Salles, était 5 fois chez le médecin qui se trouvait à Boa Esperança do Sul, à l'intérieur de l'État de São Paulo - Brésil, près d'Itirapina, la ville où je suis né.

Il y a eu 5 tentatives d'avortement qui auraient pu réussir, dans les 14 semaines suivant le premier jour des dernières règles de ma mère (Curetagem). Dans toutes les tentatives qui ont été faites, la santé de ma mère s'est détériorée et je n'ai pas permis qu'un avortement légal soit pratiqué pour sauver la vie de ma mère, qui, selon le médecin, dont elle n'a jamais connu le nom, ne résisterait pas à l'avortement, en cas, cela a été fait aux dates où ma mère est allée les faire.

Une fois passés les mois possibles d'un avortement pour sauver la vie de ma mère, dans une situation de grossesse à risque, le seul remède était littéralement la PRIERE. Rapidement, les prières de la ville d'Itirapina se sont déclenchées et ont commencé les différentes neuvaines pour qu'elle puisse venir au monde, sans que ma mère Horaide de Souza Salles meure. Si j'étais née femme, je m'appellerais Maria Aparecida Ferreira Salles, un nom qui serait donné en remerciement à Notre-Dame Aparecida, patronne du Brésil et mère de Dieu. Et le 28 mai 1959, un jeudi, Celso Aparecido Ferreira Salles, moi, dit Celso salles, lors de la Procession du Corpus Christi (Corps de Dieu), célébrée par la foi catholique, où je suis né et j'ai grandi, mon père, Manoel Ferreira Salles, a dû être appelée, car avec la force de mois de prières, je suis venue au monde à 9 heures du matin, comme ma mère me l'a dit si fièrement. A cette époque (1959) les naissances par les sages-femmes étaient courantes. Et je suis encore né des mains d'une sage-femme.

Exactement une semaine plus tard, le médecin est décédé. Les pleureuses d'Itirapina disaient... "Tu vois, mon fils, le docteur qui voulait te tuer est mort." J'avoue que le fantôme de ces 4 mois qui a affligé mon père et ma mère, pendant de nombreuses années a fini par les chasser tous les deux car ils se sentaient coupables d'être allés m'avorter.

CHAQUE NOUVEAU JOUR DE VIE, BEAUCOUP GRÂCE À DIEU.

Cette fin heureuse que ma famille et moi avons fini par avoir a été très importante tout au long de ma vie. Se réveiller tous les jours et pouvoir célébrer la vie est inexplicable. Le don de la vie. La grâce de pouvoir vivre et contempler toute cette beauté créée par Dieu pour l'amour de l'humanité est quelque chose d'inexplicablement grand. Chaque jour, quand je me réveille, je lève les mains en l'air et je loue Dieu.

Dans ce climat, il m'a toujours traversé l'esprit et le cœur que JE NE VENAIS PAS AU MONDE POUR UNE PROMENADE. Quelque chose de grand et de très important m'avait été confié et, avec le temps, je saurais quelle serait en fait la mission que Dieu m'avait confiée.

Mon père Manoel Ferreira Salles était directeur de gare à la Companhia Paulista de Estrada de Ferro, connue à l'époque sous le nom de FEPASA. Il a forcément toujours vécu dans les villes où il travaillait. C'est pourquoi je suis né à Itirapina, où mon père travaillait à l'époque. Bien que très jeune, j'ai encore beaucoup de souvenirs. Nous vivions dans une maison de la colonie des employés. Itirapina a toujours été une zone touristique, avec son célèbre barrage de BROA et d'autres charmes naturels. Itirapina ou Ityrapina dans la langue indigène signifie "Morro Pelado", une montagne qui ne peut être négligée en arrivant dans la ville.

Memórias   Papa João Paulo II no Brasil

Celso Salles

Papa João Paulo II
18

Na primeira visita, em 4 de julho de 1980, João Paulo II rezou uma missa campal
que reuniu cerca de 400 mil pessoas no pátio da Basílica Nacional de Aparecida do Norte.

1965 - ARRIVEE ET VIE A BAURU - SP

Encore une fois, suivant la trajectoire de mon père, qui a été transféré travailler à la gare de Bauru et plus tard à l'unité Triagem, une gare où seuls les trains de marchandises s'arrêtaient, je me suis retrouvé à Bauru, une ville qui est essentiellement au centre de la État de São Paulo, à 335 km de la capitale. Je suis arrivé à Bauru avec mes parents et mes frères : Ivany Ferreira Salles et Manoel Roberto Ferreira Salles. C'est à Bauru que j'ai commencé mon admission à l'Escola João Maringoni, à Rua Marcílio Dias, tout près de chez moi, à Rua Bela Vista, de 8 à 74 ans, dès l'âge de 6 ans. Aujourd'hui, la résidence où il habitait est devenue le parking d'une boucherie.

Après l'Escola João Maringoni, je suis allé étudier au Colégio Moraes Pacheco de Bauru, où, en 8e année, j'ai fini par gagner un concours pour choisir le Hino do Colégio.

À Moraes Pacheco, j'ai étudié le gymnase complet. Jusqu'à la 8e année.

Plus tard, j'ai commencé à travailler dans un bureau de comptabilité, puis j'ai travaillé à Gráfica São João, où avec les ressources que j'ai gagnées, je suis allé étudier au C.T.I - Colégio Técnico Industrial de Bauru, où j'ai obtenu mon diplôme de technicien en électronique, une profession que je n'ai jamais pratiquée.

Toujours à Bauru, j'ai travaillé à TILIBRA, Indústria Gráfica et peu de temps après comme Secrétaire Exécutif au CIESP - Centro da Indústria do Estado de São Paulo, bureau régional à Bauru.

Par la suite, j'ai travaillé chez Duratex Florestal - Lençóis Paulista - Companhia Cervejaria Brahma - Agudos et chez PENTAGRAMA de Ribeirão Preto, une agence de publicité, où j'ai servi CARREFOUR, McDONALD, Bolachas MABEL entre autres.

En travaillant chez PENTAGRAMA, j'ai commencé dans le monde de PROPAGANDA en tant que rédacteur et plus tard en tant que directeur artistique.

J'ai obtenu mon diplôme en sciences de l'administration à l'ITE - Toledo Educational Institution of Bauru, puis j'ai étudié jusqu'à la dernière année à la Faculté des sciences économiques de la même institution, sans terminer mes études en économie en raison de voyages et de travaux en dehors de Bauru.

ANNÉES 90, DE SAO PAULO À L'AMÉRIQUE DU SUD ET À L'EUROPE.

J'avais un grand défi à relever, celui de travailler dans la ville de São Paulo - Capitale - Brésil. Je savais que remporter ce défi ferait une grande différence dans ma continuité professionnelle. Le Magazine que j'ai créé pour le Groupe PPA - Portal Porões Automáticos a fini par me procurer des revenus qui m'ont longtemps permis d'ouvrir un bureau près du centre commercial Morumbi, dans le quartier Marginal Pinheiros.

Ce furent des années de hauts et de bas, car la vie à São Paulo, sans le soutien financier de la famille ou même des investisseurs, n'est jamais facile. En 1994, mon premier enfant, Leandro Amorim Salles, est né, exactement le 12 avril. En 1998, j'ai effectué mon premier voyage en Europe Italie (Brisighella, Bologne), Sud de la France et Principauté de Monaco.

PREMIÈRE DÉCENNIE DU 21E SIÈCLE.
LE DÉBUT DE L'AFRIQUE PENSÉE.

En 2000, j'ai effectué un deuxième voyage à Bologne - Italie, qui comprend un voyage à Hanovre et Isernhagen en Allemagne, où j'ai visité une usine spécialisée dans la fabrication de portails et d'automatismes. Dès mon retour d'Allemagne, mon deuxième enfant, Lucas Amorim Salles, est né le 26 juillet. La découverte de ma mission principale a eu lieu en l'an 2000, lorsque j'ai créé l'AFRICAN VIRTUAL Festival. A l'époque, travaillant déjà avec la technologie internet, avec très peu de ressources existantes, sans les principaux acteurs d'aujourd'hui, j'ai ressenti l'appel fort à agir en faveur du continent africain. J'ai réussi à obtenir plusieurs témoignages de personnalités brésiliennes qui ont traité de l'Afrique. Certaines personnes, y compris celles qui avaient déjà été sur le continent et avec de bonnes connaissances. En possession des audios et des photos, il a réalisé des vidéos et les a publiées en technologie Flash, aujourd'hui pratiquement abolie sur la plupart des plateformes Internet, car le téléchargement était trop long.

2004, LE PREMIER CONTACT A DISTANCE AVEC L'ANGOLA.
PLAN DE DÉVELOPPEMENT DE LA BIÉ.

Un Plan né en 2004, deux ans après la fin de la guerre d'Angola, reliant 8 Angolais, tous originaires de Kuito, Bié et Celso Salles au Brésil. A l'époque, il n'y avait pas les technologies qui existent aujourd'hui. Les difficultés à Kuito, pratiquement ravagée par la guerre, étaient nombreuses. Internet n'était disponible qu'au bureau de l'ONU, où João Selésio a fait le lien avec moi et la graine du Plan Bié Desenvolvimento a été plantée. Une grande partie de ce qui se passe aujourd'hui a été rêvé en 2004 et le temps s'est matérialisé sous la forme de plusieurs noms : Angola Conectada - Livros em Luanda - The Meninos Pintores de Angola - Solidarity Container - Mente Sã Angola et d'innombrables autres qui continuent à venir.

2006, LE DÉBUT DU VOYAGE EN AUTRICHE.

Ensuite, je parlerai des voyages que j'ai commencés en 2006 en Autriche et dans les pays européens voisins, en raison de l'importance dans la préparation que j'avais pour mon futur voyage sur le continent africain, qui n'a eu lieu qu'en 2011.

BRÉSIL 2 X AUSTRALIE 0
(UN PEU D'ALLEMAGNE)

L'Autriche (en allemand : Republik Österreich), est un pays d'environ 8,9 millions d'habitants, situé en Europe centrale. Il est bordé par l'Allemagne et la Tchéquie (Tchéquie) au nord, la Slovaquie et la Hongrie à l'est, la Slovénie et l'Italie au sud, et la Suisse et le Liechtenstein à l'ouest. Le territoire autrichien couvre 83 872 kilomètres carrés et est influencé par un climat tempéré et alpin. Le terrain de l'Autriche est très montagneux en raison de la présence des Alpes ; seulement 32% du pays est à moins de 500 mètres d'altitude et son point culminant atteint 3 797 mètres. La majorité de la population parle allemand, qui est aussi la langue officielle du pays. Les autres langues régionales reconnues sont le croate, le hongrois et le slovène.

Comme il s'agit de 3 h 16 min (224 km) via la B108 et l'A8, loin de Munich en Allemagne, profitant de l'amitié que j'ai nouée avec l'Autrichien Josef, marié au Brésilien Conceição, nous sommes allés à Munich le 18 juin 2006 .

Nous ne sommes pas sortis sur le terrain pour regarder le match, mais nous avons eu l'occasion de savourer toute l'ambiance d'un match de Coupe du monde impliquant l'équipe brésilienne qui a battu l'équipe australienne 2-0, avec des buts d'Adriano et Fred. En plus d'avoir vécu toute l'ambiance de la victoire brésilienne sur le sol allemand, j'ai pu faire un tourisme de très grande qualité, car comme Josef était un grand connaisseur des routes qui reliaient les deux villes, il a tracé un chemin paradisiaque, où J'ai pu voir toute la région de près, la technologie allemande orientée vers l'agriculture, l'élevage et un profond respect de la nature. J'ai vu qu'ils ne lésinent pas sur la technologie. Ils l'utilisent dans tout ce qu'ils font. Je ne me souviens pas avoir dépassé un chemin de terre, tout goudronné, à l'image de la manière de faire allemande, comme j'avais déjà pu le constater lors de mon voyage à Hanovre en 2000.

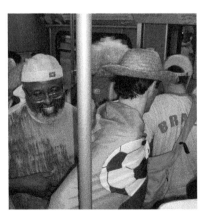

PRINCIPAUX PROJETS À VIENNE
CAPITALE DE L'AUTRICHE

En fait, ce n'était pas mon rêve de voyager en Autriche, en Suisse ou en Allemagne à l'époque. Mon rêve était d'aller en Afrique. Cependant, une série d'événements et d'opportunités m'ont amené à VIENA - La capitale mondiale de la culture, où j'ai pu travailler avec ABRASA - Association brésilienne de danse, de culture et d'art, où nous avons réalisé de nombreux projets, mettant en évidence :

CARNAVIEN

L'idée était d'apporter quelque chose dans le format du carnaval de Bahia-Brasil à Vienne. L'Autriche investit dans la culture, un montant que de nombreux pays n'investissent pas dans la santé, pour se faire une idée de l'importance de la santé pour eux.

CARNAVIEN 2009

Bien que nous n'ayons pas reçu le film à temps et que nous ayons projeté un autre film à la place, Carnaviena 2009 avait comme premier principal l'attente de la sortie du film O JARDIM DAS FOLHAS SAGRADAS.

Bien qu'ayant réalisé plus de 40 films en près de 30 ans de carrière, c'est la première fois que le cinéaste bahianais Pola Ribeiro signe un long métrage de fiction et est projeté dans les salles du circuit national. Le week-end d'ouverture d'O Jardim das Folhas Sagradas, il défait l'expérience et avoue que tout est nouveau.

« C'est le plus gros projet de ma vie, ma première confrontation au cinéma. Quand c'est [production] à la télévision, c'est incroyable, mais vous ne savez pas qui sont les gens [qui consomment] et ils le regardent aussi parce qu'ils n'ont pas le choix. Au cinéma, il y a de la concurrence avec les autres films, vous reconnaissez davantage le public », dit-il.

La préservation de l'environnement, l'intolérance religieuse et les préjugés rationnels sont les devises de 'O Jardim das Folhas Sagradas'. Au centre de la discussion, la spiritualité du candomblé est urbanisée dans le Salvador contemporain dans un effort pour démystifier la religiosité de son contenu primitif ou esclavagiste. « Le grand lien [du film], c'est la question du candomblé, du préjugé dont souffre une religion, parce qu'elle est traitée comme du folklore. Je n'arrête pas de dire que le film n'est pas sacré, il a des baisers, du sexe, comme toute autre fiction. Mais je suis ému par la délicatesse du Candomblé. Les dieux sont très incorporés dans les gens, c'est presque un truc grec, incroyable », commente-t-il sur les 13 années de recherche et les plus de 100 heures enregistrées lors de la production du film.

Le protagoniste de l'histoire est Bonfim, un banquier noir à succès, bisexuel, marié à une femme blanche qui devient évangélique. Bonfim est mandaté pour installer un Candomblé terreiro au cœur du Salvador contemporain et est confronté aux contraintes typiques des grandes villes, comme la spéculation immobilière. Pour chérir la fiction, il a même dû faire passer le métro de Salvador à l'infographie, un projet qui est en réalité en chantier depuis onze ans.

Tatiana Maria Dourado de G1 BA

CARNAVIENA 2010

Coup de projecteur pour la participation du Groupe BANKOMA, venant de Bahia et d'une importante délégation brésilienne.

ANNIVERSAIRE DU BRÉSIL À VIENNE

Une date tant attendue par les Brésiliens, Autrichiens et autres peuples qui finissent par interagir avec la joie brésilienne. Feijoada, samba et beaucoup de fête.

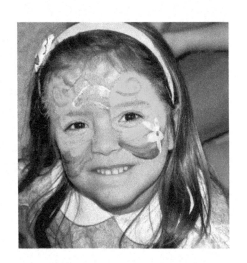

EXPOSITION DE PEINTRES ANGOLA A VIENNE AUTRICHE

En 2010, en plus de CARNAVIENA et de l'événement CÉLÉBRER L'ANNIVERSAIRE DU BRÉSIL, je voudrais souligner l'exposition des Enfants Peintres angolais. C'était vraiment un fait historique. Cinq adolescents angolais, venus d'Afrique pour exposer leurs œuvres picturales au pays de Mozart, Strauss et Freud.

Les difficultés étaient de toutes sortes. Cela commence par le fait que les garçons étaient de CACAJ Luanda, un projet social qui vise à retirer les enfants de la rue et à les accueillir dans un régime semi-ouvert. Beaucoup d'enfants ne connaissaient pas leurs parents et la plupart d'entre eux ne connaissaient pas le jour de leur naissance et même leur vrai nom. Imaginez maintenant devoir s'occuper des papiers de ces enfants qui étaient accompagnés par Sœur Rosa, à commencer par les cartes d'identité, voire les passeports avec visa. Je me souviens très bien de la ruée de la brésilienne Eliane Araújo, vivant à Luanda, et du frère João Facatino. Sans oublier les heures consacrées à attirer des sponsors pour les billets d'avion. Pendant ce temps, à Vienne, nous cherchions des ressources pour le logement, les vêtements chauds et les repas. Encore un grand miracle. Nous avons eu le soutien de l'Ambassade d'Angola à Vienne, de la BAI

Eliane Araújo

Bank et de nombreux autres sponsors en Angola et d'une agence immobilière en Suisse.

A Vienne, nous avons quand même réussi à donner un appareil photo à chaque peintre, afin qu'ils puissent enregistrer leurs propres photos.

UNIVERSITÉ DE ZURICH - SUISSE

En novembre 2009, j'étais pour la première fois dans la belle ville de Zurich, en Suisse, où avec le soutien d'Anette Nuescheller, une Suissesse qui parle plusieurs langues ainsi que le portugais, j'ai pu visiter l'Université de Zurich et voir ses installations et son fonctionnement de près. Dans tous les endroits où je vais, je préfère visiter les musées, les écoles et les universités. Je suis retourné deux fois de plus sur le sol suisse, à nouveau à Zurich et à Genève, accompagné de la Délégation des Inventeurs et Innovateurs d'Angola.

J'ai également eu l'occasion de découvrir les Alpes suisses.

2011 - ENFIN EN ROUTE VERS LE TERRITOIRE AFRICAIN

Août - Brésil
Septembre - Angola
Octobre - Zimbabwe

L'étape de cette rencontre, encore une fois programmée par Dieu, était l'hôtel IBIS, situé Avenida 9 de Julho - São Paulo - Brésil. Com est très proche du Consulat d'Angola à São Paulo et j'étais allé chercher mon passeport avec le visa pour l'Angola, j'ai fini par rencontrer tout de suite, Silva Lopes Etiambulo Agostinho, présidente de l'ANDA - Association Nationale des Handicapés d'Angola et Sugar Chagonda - Responsable des relations publiques - Événements et protocole - Zimbabwe Tourism Authority.

DANS LA DEUXIÈME DÉCENNIE DU 21E SIÈCLE ENFIN SUR LE SOL AFRICAIN

C'est à Luanda, en Angola, que j'ai foulé le sol africain pour la première fois. Ce qui m'a permis, finalement, d'entrer en terre africaine, c'est le travail que j'ai fait à Vienne - Autriche, en prenant les 5 Painters Boys of Angola de CACAJ Luanda et sœur Rosa, comme j'ai pu le montrer. Sur ce, j'ai réussi à obtenir que le CACAJ Luanda, sous la coordination du Frère João Facatino, m'envoie la lettre appelée. J'ai acheté des billets d'avion avec mes propres ressources, à des prix spéciaux, offerts par TAAG, pour un séjour de 20 jours sur le sol angolais. J'ai apporté ce que j'ai appelé ANGOLA CONECTADA, permettant aux garçons de CACAJ Luanda d'entrer dans le monde de la technologie.

AU SALON INTERNATIONAL
TOURISME DU ZIMBABWE
Sanganai / Hlanganani - Octobre 2011

Tout payé par le Ministère du Tourisme du Zimbabwe, j'ai participé à la Foire de Sanganai / Hlanganani en 2011, en compagnie du journaliste brésilien Karis Koser et du journaliste et africaniste brésilien, aujourd'hui décédé, Antônio Lúcio.

AOT 2012

ANTÔNIO GERALDO ET ANA FERNANDO AU BRÉSIL

NOVEMBRE 2012

MALANGE, MA PREMIÈRE PROVINCE EN ANGOLA

NOVEMBRE 2012

PROVINCE DE BENGO A KABALA

AVRIL 2013

RETOUR EN ANGOLA, RETOUR À MALANGE

MAI 2016

CONGO BRAZZAVILLE

OCTOBRE 2016
IFIA - NUREMBERG - ALLEMAGNE

MARS 2017
IFIA - GENÈVE - SUISSE

FINITION

Dans ce résumé du tome 1, Celso Salles - Autobiographie en noir et blanc, je mets quelques-uns des principaux moments vécus dans ma trajectoire. Lorsqu'en Europe je disais que ma destination était l'Afrique, j'étais presque toujours réprimandé par la plupart de ceux qui m'en parlaient. Et j'ai dit, ici en Europe je suis dans la salle d'attente de la mort. Je n'ai pas grand-chose à faire, à créer ou même à contribuer à l'évolution de l'humanité dans son ensemble. L'appel de l'Afrique dans mon cœur était toujours très latent.

Dans ces pages que vous venez de lire, vous arrivez à avoir une idée minimale de qui est l'écrivain Celso Salles, comment il est né, où il est allé et ses ancêtres.

Le monde capitaliste nous pousse à accumuler des richesses. Plus nous en avons, plus nous aurons de succès, même si nous avons autour de nous une mer de faim et d'abandon.

Dans les résumés des prochains livres de la Collection, vous verrez de nombreux textes visant précisément à CHANGER CETTE PENSÉE.

Nous devons penser que PLUS RICHE NOUS SOMMES ET SERONS, PLUS RICHE TOUT LE MONDE EST.

Pourquoi seuls moi et ma famille avons-nous droit à une grande qualité de vie ? Pourquoi est-ce que je mange des yeux blancs, verts ou bleus qui ont tous droit au bonheur sur le bonheur des autres ?

Autant nous essayons de trouver des raisons logiques à cela, autant nous constatons que nous sommes en très mauvais état. Notre génération a hérité de pensées et d'actions que nous devons changer de toute urgence.

Ici en Afrique, il est très courant de voir le PARTAGE, l'offre. Ceux d'entre nous qui sont contaminés par l'égoïsme marqué que nous vivons en Occident ont du mal à partager. Si nous faisons une analyse approfondie, nous voyons que les vrais pauvres, c'est nous.

Chaque biographie a un grand potentiel car elle est toujours sur le point d'être écrite. La rapidité avec laquelle chacun de nous peut s'auto-évaluer et changer fait une grande différence.

Les technologies de communication sont très rapides, mais la plupart des gens ont du mal à interagir avec les changements. Il est difficile pour beaucoup d'absorber des concepts nouveaux et importants.

Ceux qui parviennent à l'absorber avec rapidité et constance finissent par dicter de nouveaux paradigmes pour eux-mêmes et pour les autres.

Les livres de la collection África sont disponibles sur AMAZON.COM et peuvent être achetés en 3 finitions différentes : couverture souple, couverture rigide, couverture et couverture.

Ils sont livrés imprimés à votre adresse.

amazon.com

CULTURE AFRICAINE LE RETOUR

Le gâteau de retour

Celso Salles

CONFÉRENCE DE BERLIN

Au moment d'écrire le résumé de ce livre, je signale qu'il a été le meilleur vendeur de la collection Afrique. C'est incroyable à quel point cette histoire est inconnue et a été cachée.

La conférence de Berlin, centrée sur le chancelier Bismarck (personnage enluminé aux cheveux blancs). Illustration du magazine allemand « Illustrierte Zeitung », novembre 1884.

Entre le 15 novembre 1884 et le 26 février 1885, des représentants de treize pays européens et des États-Unis se réunissent à Berlin pour organiser, sous forme de règles, l'occupation de l'Afrique et l'exploitation de ses ressources naturelles. La Conférence de Berlin, également appelée Conférence du Congo puisque le différend pour cette région a motivé la réunion, a scellé le sort du continent africain, mettant fin à l'autonomie et à la souveraineté des nations africaines. Dans le même temps, l'Afrique devenait le nouveau théâtre des affrontements et des vieilles rivalités européennes, l'échiquier sur lequel se déciderait le fragile équilibre des puissances européennes.

La dispute pour le Congo Dix ans avant la conférence, Léopold II, roi de Belgique entre 1865 et 1909, organisa à ses frais des études exploratoires sur l'immense bassin du Congo (ou Zaïre), au centre de l'Afrique équatoriale. En 1878, il confie à l'explorateur Henry Morton Stanley la mission secrète d'organiser ce qui deviendra, en août 1885, l'État indépendant du Congo. La France découvrit les plans du roi belge et, également intéressée par le Congo, s'empressa de hisser le drapeau français sur Brazzaville nouvellement fondée, dans l'actuelle République du Congo (1881). Peu de temps après, il a pris le contrôle de la Guinée et de la Tunisie. Le Portugal, craignant pour ses colonies – l'embouchure du fleuve Congo était à la frontière avec l'Angola – a tenté de renforcer son empire colonial en Afrique, revendiquant ses droits sur l'Angola et le Mozambique. Il proposa même de relier les deux colonies en contrôlant tout le territoire entre elles, qu'il appela la « carte rose » sous prétexte de faciliter les échanges et le transport des marchandises.

En février 1884, le gouvernement de Londres a signé un traité avec Lisbonne reconnaissant la souveraineté du Portugal sur l'embouchure du Congo, une mesure pour contrer une éventuelle expansion de la domination belge dans la région. « Carte rose » comme s'appelait le territoire voulu par les Portugais qui reliait l'Angola et le Mozambique.

L'Angleterre, à son tour, réalisant l'extension géopolitique du contrôle portugais et la pénétration de la France à travers l'Afrique centrale vers le Nil, est intervenue dans l'Égypte ottomane (1884) pour assurer son contrôle dans le pays - une importante voie d'accès aux domaines britanniques en Inde. Les Allemands, enfin, commencent à s'intéresser à l'Afrique subsaharienne. Le 24 février 1884, le Reich place sous sa protection les colonies allemandes du sud-ouest de l'Afrique.

C'est dans ce contexte de course européenne aux colonies africaines que le chancelier allemand Bismarck a convoqué des représentants de 13 nations d'Europe et des États-Unis pour participer à la conférence de Berlin dans le but d'élaborer une politique commune sur le continent africain.

La Conférence de Berlin et ses résultats

La conférence s'ouvrit le samedi 15 novembre 1884 à la résidence du chancelier Bismarck. Des représentants des pays directement impliqués dans le différend pour le Congo étaient présents -

1) Belgique,

2) France,

3) Portugal,

4) Angleterre,

5) Allemagne,

6) Pays-Bas,

7) Espagne,

8) Autriche-Hongrie,

9) Suède,

10) Danemark,

11) Italie,

12) Russie,

13) Turquie ottomane

14) États-Unis.

Pas de roi ni de représentant de l'Afrique
il a même été invité en tant qu'observateur.

Dès le début, les participants, à commencer par Bismarck, se sont fixé des objectifs nobles, tels que l'éradication de l'esclavage et de la traite des esclaves musulmans. L'intention a été déclarée " d'associer les indigènes africains à la civilisation, d'ouvrir l'intérieur du continent au commerce, de fournir à ses habitants les moyens d'éducation, de favoriser les missions et les entreprises visant à diffuser des connaissances utiles, à préparer la suppression de l'esclavage " - en pratique belle et des prétextes généreux sur lesquels les « indigènes » n'avaient pas été appelés à parler et qui camouflaient de forts intérêts économiques et commerciaux des puissances européennes.

L'attention s'est concentrée sur la question du Congo, pompeusement décrite par

Bismarck comme « le Danube de l'Afrique ». Là, se concentraient les trésors convoités par les puissances européennes : or, pierres précieuses, charbon, cuivre, caoutchouc, pétrole, etc. Après trois mois et demi de négociations et seulement huit séances plénières entrecoupées de réceptions, bals, banquets et autres divertissements, les participants signèrent enfin, le 26 février 1885, le procès-verbal général de la conférence.

Le procès-verbal général était un résumé de ce qui avait été discuté et convenu lors de la conférence et contenait les clauses que les participants s'engageaient à respecter. Les principales dispositions étaient : La liberté du commerce dans le bassin du Congo, ses embouchures et les régions environnantes. Liberté de navigation sur les fleuves Niger et Congo, principaux fleuves africains. Interdiction de la traite des esclaves et du commerce de l'alcool et des armes à feu parmi les populations autochtones. Définition des régions dans lesquelles chaque puissance européenne avait le droit exclusif d'exercer la propriété légale des terres Confirmation comme propriété privée de Léopold II, roi de Belgique, d'un vaste territoire au cœur de l'Afrique sub-saharienne, qu'on a appelé le « État libre du Congo ».

Le roi belge était le principal bénéficiaire de la Conférence de Berlin ayant ses demandes satisfaites. Lui-même a pris soin d'exploiter sa colonie pour en extraire le maximum de ressources naturelles, notamment le caoutchouc, au détriment du travail forcé. Dans son testament, il légua le Congo à la Belgique. La partition de l'Afrique Contrairement à ce qui est communément dit, la conférence de Berlin n'a pas divisé l'Afrique entre les puissances européennes.

Le partage n'a pas été inclus dans le procès-verbal général, un sujet qui n'était même pas à l'ordre du jour de la conférence. Cependant, elle a créé les conditions pour que cela se produise quelques années plus tard. Les dispositions de la loi ont été les grandes lignes qui ont guidé la future partition du continent et la création des États africains dans leur forme actuelle. Par ailleurs, l'article 35 stipulait que « l'Etat européen occupant un territoire côtier doit pouvoir prouver qu'il a exercé une autorité suffisante pour faire respecter les droits acquis, la liberté de commerce et

O chanceler alemão Bismarck oferece, aos seus convidados, um bolo fatiado onde se lê "África". Apesar da Conferência de Berlim não ter dividido a África entre as potências europeias, ela criou as condições para que isso acontecesse poucos anos depois. "Todo mundo recebe a sua parte", charge francesa, L'Illustration, 1885.

de transit dans les conditions où ils seraient stipulés ».

Cette revendication consacre la théorie de « l'occupation effective », acte qui dicte la soumission et la colonisation des Africains. En seulement quinze ans (de 1885 à 1898) les Européens ont formalisé les frontières de la plupart des pays africains. L'occupation et la domination rapides du continent, de 28 millions de km2 ont été facilitées, entre autres, par la prédication de l'évangile, la construction de voies ferrées et l'exploration anticipée de l'intérieur du continent par les géographes et autres aventuriers européens.

Occupation coloniale européenne

La conférence de Berlin, qui prit fin le 26 février 1885, eut peu de retentissement en Europe, l'opinion publique ne s'intéressant pas à la conquête coloniale. Mais c'était crucial pour les populations africaines.

L'occupation européenne sur le continent africain s'est considérablement accrue. Si au moment de la conférence, environ 80 % de l'Afrique était sous le contrôle de populations indigènes traditionnelles avec seulement les zones côtières colonisées par les Européens, en 1902, la situation était différente : l'intérieur du continent était passé au domaine européen qui signifiait que 90 % des terres africaines étaient occupées par des nations européennes.

L'explorateur Henry Morton Stanley, présent à la conférence en tant que représentant des États-Unis et expert du continent africain qu'il a parcouru en trois expéditions, aiguise encore plus la cupidité européenne : « Il y a 40 millions de personnes nues de l'autre côté de la tombe et les fabricants de textile de Manchester attendent pour les habiller ». Les domaines européens en Afrique ne respectent pas les frontières culturelles, ethniques et linguistiques traditionnellement établies par les populations africaines.

En moins de vingt ans, l'Afrique a été découpée en 50 pays artificiels qui chevauchaient les milliers de cultures indigènes du continent. Au début du 20e siècle, les puissances européennes possédaient les territoires suivants en Afrique :

Grande-Bretagne : ses colonies traversaient tout le continent, du nord avec l'Egypte et le Soudan au sud, avec l'Union sud-africaine (aujourd'hui Afrique du Sud).

France : occupait de vastes territoires en Afrique du Nord et de l'Ouest, ainsi que Madagascar et d'autres îles de l'océan Indien.

Le chancelier Bismarck espérait qu'avec cela la France se résignerait à perdre l'Alsace-Lorraine, ce qu'elle n'a pas fait.

Portugal : a conservé ses colonies du Cap-Vert, de São Tomé et Príncipe, de la Guinée, de l'Angola et du Mozambique.

Espagne : a continué avec ses colonies en Afrique du Nord et sur la côte ouest-africaine ;

Allemagne : a obtenu le territoire sur la côte atlantique, le Cameroun et la Namibie actuels, et sur la côte indienne, le Kenya, la Tanzanie, le Burundi et le Rwanda actuels.

Italie : Somalie et Erythrée occupées. A essayé de s'installer en Éthiopie, mais a été vaincu.

Belgique : occupe le centre du continent, dans la zone correspondant au Congo et au Rwanda.

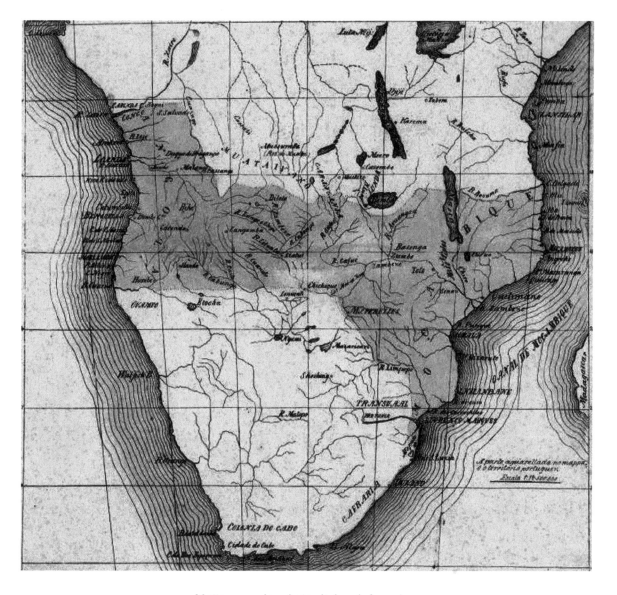

Mettre en valeur le territoire visé par le
qui reliait l'Angola et le Mozambique.

L'Afrique du début du 20e siècle partagée par les puissances européennes.

Source : https://ensinarhistoria.com.br/a-conferencia-de-berlim-e-o-destino-da-africa/ - Blog : Enseignement de l'histoire - Joelza Ester Domingues

INDEMNISATIONS POUR COLONIALISME

En 2010, à l'occasion du 125e anniversaire de la Conférence de Berlin, des représentants de nombreux États africains à Berlin ont demandé des réparations pour l'ère coloniale. La division arbitraire du continent entre les puissances européennes, qui ont ignoré les lois, la culture, la souveraineté et les institutions africaines, est un crime contre l'humanité, ont-ils déclaré dans un communiqué. Ils ont exigé le financement de monuments sur des sites historiques, la restitution des terres volées et d'autres ressources, la restitution des trésors culturels et la reconnaissance du fait que le colonialisme et les crimes commis en vertu de celui-ci étaient des crimes contre l'humanité.

Mais rien de tout cela n'est arrivé. Les historiens nigérians et allemands ne sont pas surpris. « On parle beaucoup de réparations pour la traite négrière et l'Holocauste. Mais peu de mention est faite des crimes commis par les puissances coloniales européennes au cours des cent ans ou plus qu'elles ont passés en Afrique », a déclaré Pesek.

Olyaemi Akinwumi ne pense pas qu'il y aura jamais une quelconque réparation.

Auteur Hilke Fischer / Madalena Sampaio

dw.com

Les conséquences de la conférence de Berlin furent nombreuses et cruelles. Dans ce génocide commis par l'Allemagne en 1904, 60 000 Hereros ont fui dans le désert, où les troupes allemandes ont systématiquement bloqué l'accès à l'eau. On estime que plus de 60 000 Hereros sont morts.

L'Allemagne reconnaît avoir commis un génocide en Namibie

Berlin reconnaît que le massacre des peuples Herero et Nama par l'Empire allemand à l'époque coloniale était un génocide et accepte de verser une compensation au gouvernement du pays africain.

Survivants du peuple Herero du génocide commis par l'Empire allemand

Plus d'un siècle après les atrocités commises dans l'ancienne colonie allemande du sud-ouest africain, l'Allemagne a reconnu ce vendredi (28/05) que les crimes commis par les autorités coloniales allemandes contre les peuples Herero et Nama sont un génocide.

Le président allemand, Frank-Walter Steinmeier, présentera ses excuses pour le génocide, qui a eu lieu entre 1904 et 1908, lors d'une cérémonie au Parlement de Namibie, le pays africain qui a succédé à l'ancienne colonie allemande du sud-ouest africain.

Le ministre allemand des Affaires étrangères Heiko Maas s'est félicité et reconnaissant de l'accord conclu entre l'Allemagne et la Namibie après plus de cinq ans de négociations.

« Au vu de la responsabilité historique et morale de l'Allemagne, nous présenterons nos excuses à la Namibie et aux descendants des victimes », a-t-il déclaré. "En signe de reconnaissance de la douleur incommensurable qui a été infligée aux victimes, nous voulons soutenir la Namibie et les descendants des victimes avec un programme substantiel de 1,1 milliard d'euros pour la reconstruction et le développement."

" Appelons les événements qui ont eu lieu à l'époque coloniale allemande dans la Namibie actuelle et en particulier les atrocités qui se sont produites entre la période 1904 et 1908 sans euphémismes ni atténuations. Appelons ces événements, maintenant aussi officiellement, comme ce qu'ils étaient de la perspective actuelle : un génocide », a déclaré Maas.

La présidence namibienne a déclaré que l'accord était "un premier pas" sur la bonne voie. La compensation, à verser sur 30 ans, devrait aller aux programmes d'infrastructure, de santé et d'éducation, selon le gouvernement du pays africain.

L'opposition namibienne a critiqué l'accord et affirmé que les descendants des peuples Herero et Nama n'étaient pas suffisamment couverts. « Si la Namibie reçoit de l'argent de l'Allemagne, il devrait aller aux chefs traditionnels des communautés affectées et non au gouvernement », a déclaré un membre de l'opposition au parlement.

Crime le plus grave de l'histoire coloniale allemande

La Namibie actuelle était une colonie allemande entre 1884 et 1915. Les historiens estiment qu'entre 1904 et 1908, les troupes de l'empereur allemand Guillaume II ont massacré environ 65 000 Herero (sur un total d'environ 80 000) et 10 000 Nama (sur environ 20 000) après les deux groupes se sont rebellés contre la domination coloniale.

Le massacre des Herero et des Nama est le crime le plus grave de l'histoire coloniale allemande. Le commandant, le général Lothar von Trotha, a ordonné l'extermination. Pendant des années, l'ONU a reconnu le massacre comme le premier génocide du 20e siècle.

Le plan systématique d'extermination d'hommes, de femmes et d'enfants comprenait des assassinats par armes à feu, le blocage de l'accès à l'eau dans le désert et les camps de concentration.

En 2018, l'Allemagne a restitué à la Namibie les ossements des victimes du massacre des peuples Herero et Nama, conservés depuis des décennies dans les archives de la Clinique universitaire de la Charité, à Berlin, entre autres.

Outre la Namibie, la Tanzanie et le Burundi demandent également des réparations pour les crimes commis pendant la période coloniale allemande.

L'Allemagne est devenue une puissance coloniale relativement tardive, n'occupant le sol africain que dans les années 1880. Sous le chancelier Otto von Bismarck, l'Empire allemand a établi des colonies dans les territoires actuels de la Namibie, du Cameroun, du Togo, de certaines parties de la Tanzanie et du Kenya.

L'empereur Guillaume II, couronné en 1888, a cherché à étendre davantage les possessions coloniales en créant de nouvelles flottes de navires. Ces territoires ont ensuite été perdus pendant la Première Guerre mondiale.

Le commandant, le général Lothar von Trotha, a ordonné l'extermination

"Notre avenir est dans l'eau"

Sous le chancelier Otto von Bismarck, l'Empire allemand a établi des colonies dans les territoires actuels de la Namibie, du Cameroun, du Togo, de certaines parties de la Tanzanie et du Kenya. L'empereur Guillaume II, couronné en 1888, a cherché à étendre davantage les possessions coloniales en créant de nouvelles flottes de navires. L'empire voulait sa « place au soleil », déclara Bernhard von Bülow, futur chancelier, en 1897.

Le génocide perpétré contre les Herero et les Nama dans le sud-est de l'Allemagne, aujourd'hui Namibie, a été le crime le plus grave de l'histoire coloniale allemande. Lors de la bataille de Waterberg en 1904, la plupart des rebelles hereros se sont enfuis dans le désert, les troupes allemandes bloquant systématiquement leur accès à l'eau. On estime que plus de 60 000 Herero sont morts à l'époque.

Seuls 16 000 Hereros ont survécu à la campagne d'extermination. Ils ont été emprisonnés dans des camps de concentration, où beaucoup sont morts. Le nombre exact de victimes n'a jamais été retrouvé et reste un point de discorde. Combien de temps ces Herero affaiblis ont-ils survécu dans le désert ? En tout cas, ils ont perdu tous leurs biens, leur mode de vie et leurs perspectives d'avenir.

guerre coloniale à longue portée

De 1905 à 1907, une large alliance de groupes ethniques s'est rebellée contre la domination coloniale en Afrique orientale allemande. Environ 100 000 habitants sont morts dans le soulèvement Maji-Maji. Bien qu'il ait été plus tard un sujet peu discuté en Allemagne, ce chapitre reste important dans l'histoire de la Tanzanie.

Rénovations en 1907

Suite aux guerres coloniales, l'administration dans les territoires allemands a été restructurée dans le but d'y améliorer les conditions de vie. Bernhard Dernburg, un homme d'affaires prospère (photographié en Afrique orientale allemande), a été nommé secrétaire d'État aux Affaires coloniales en 1907 et a introduit des réformes dans les politiques de l'Empire allemand envers ses protectorats.

Les plans d'Hitler pour l'Afrique

Le 1er septembre 1939, l'Allemagne envahit la Pologne et déclenche la Seconde Guerre mondiale. Adolf Hitler voulait conquérir l'Europe, mais l'Allemagne avait depuis longtemps prévu de créer un empire colonial en Afrique.

Quand Adolf Hitler est arrivé au pouvoir en 1933, l'Allemagne n'avait plus de colonies. Après avoir vaincu l'Allemagne lors de la Première Guerre mondiale, le Royaume-Uni, la France et la Belgique se sont divisés les colonies allemandes. L'Afrique du Sud est venue gouverner la Namibie, qui s'appelait alors le Sud-Ouest africain allemand.

Perdre les colonies était un casse-tête difficile à résoudre pour de nombreux contemporains d'Adolf Hitler. Mais le dictateur allemand ne pensait qu'à conquérir l'Europe. Hitler voulait étendre « l'empire allemand » à la France et à l'Union soviétique.

Andreas Eckert, historien allemand, déclare que « l'Afrique ne faisait pas nécessairement partie de la vision hitlérienne de la domination du monde ». Selon Eckert, Hitler « se tournait beaucoup plus vers d'autres régions », mais « ce n'était pas contre les intérêts de son entourage concernant l'Afrique ».

La mégalomanie nazie sur le continent africain

Un an après l'arrivée au pouvoir d'Hitler, les nazis ont créé leur propre département de politique coloniale - le Kolonialpolitisches Amt. Plus tard, Hitler a publiquement appelé à la restitution des colonies allemandes, sous la pression des grands acteurs économiques de l'époque, intéressés par les profits qu'elles pourraient faire en Afrique - un nouveau marché, avec de nombreuses matières premières à leur disposition.

Au rêve des hommes d'affaires allemands s'ajoute le désir de nombreux Allemands restés en Afrique de retourner à l'époque coloniale, au Cameroun, en Tanzanie ou en Namibie.

Andreas Eckert explique que « dans toutes ces régions il y avait des délégations locales du parti nazi » et, dans les anciennes colonies, « il y avait un petit groupe de personnes déterminé à remettre ces territoires sous domination allemande ». À la fin des années 1930, les plans d'un nouveau territoire colonial étaient déjà plus concrets. « Dans les premières années de la guerre, il y a eu plusieurs conquêtes militaires, qui ont renforcé la mégalomanie nazie », dit Eckert.
l'empire colonial ne s'est jamais matérialisé

Directeur de la Deutsche Bank Kurt Weigelt
l'un des hommes d'affaires qui ont persuadé Hitler de s'installer en Afrique

Une séquence de victoires contre la France et la Belgique a donné à l'Allemagne le sentiment d'être très proche de la reconquête des colonies en Afrique. Le département de la politique coloniale nazi visait un «empire colonial» dans le golfe de Guinée, qui s'étendrait de ce qui est aujourd'hui le Ghana au Cameroun - un territoire avec des matières premières abondantes qui pourraient couvrir les besoins du Grand Reich allemand.

Les nazis ont également pensé à conquérir plusieurs territoires le long d'une bande qui s'étendait jusqu'à l'océan Indien. À l'exception de l'Afrique du Sud – considérée à l'époque comme un partenaire possible.

Mais ces plans sont restés sur papier. Au début de 1943, l'Allemagne a dû concentrer ses forces pour répondre à l'offensive de l'Union soviétique. En février 1943, le département de politique coloniale est dissous. C'est alors que les Russes remportent la bataille de Stalingrad, un tournant qui ouvre la voie à la défaite allemande et à la fin de la Seconde Guerre mondiale deux ans plus tard.

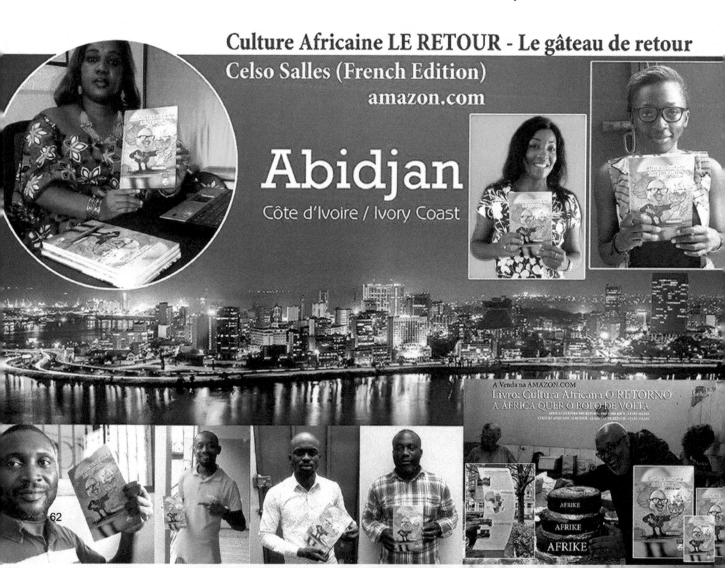

Chronologie 1415-1961 :
De la conquête de Ceuta au commencement
de la lutte armée contre la colonisation

1415 : expansion maritime portugaise

La conquête de la ville de Ceuta, aujourd'hui enclave espagnole en Afrique du Nord, par les troupes portugaises, le 22 août 1415, marque le début de l'expansion maritime portugaise. L'occupation de cet important centre commercial et de communication ouvrirait ainsi la voie au processus de consolidation des colonies portugaises sur la côte africaine.

1434 : Reconnaissance de la côte africaine

Le navigateur Gil Eanes dépasse le cap Bojador, sur la côte de l'actuel Sahara occidental, qui était jusqu'alors le point le plus méridional connu de la côte africaine. Le début des expéditions de reconnaissance le long des côtes africaines avait la protection de l'Infant D. Henrique. En 1487, Bartolomeu Dias dépasse Cabo das Tormentas, qui sera plus tard rebaptisé Cabo da Boa Esperança (Afrique du Sud).

1446 : les Portugais arrivent sur les côtes de Guinée

Les Portugais arrivent sur la côte de Guinée, l'actuelle Guinée-Bissau, en 1446. En 1479, une usine est fondée à Cacheu (photo). Le Portugal a établi une série d'enclaves et de postes de traite sur la côte africaine pour tenter de maintenir le contrôle d'une vaste route maritime. La présence portugaise en Afrique était également motivée par la capture d'esclaves et la recherche de métaux précieux.

1460 : Découverte du Cap Vert

Diogo Gomes et António de Nola découvrent l'archipel inhabité du Cap-Vert en 1460, alors qu'ils revenaient de Guinée. Deux ans plus tard, les premiers colons portugais s'installent sur l'île de Santiago. À l'avenir, l'archipel servira avant tout de centre de stockage pour les esclaves envoyés d'Afrique vers les plantations du continent américain.

1471-1472 : Arrivée à São Tomé

Les navigateurs João de Santarém et Pedro Escobar découvrent les îles de São Tomé et Príncipe, jusque-là inhabitées. La colonie allait devenir l'un des premiers producteurs de cacao au monde. Ces îles du golfe de Guinée deviendront également un important poste de traite pour les esclaves.

1479 : Signature du Traité d'Alcáçovas

Le traité d'Alcáçovas, qui a mis fin à la guerre de Succession en Castille (Espagne), attribue au Portugal la seigneurie de la Guinée, du Cap-Vert (photo), des Açores et de Madère, en plus de la conquête de Fès (Maroc). L'Espagne est concédée à la seigneurie des Canaries et à la conquête du royaume de Grenade. La division entre l'expansion portugaise et castillane devient le parallèle des îles Canaries.

1482 : Découverte de l'Angola

Les caravelles portugaises commandées par le navigateur Diogo Cão ont atteint l'estuaire du fleuve Congo en 1482. Six ans plus tard, elles ont atteint le royaume de Ngola. Le système économique colonial de l'Angola serait basé avant tout sur la lucrative traite des esclaves. L'essentiel de la main-d'œuvre esclave est allé au Brésil, à Madère et à São Tomé. En plus des objectifs d'évangélisation, au cours des siècles de colonisation, le Portugal a tenté d'exploiter commercialement le territoire angolais, extrêmement riche en ressources naturelles (pétrole, diamants, or, plomb, tungstène, fer, cuivre, etc.).

1498 : Vasco de Gama au Mozambique

La flotte du navigateur portugais Vasco de Gama a débarqué au Mozambique en 1498, en route vers l'Inde. À partir de Sofala et d'Ilha de Moçambique, les explorateurs portugais commencèrent à établir les premiers postes de traite et à concéder des terres aux colons. En 1537 s'établit la fabrique de Tete et, en 1544, la fabrique de Quelimane, lieu de concentration d'esclaves. L'or, l'argent, les perles, l'ivoire, les épices et les peaux sont quelques-unes des ressources que les Portugais maîtrisent. En 1898, Lourenço Marques (aujourd'hui Maputo) devient la capitale, remplaçant Ilha de Moçambique, servant ainsi à vendre les produits de l'Afrique du Sud voisine.

1500 : Pedro Álvares Cabral arrive au Brésil

Une flotte commandée par le navigateur portugais Pedro Álvares Cabral arrive sur le territoire où se trouve actuellement le Brésil. Dans la lettre qu'il enverra plus tard au roi Manuel, Pero Vaz de Caminha donne une description détaillée de l'endroit, qu'ils appellent « Terre de Vera Cruz ». Le Brésil sera la plus grande et la plus riche des colonies portugaises et la première à devenir indépendante, en 1822. Toujours en 1500, la flotte de Pedro Álvares Cabral poursuit sa route vers l'Inde, contribuant ainsi à l'établissement des bases de l'« Empire portugais ». Deux ans plus tard, Vasco de Gama effectue son deuxième voyage en Inde. Il conquiert ensuite Calicut et établit un poste de traite à Cochin.

1884 : « Pink Map » présentée à Berlin

Le projet portugais d'unir l'Angola et le Mozambique, baptisé « Mapa Cor-de-Posa », a été présenté lors de la conférence historique de Berlin. L'objectif du Portugal était de contrôler une vaste zone géographique qui s'étendait de l'Atlantique à l'océan Indien. L'Angleterre, qui entendait relier le Caire au cap de Bonne-Espérance par chemin de fer, n'est pas d'accord avec le projet. La conférence a divisé l'Afrique entre les pays européens et a établi la présence locale comme une exigence pour maintenir la domination. La Grande-Bretagne et la France se sont retrouvées avec le plus grand nombre de territoires. Après la réunion, l'occupation effective des colonies portugaises d'Angola (1885) et du Mozambique (1887) a commencé. Toujours en 1884, Hermenegildo Capelo et Roberto Ivens traversent l'Afrique, de Luanda à Tete.

1933 : Formation du « Nouvel État »

Sous la direction du général Costa Gomes, le coup d'État fondateur de la dictature militaire au Portugal a eu lieu à Braga. C'est à partir de ce régime autoritaire que se structure l'« Estado Novo », dirigé par António de Oliveira Salazar (photo), en vigueur au Portugal jusqu'à la révolution du 25 avril 1974. Fondé sur les piliers de « Dieu, Patrie and Family », la doctrine du régime dictatorial, inspirée du fascisme italien de Benito Mussolini, est fondée sur le nationalisme et le culte de la nation.

En octobre, le « Statut politique, civil et pénal des peuples autochtones d'Angola et du Mozambique » est promulgué, qui redéfinit le statut des habitants des principales colonies. « L'essence organique de la nation portugaise est d'accomplir la fonction historique de posséder et de coloniser les domaines d'outre-mer et de civiliser les populations indigènes » est lu dans l'Acte colonial, une sorte de « Constitution pour les territoires d'outre-mer », selon les mots de l'historien portugais Oliveira. Marqués.

1934 : Tentative de renversement de l'Estado Novo

En janvier, un groupe formé de civils a organisé la première tentative révolutionnaire de renversement du régime. À la suite du coup d'État manqué, le régime a arrêté et expulsé de nombreux militants et politiciens communistes et anarchistes. Pendant ce temps, l'Estado Novo continue d'affirmer son orientation « impériale » et sa « mission colonisatrice », bien visible lors de la 1ère exposition coloniale portugaise, qui s'est ouverte en juin, à Porto.

1935 : Carmona « réélu » président

Óscar Carmona, seul candidat du régime, a été réélu président de la République en février. Le 1er mai, les célébrations officielles de la fête du Travail ont lieu pour la première fois au Portugal. En septembre, une nouvelle tentative de renversement du régime se termine par des arrestations et des déportations. De nombreux dirigeants du Parti communiste portugais (PCP), dont le secrétaire général Bento António Gonçalves, ont été arrêtés par la PIDE à la fin de l'année. Fondé à Lisbonne en 1921, le PCP sera considéré comme illégal à partir de 1926. Le PCP, qui a joué un rôle fondamental dans l'opposition au régime, a été constamment persécuté par la PIDE, la police politique de Salazar. Beaucoup de ses membres seraient envoyés au camp de concentration de Tarrafal au Cap-Vert.

1936 : Loi sur le conditionnement industriel

La loi sur le conditionnement industriel servait à protéger l'industrie portugaise contre la concurrence. Cependant, il a contribué à la fois à la stagnation technologique et à la création de monopoles. La fonction principale des colonies africaines était d'acheter des produits fabriqués au Portugal, tels que des machines et des conserves, et de fournir des matières premières, telles que des minéraux ou du coton, à la métropole.

1943 : Maison des étudiants de l'Empire

A l'initiative du gouvernement de Salazar, la Casa dos Estudantes do Império (CEI) est fondée à Lisbonne. Cette association de jeunes d'outre-mer étudiant en métropole jouerait un rôle fondamental dans la lutte pour l'indépendance. Le régime de Salazar entendait renforcer la mentalité impériale parmi les étudiants des colonies. Cependant, la CEI a éveillé en eux une conscience critique de la dictature et du système colonial, ainsi qu'une volonté de valoriser les cultures des peuples colonisés. Plusieurs dirigeants africains sont passés par la CEI, comme Amílcar Cabral, fondateur du PAIGC, Agostinho Neto, le premier président de l'Angola et Marcelino dos Santos, l'un des fondateurs du FRELIMO. Accusé de servir de base à des activités de propagande politique contre l'État portugais, il sera fermé par la PIDE en 1965.

1946 : Provinces d'Outre-Mer

En 1946, le Portugal a changé le nom de « colonie » en « province d'outre-mer ». L'« Estado Novo » portugais a créé la division administrative pour empêcher le Portugal d'être considéré comme une puissance coloniale au niveau international. La première colonie portugaise à adopter le nouveau statut fut India Portuguesa (photo). L'Angola, la Guinée, le Mozambique, São Tomé et Príncipe, le Cap-Vert, Macao et Timor ont obtenu cette désignation en 1951. Avec la réforme de la Constitution en 1951, la condition d'indigène est également définie comme transitoire.

1953 : Massacre de Batepá

Les Portugais voulaient forcer les noirs indigènes de São Tomé et Príncipe à travailler dans les champs, produisant du cacao et d'autres produits pour l'exportation, car la main-d'œuvre apportée d'Angola, du Mozambique et du Cap-Vert ne suffisait pas. Après leur refus, l'armée portugaise a lancé une chasse aux indigènes qui a entraîné la mort de centaines de personnes. Les événements sont devenus connus sous le nom de massacre de Batepá.

1954 : Mouvements de libération

Dans les années 1950, les embryons d'importantes organisations politiques ont commencé à émerger. En 1954, l'Union des Populations du Nord de l'Angola (UPNA) a été créée, qui en 1958 a été rebaptisée Union des Populations de l'Angola (UPA). En 1962, l'UPA et le Parti démocratique d'Angola (PDA) ont formé le Front national de libération de l'Angola (FNLA). Le Mouvement populaire de libération de l'Angola (MPLA) a été fondé en 1956, année où Amilcar Cabral a créé le Parti africain pour l'indépendance de la Guinée et du Cap-Vert (PAIGC, sur la photo). En 1960 le Comité pour la Libération de São Tomé et Príncipe (CLSTP) est créé et en 1962 le Front pour la Libération du Mozambique (FRELIMO) est créé, issu de la fusion de trois mouvements : Union Nationale Démocratique du Mozambique (UDENAMO), Union nationale africaine du Mozambique indépendant (MANUI) et Union nationale africaine du Mozambique (MANU). L'Union nationale pour l'indépendance totale de l'Angola (UNITA) a vu le jour en 1966.

1957 : Indépendance du Ghana : fusible de la décolonisation

La décolonisation africaine a commencé en 1957 avec l'indépendance du Ghana, anciennement la Gold Coast, qui a encouragé d'autres pays du continent à lutter pour l'indépendance. Kwame Nkrumah (photo), ancien Premier ministre et président du Ghana, était un fervent partisan de la décolonisation et l'un des fondateurs du panafricanisme. La principale période de décolonisation africaine s'est déroulée entre 1960 et 1970. L'Organisation des Nations Unies (ONU) soutient les pays colonisés dans leur lutte contre les puissances coloniales européennes. En 1968, 34 nouveaux États indépendants avaient émergé en Afrique. En plus des colonies portugaises, seuls la Rhodésie, l'Afrique du Sud-Ouest et le Sahara espagnol survivent.

1958 : Humberto Delgado se présente à la présidentielle

Soutenu par l'opposition démocratique, le général Humberto Delgado se présente comme indépendant aux élections présidentielles du 8 juin 1958. Le président élu finira par être l'amiral Américo Thomaz, candidat du régime, mais le « général sans peur » laisse un héritage qui marquerait le chemin du Portugal vers la liberté. Cette année-là, la Junta de Libertação Nacional, un mouvement politique opposé au régime, est également apparue dans la clandestinité. L'année suivante, l'élection des présidents devient indirecte et de la responsabilité de l'Assemblée nationale.

1959 : massacre de Pidjiguiti

Le 3 août 1959, les dockers se mettent en grève à la jetée de pidjiguiti à Bissau pour réclamer de meilleurs salaires. La manifestation a été réprimée par la police et a entraîné la mort d'une cinquantaine de personnes. Après le massacre, le PAIGC (photo), qui avait été à l'origine de l'organisation de la grève, a changé de stratégie pour échapper à la répression du régime portugais et la conscience nationaliste du parti s'est renforcée.

1960 : naissance du Comité de libération de São Tomé et Príncipe

Le Comité de libération de Sao Tomé et Principe (CLSTP) a été créé à Accra, au Ghana, en 1960. Le gouvernement ghanéen de Kwame Nkrumah soutient le CLSTP, qui s'est ensuite installé en République populaire du Congo (Brazzaville), en Guinée équatoriale et au Gabon. réussi à déclencher une lutte armée à São Tomé et Príncipe. Le premier secrétaire général était Tomás Medeiros et le second Manuel Pinto da Costa (photo), le futur premier président de São Tomé et Príncipe. À partir de 1972, il a été rebaptisé Mouvement pour la libération de São Tomé et Príncipe (MLSTP).

16 juin 1960 : massacre de Mueda

Le 16 juin 1960, le village mozambicain de Mueda, dans la province de Cabo Delgado, a été le théâtre d'une manifestation de milliers de paysans réclamant de meilleurs salaires, qui s'est soldée par la mort d'un nombre indéterminé de manifestants. Le massacre de Mueda est considéré comme l'un des derniers épisodes de résistance contre le colonialisme portugais avant le début de la guerre au Mozambique en 1964. Selon l'historien João Paulo Borges Coelho, il constitue « un jalon dans le discours des forces nationalistes, une sorte de point de non-retour à partir duquel il était entendu qu'il n'y avait pas de voie négociée vers l'indépendance. C'est aussi à partir de 1960, avec les indépendances qui commencent à s'opérer en Afrique, que l'opposition à la politique coloniale portugaise s'intensifie.

20 janvier 1960 : Kennedy prend la présidence des États-Unis

John F. Kennedy prend ses fonctions en tant que 35e président des États-Unis d'Amérique (USA) le 20 janvier 1961. La politique américaine envers les colonies portugaises a changé. En 1961, le Congrès américain décrète un embargo militaire contre le Portugal, son allié de l'OTAN, l'Alliance atlantique.

22 janvier 1961 : Déviation du paquebot « Santa Maria »

1961 est une année fatidique pour le régime de Salazar. Le 22 janvier, le capitaine Henrique Galvão (à droite sur la photo) dirige un commandement de 23 révolutionnaires qui attaquent le navire portugais « Santa Maria », dans la mer des Caraïbes. Les créateurs de « l'opération Dulcineia », menée en collaboration avec le général Humberto Delgado (à gauche sur la photo), n'ont pas réussi à prendre le pouvoir en Angola comme ils l'avaient prévu, mais ont réussi à attirer l'attention de la communauté internationale sur le situation politique du Portugal. Le même mois, Adriano Moreira, ministre des Outre-mer (1961-62) a mis fin au statut indigène. Au moins sur le papier, tout le monde est égal devant la loi. Le Code du travail rural vise à mettre fin au travail obligatoire. En Angola, il y a un soulèvement dans le Vale do Massanga contre Cottonang, une société belge de production de coton, pour non-paiement des salaires des travailleurs. L'armée et l'armée de l'air répriment la révolte, provoquant un massacre.

BIBLIOGRAPHIE:

Cervelló, Josep Sánchez, La Révolution portugaise et son influence sur la transition espagnole (1961-1976), Lisbonne, Assírio & Alvim, 1993.

Marques, A. H. Oliveira, Brève histoire du Portugal, Lisbonne, Editorial Presença, 2006.

Rodrigues, António Simões (coordinateur), History of Portugal in Dates, Lisbonne, Temas e Debates, 2000 (3e édition).

Chronologie 1961-1969 :

Début de la guerre coloniale et tournant du destin des colonies

Chronologie 1970-1974 :

De l'intensification de la lutte armée à la Révolution des œillets

Chronologie 1974-2002 :

De l'indépendance à la fin de la guerre au Mozambique et en Angola

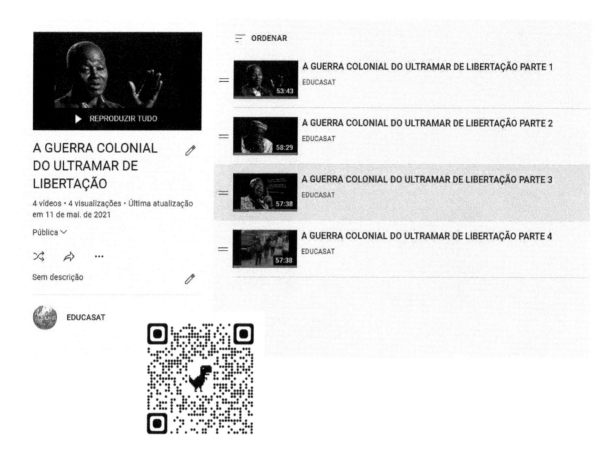

Il y a 04 documentaires où vous pouvez voir les deux côtés des conflits pour la libération des colonies portugaises d'outre-mer.

Dans le texte de divulgation du livre, nous avons dit ce qui suit :

L'Afrique veut récupérer le gâteau. Cela vaut la peine de lire ce livre et de connaître une grande partie d'une histoire relativement non divulguée que l'auteur Celso Salles a le privilège de raconter. Deux termes importants apparaissent dans la plupart de vos textes : RÉPARATION et TRANSFORMATION. UNE NOUVELLE AFRIQUE à forger par une nouvelle génération, très bien éduquée et dans le but de rendre le continent africain digne de vivre, basé sur leur propre vision. Le sauvetage commence par la culture africaine, la plus riche et la plus diversifiée au monde. Il est tout à fait possible de faire REPAIR, surtout lorsque l'Afrique et la diaspora africaine commencent à travailler ensemble, avec intelligence, science et connaissance, à la recherche d'un nouvel ordre mondial, où le POUVOIR HUMAIN s'équilibre de plus en plus avec le POUVOIR FINANCIER : LA TRANSFORMATION.

Dans les textes finaux, nous mettons :

PERSONNE NE FAIT RIEN SEUL. Dieu, dans son infinie sagesse, veut compter sur nous tous pour construire l'humanité qu'il aime tant. Il insufflera de bonnes pensées et de bons sentiments dans le cœur de ses enfants. Il arrive un moment où tout le monde se rencontre et PRÊT, le miracle se produit. Je vois bien que c'est ainsi que nous devons agir. La bonne pensée est venue, le rêve, la bonne idée, chacun fait sa part. Le moment de la rencontre est déjà défini. La coïncidence est un moyen que Dieu a créé pour rester anonyme. De plus, quand quelque chose s'arrête, ne s'arrête pas, cela ne fait que cycler.

2021, LE DÉBUT DU TROISIÈME DÉCENNIE DU 21E SIÈCLE

Nous devons commencer ce nouveau moment d'humanité par des pas très fermes et forts vers un développement auto-durable en Afrique, en commençant par nous-mêmes. Je n'ai pas de boule de cristal pour savoir ce qui va réellement se passer. Cependant, sur la base de ce que nous faisons, beaucoup de choses dont nous pouvons être sûrs se produiront.

Il n'est pas du tout compliqué de voir qu'en tant qu'humanité, nous ne pouvons pas continuer dans le parti pris du capitalisme financier, en brûlant nos forêts, en augmentant le niveau d'inégalité entre les peuples.

POUVOIR ÉCONOMIQUE et POUVOIR HUMAIN devront chercher un équilibre. Le « ce n'est pas moi » va progressivement disparaître. Parce que tout est aussi avec moi. La planète Terre aura besoin, au cours des prochaines décennies ou centenaires, de rechercher de nouvelles formes d'énergie et pour cela, elle devra créer des développements où, principalement les nations pauvres, pourront réduire leur dépendance au pétrole.

Ici en Afrique, je ressens cette vision des dirigeants de la plupart, sinon de tous les pays africains. Mais ce n'est pas quelque chose qu'ils peuvent faire sans une vue d'ensemble. Sans le reste du monde, au lieu de continuer à convoiter et à dominer, comprenez que cette terre a des propriétaires et que les propriétaires ont besoin de RÉPARATION qui les amènera à grandir. C'est le moins à faire pour tout un continent si détruit par l'ambition et le manque de respect de l'humanité de la génération de la Conférence de Berlin.

Chacun de nous peut apporter beaucoup. Si peu qu'elle soit, elle peut y contribuer. En particulier, je ressens la grande difficulté qu'ont la plupart des gens qui vivent avec moi à comprendre ma pensée et mon mode de vie. Je suis sûr que beaucoup comprendront ce que je mettrai dans les 12 livres de la Collection AFRICA.

Nous avons le droit et le devoir de choisir beaucoup de choses dans notre vie, mais nous ne pouvons nous empêcher de contempler que BEAUCOUP DE CHOSES DANS LA VIE NOUS CHOISISSENT AUSSI.

Dans cette prémisse, nous devons toujours être très préparés à donner une excellente réponse aux CHOSES DE LA VIE QUI NOUS CHOISISSENT. Apporter du bonheur où que nous soyons. L'EXEMPLE et la CRÉDIBILITÉ parlent très fort.

Ils parlent bien plus que des mots et des mots et, souvent, LE SILENCE EST LE CRIS LE PLUS APPROPRIÉ DE TOUS. Voici la sagesse, qui va généralement de pair avec la patience : CONNAÎTRE LE TEMPS DE PARLER ET, ENCORE PLUS IMPORTANT, CONNAÎTRE LE TEMPS DE LA FERMER. De tout cela vient ce qui nous donne la paix, l'ÉQUILIBRE.

Lorsqu'on vous le demande, soyez prêt, la réponse sage est toujours, JE SUIS EN PRÉPARATION, car avec la vitesse du changement JE SUIS PRÉPARÉ démontre exactement COMBIEN VOUS ÊTES NON PRÉPARÉ.

Dans le livre CULTURE AFRICAINE, LE RETOUR - O le gâteau de retour, vous pouvez trouver dans ses 120 pages une très grande série d'informations. Ce que vous venez de lire, ce sont des passages extrêmement importants, des informations que les peuples colonisateurs tentent de cacher, mais les cris de millions et de millions d'Africains ne cessent de résonner aux quatre coins du continent africain.

A Importância da Diáspora Africana na Nova Descolonização de África

OS AFRICANOS DE ALMA ENTRAM EM CENA

Celso Salles

L'importance de la diaspora africaine dans la nouvelle décolonisation de l'Afrique.

Ce livre est fondamentalement une continuation du Volume "Culture Africaine LE RETOUR - Le gâteau de retour". L'auteur y place d'importantes réflexions sur la façon dont la diaspora africaine, présente à travers le monde, peut et doit beaucoup contribuer au développement de l'ensemble du continent africain.

La RÉPARATION pour les dommages causés au continent africain, qui encore aujourd'hui, au début de la troisième décennie du 21e siècle, présente les effets de l'ESCLAVAGE ET DE LA COLONISATION sous forme de faim, de pauvreté, de maladies et d'autres maux, doit être vue comme mission aussi de la DIASPORA AFRICAINE. Des actions importantes doivent faire partie de la NOUVELLE DÉCOLONISATION DE L'AFRIQUE qui commence par la DÉCOLONISATION DE L'ESPRIT.

Une chose est sûre, cette génération n'était pas responsable de la quantité d'absurdités commises par les générations de colonisateurs et d'esclavagistes. Cependant, c'est à nous d'engager un processus de changement, d'arrêter la cupidité des nations développées, basé sur la vision capitaliste et de comprendre définitivement que l'Afrique a des propriétaires et que ce ne sont de loin ni les peuples occidentaux ni orientaux. Tout ce qui a été illégalement approprié, générant toutes les formes de misère, de faim et de maladie, doit être réparé et stoppé. Voici l'importance de la diaspora africaine dans la NOUVELLE DÉCOLONISATION DE L'AFRIQUE qui donne le titre à ce livre.

Si nous ne recevons rien dans ce sens des générations passées, nous devons indiquer des chemins importants pour les nouvelles générations, non seulement avec des idées mais surtout avec des actions pratiques.

Un développement qui repose sur la mort de millions et de millions de personnes en Afrique, qui survient année après année, alimentant cette façon de penser, doit vraiment être arrêté.

Ceux d'entre nous qui font partie de la diaspora africaine, où que nous soyons, devons être les grandes voix de l'Afrique, qui, bien qu'elles crient, ne peuvent faire écho à leurs divers appels. Continuer à rejeter toute la responsabilité de la faim du continent africain sur les épaules des dirigeants actuels en Afrique, sans assumer les responsabilités de nos ancêtres, ne me semble pas être une action digne de la race humaine.

La première et importante étape est de S'INTERESSER À L'AFRIQUE. Aujourd'hui, avec l'avènement d'internet et des réseaux sociaux, se faire des amis dans plusieurs pays africains et essayer de comprendre leurs véritables angoisses, la plupart cachées soit par les gouvernements, soit par la presse, qui n'a pas encore atteint sa liberté, dépendant fortement de capital financier pour sa survie. Et dans cette dépendance, des erreurs et encore des erreurs se cachent et le chaos continue de régner pour des millions, pourquoi ne pas dire des milliards de personnes qui vivent, sans pouvoir appeler la vie, en dessous du seuil de pauvreté qui est inférieur à un dollar/jour.

D'après la photo que j'ai vue dans les pays africains que je connais déjà et même dans ceux que je ne connais pas, mais que je vois plus facilement car je suis en terre africaine, l'aide principale est liée au DEVELOPPEMENT DU SECTEUR AGRICOLE. La diaspora afro-brésilienne, par exemple, peut grandement contribuer au développement agricole à travers l'Afrique. Même sans détenir le commandement de l'agriculture au Brésil, la diaspora afro-brésilienne, étant plus liée à l'Afrique, peut atteindre les ruraux brésiliens et pas seulement que, pour se développer, ils n'ont pas besoin de détruire la forêt amazonienne, en fait, non forêt.

En Afrique, vous pouvez trouver beaucoup de bonnes terres pour l'agriculture ainsi qu'une grande source de rivières. Avec la croissance de l'agriculture dans les pays africains, d'innombrables emplois sont créés, tout en luttant contre la faim, car la nourriture coûte moins cher sur tout le continent africain. Le flux de la production agricole en Afrique va chauffer l'ensemble du marché des équipements agricoles tels que les tracteurs, les pulvérisateurs, les moissonneuses-batteuses, les planteuses, etc. Le marché des intrants agricoles sera également fortement chauffé.

Le Brésilien conçoit des serres pour production alimentaire du désert en Afrique

Le projet Marvella Farms générera des emplois et augmentera la production agricole à Djibouti, l'un des pays les plus chauds du monde

Le Brésilien Guilherme Moreira, ingénieur en environnement et sanitaire diplômé de l'Université fédérale de Juiz de Fora (UFJF), est l'associé directeur du projet Marvella Farms (Photo: Disclosure)

RÉFLEXION IMPORTANTE :

Voyez sur la photo que le Brésilien Guilherme Moreira, ingénieur environnemental et sanitaire, n'est pas afro-brésilien de couleur, de cheveux et de traits, mais son travail, pour tout ce qui profitera au peuple africain en général, le rend plus qu'afro-brésilien. Je vais créer ici un nouveau terme appelé ÂME AFRICAINE et commencer à désigner des personnes comme le Brésilien Guilherme Moreira avec ce titre à partir de maintenant, dans ce livre et dans d'autres de la COLLECTION AFRIQUE.

Avec des températures atteignant 43°C et une humidité de l'air élevée, Djibouti a toujours rencontré des difficultés pour développer son agriculture locale. Actuellement, l'agrobusiness ne représente que 3% du PIB du pays africain, qui a besoin d'importer 90% de sa nourriture en raison de l'impossibilité de la produire sur son territoire désertique de 23 200 kilomètres carrés - juste un peu plus grand que Sergipe, le plus petit État Brésilien. Comme si les conditions climatiques extrêmes ne suffisaient pas, ces dernières années, les plantations de Djibouti ont été frappées par des infestations acridiennes, l'une des conséquences du changement climatique dans la région.

En conséquence, la lutte contre la faim et la recherche de la sécurité alimentaire sont devenues des priorités pour le gouvernement local, qui a soutenu les initiatives étrangères visant à résoudre cette situation. C'est le cas de Marvella Farms, un projet créé par les sociétés nord-américaines Agro Fund One, Universal Construction et DJR Architecture. Le Brésilien Guilherme Moreira, ingénieur en environnement et sanitaire diplômé de l'Université fédérale de Juiz de Fora (UFJF), dans le Minas Gerais, et auteur du blog Hidroponia in Practice, est le partenaire directeur du projet.

Le Brésilien conçoit des serres pour la production alimentaire dans le désert de Djibouti (Photo: Disclosure)

"La mission de Marvella Farms est de cultiver des produits biologiques et locaux tout au long de l'année pour approvisionner le marché local et servir également à l'exportation", a déclaré Moreira, qui a présenté le projet ce jeudi (15) à l'Open Food Innovation Summit, le plus grand événement brésilien sur l'avenir de l'alimentation.

Ingénierie et Techniques Agricoles

Pour ce faire, le projet combinera les meilleurs aspects de différents systèmes hydroponiques en un seul système, une technique permettant de faire pousser des plantes sans la présence de terre. Le système est appelé SAEF (Shallow Aero Ebb and Flow) et est caractérisé comme un système de sous-irrigation. Dans ce système, des jets d'eau avec une solution nutritive sont lancés périodiquement au niveau des racines alimentaires à de courts intervalles, tandis que les plantes sont soutenues sur une mousse de polystyrène sur un banc, ce qui permet une excellente isolation thermique.

En outre, les ingénieurs utilisent également le concept d'agriculture protégée - dans les serres, ils seront en mesure de créer un environnement contrôlé avec les conditions les plus appropriées pour cultiver différents types d'aliments, en obtenant un taux de production maximal.

Projet des serres Marvella Farms (Photo: Publicité)

L'une des principales préoccupations de Moreira lors de l'évaluation des options les plus durables pour le refroidissement des serres était la consommation d'énergie, qui serait irréalisable si la climatisation était utilisée dans tout l'environnement. Par conséquent, la proposition est que seule l'eau destinée à nourrir les plantes soit refroidie. « En se nourrissant d'eau glacée, les aliments pourront refroidir de l'intérieur vers l'extérieur », explique l'ingénieur.

Quant à la circulation de l'air dans les serres, essentielle pour maintenir la bonne température et à l'abri de la chaleur extérieure extrême, des ventilateurs d'extraction seront utilisés au-dessus des bâtiments, ce qui dirigera l'air chaud de l'environnement vers les fenêtres latérales. L'idée est que l'air de l'ensemble du lieu soit renouvelé toutes les cinq minutes.

L'une des principales préoccupations de Moreira lors de l'évaluation des options les plus durables pour le refroidissement des serres était la consommation d'énergie, qui serait irréalisable si la climatisation était utilisée dans tout l'environnement. Par conséquent, la proposition est que seule l'eau destinée à nourrir les plantes soit refroidie. « En se nourrissant d'eau glacée, les aliments pourront refroidir de l'intérieur vers l'extérieur », explique l'ingénieur.

Quant à la circulation de l'air dans les serres, essentielle pour maintenir la bonne température et à l'abri de la chaleur extérieure extrême, des ventilateurs d'extraction seront utilisés au-dessus des bâtiments, ce qui dirigera l'air chaud de l'environnement vers les fenêtres latérales. L'idée est que l'air de l'ensemble du lieu soit renouvelé toutes les cinq minutes.

Mise en œuvre

Toujours pas d'inauguration prévue, reportée en raison de la pandémie, la structure de Marvella Farms sera mise en place en deux phases. Le premier concerne une serre pilote qui occupera une superficie d'environ 490 mètres carrés. Résistant au climat et basé sur les systèmes hydroponiques et l'énergie solaire, l'environnement pourra produire environ 4,5 mille kilos de produits frais, tels que des feuilles vertes, des tomates et des fruits sauvages.

Dans un deuxième temps, le projet sera étendu à 40 hectares et disposera d'une production alimentaire plus diversifiée (incluant des produits largement utilisés dans la région, comme les poivrons, l'ail et les herbes). A ce stade, les processus peuvent être automatisés, même si Djibouti ne dispose pas d'une industrie robotique consolidée.

L'une des missions les plus importantes du projet est d'employer et de former la population locale, montrant que l'agriculture - qui n'a jamais été synonyme d'abondance dans le pays - peut être une option de carrière pour les plus jeunes. « A Djibouti, nous avons le problème du chômage des jeunes et le manque de valorisation des femmes. A travers nos exploitations, nous voulons offrir des opportunités d'autonomisation à ces groupes », souligne Moreira.

En plus de la seule production alimentaire, le projet pourrait également apporter des bénéfices à la santé de la population, assurant la sécurité alimentaire. En outre, il encourage également l'économie circulaire, le développement durable et le partage des connaissances. Une partie de la solution nutritive utilisée dans les serres de Marvella Farms sera donnée aux agriculteurs locaux pour être utilisée sur leurs propres terres.

NOUS DEVONS APPRENDRE À CONNAÎTRE L'AFRIQUE

CARLOS LOPES

Carlos Lopes. L'universitaire guinéen a été assistant de Kofi Annan à l'ONU et est aujourd'hui professeur à la Nelson Mandela School of Public Governance, au Cap. Il s'est entretenu avec DN à Lisbonne en octobre 2019, lorsqu'il a participé à une conférence sur l'Afrique organisée par IPDAL - Institut pour la promotion de l'Amérique latine et des Caraïbes.

La première erreur quand on parle de l'Afrique est de faire comme si c'était la même chose - car nous nous référons à des réalités très différentes. Je ne parle pas seulement de la division traditionnelle entre l'Afrique du Nord, l'Afrique arabe et l'Afrique subsaharienne. Je parle d'un pays comme l'Afrique du Sud, qui n'est pas comparable à l'Éthiopie. Ou un Mozambique, bien différent d'un Nigeria. Alors vaut-il mieux parler des Afriques ?

Oui, ce serait le plus correct, car, du point de vue du contexte historique, il y a beaucoup de différences. Mais en même temps, il est logique de parler d'une Afrique pour certaines choses.

Par exemple, tous les pays africains sont fortement dépendants des matières premières. Même ceux qui n'ont pas une grande richesse en matières premières finissent, par des relations de voisinage ou des difficultés logistiques, à dépendre un peu de ce rapport que l'Afrique entretient avec les matières premières. Dans le classement des Nations Unies, 35 pays africains sont fortement dépendants des exportations de matières premières. Et cette définition inclut les pays qui réalisent au moins 80 % de leurs exportations.

Cela peut aller d'un géant pétrolier comme le Nigeria, à un petit pays... Cela peut être un petit pays comme la Guinée-Bissau qui exporte des noix de cajou. Ce sont peut-être des matières premières plus extractives, d'autres non, mais presque tous les pays ont ces caractéristiques et je pense que la transformation structurelle de l'Afrique passe nécessairement par ce changement. Et puis on voit à quel point un pays comme l'Algérie peut être très différent d'un pays comme l'Angola, mais du point de vue de la structure économique, ils sont très similaires. Un pays comme le Maroc, qui est sur la voie de l'industrialisation, peut sembler très différent d'un pays comme l'Éthiopie, mais le programme de transformation structurelle de l'Éthiopie en termes d'industrialisation est très similaire. Il y a des similitudes et il y a aussi des différences. Et une autre caractéristique que je pense est importante d'un point de vue statistique : l'Afrique a été beaucoup divisée en deux morceaux. L'Afrique du Nord est toujours présentée dans les organisations internationales avec le Moyen-Orient, avec lequel elle a encore moins à voir, hormis la langue, mais, du point de vue de la structure économique, les pays du Golfe n'y sont pour rien. les pays d'Afrique du Nord. Et l'Afrique subsaharienne est souvent étroitement liée aux Caraïbes et au Pacifique, comme c'est le cas des négociations avec l'Europe. Mais cela a aussi très peu à voir avec les Caraïbes et très peu à voir avec le Pacifique. En d'autres termes, nous avons une sorte de mentalité coloniale qui a divisé le monde en différents morceaux reconnaissables et qu'il y a un certain confort dans le type d'analyse qui est fait et qui finit par s'adapter, disons, au gestion de ce confort. Par exemple, en géographie on continue à utiliser la projection cartographique de Mercator, qui n'a rien à voir avec la masse terrestre, quand il y a une projection, celle de Peters, qui donne effectivement un planisphère correct.

De toute évidence dans ce numéro de Mercator, l'Angola semble être de la taille de l'Espagne alors qu'il est en réalité trois fois plus grand. Exactement. Là, nous avons la situation où une entreprise de haute technologie comme Google, sur ses Google Maps, continue d'utiliser Mercator. Il s'agit d'une sorte de confort qui fait que les gens regardent l'Afrique sous un certain angle.

Pensez-vous que Mercator dévalorise l'Afrique ?

Je suis sûr. Ce n'est pas une dévaluation accidentelle, car si les gens savaient que l'Afrique est de la taille des États-Unis, de la Chine, de l'Inde et de l'Europe occidentale et du Japon réunis, les gens auraient une autre image du continent en termes de diversité. Et, alors oui, ils pourraient comprendre qu'en fait, l'Afrique est bien plus complexe qu'on ne l'imagine. D'autre part, nous savons que six économies représentent 70 % du PIB de l'Afrique. On a donc un groupe de pays, une quarantaine de pays, qui sont très petits d'un point de vue économique, à l'échelle mondiale, et donc, s'il n'y a pas un semblant d'unité pour pouvoir fournir, disons, la des trucs pour ces pays ils peuvent évoluer, se développer, négocier... c'est très difficile.

En regardant une Afrique anglophone, lusophone, francophone, l'héritage colonial fait-il une différence aujourd'hui, ou après 50 ans d'indépendance s'est-il évanoui ?

Il existe encore de nombreuses traces vérifiables de différents héritages coloniaux dans différents pays, mais, en général, je pense qu'il s'est estompé. Par exemple, nous avons des pays anglophones d'Afrique australe qui semblent beaucoup plus organisés et structurés et qui ont eu, disons, une urbanisation conséquente, une décentralisation administrative et qui ont des caractéristiques beaucoup plus proches de l'ère industrielle, mais nous avons aussi des exemples de pays anglophones tels que le Nigeria ou la Sierra Leone sont en plein désarroi. On a aussi actuellement des pays qui se développent beaucoup en Afrique francophone, comme la Côte d'Ivoire, comme le Sénégal, et puis on a des pays qui sont en léthargie totale en termes de développement, ce qui est le cas d'un pays comme le Cameroun.

L'Afrique lusophone est plus cohérente...

Non. Nous avons le cas du Cap-Vert, qui a une trajectoire cohérente, et nous avons la Guinée-Bissau, qui est en conflit permanent.

Ces deux pays avaient même un processus de lutte de libération commun...

Et même, disons, avec une histoire coloniale très proche et avec une administration commune pour l'essentiel de son expérience coloniale. Cela prouve que ce sont les spécificités et les contextes de chaque pays qui déterminent quelque peu la politique. Mais il y a de grandes caractéristiques de la politique africaine qui sont communes à tous. Par exemple, l'édification de l'État postcolonial en Afrique, en grande partie, était une extension des droits acquis par les citoyens aux sujets. Car ce qui existait pendant la période coloniale, c'est qu'il y avait une catégorie, une élite, disons, qui était considérée comme un citoyen et avait tous les droits de citoyenneté. Et cela comprenait une partie de la population africaine, que nous appelions assimilados.

Avec l'indépendance, tout le monde est automatiquement devenu citoyen...

En rhétorique. Car s'il n'a même pas d'état civil - et pour 40 % de la population africaine il n'en a pas - pour l'Etat il n'existe pas. On parle beaucoup d'informalité dans le secteur économique, mais c'est une informalité qui va bien au-delà de l'économie. Si la personne n'a pas d'état civil, n'a pas d'acte de naissance ou même d'acte de décès, cela n'existe pas pour l'Etat. Et ainsi, il effectue des transactions économiques et survit au-delà de son existence légale.

On parle de personnes qui n'ont pas accès à la santé, à l'éducation, parce qu'elles n'existent pas officiellement. Vous avez dit 40% ?

40% des Africains. Et cela est transversal dans presque tous les pays. Certains l'ont d'une manière plus profonde et d'autres non. Et de nos jours, tout cela est possible à surmonter grâce à la biométrie. Comme ce fut d'ailleurs fait en Inde, qui avait le même problème. Par conséquent, la technique et la technologie pour le faire sont connues, mais ce n'est pas encore le cas. Nous avons aussi d'autres caractéristiques comme la manière dont l'administration s'est orientée vers les industries extractives. Tout est colonial. Il ne s'agit pas seulement, par exemple, d'exporter du pétrole, des diamants ou de l'or ou d'autres choses du même genre. C'est aussi l'infrastructure qui est mise en place pour ce type de production et pour ce type d'économie. Et ce n'est pas différent en Afrique du Nord, ce n'est pas différent en Afrique du Sud, en Afrique du Sud ce sera le platine, en Algérie ce sera le gaz et le pétrole, mais nous avons toujours les infrastructures liées à l'extraction.

On peut voir, par exemple, que dans la période qui a immédiatement suivi l'indépendance, il n'y avait peut-être pas d'élites prêtes à gérer une économie plus complexe. Mais, encore une fois, on parle de 50 ans plus tard.

De nos jours, il n'y a pas un tel problème, disons, de capacités. Pendant longtemps, le problème et le débat dans l'aide au développement ont été la création de compétences techniques et il y avait une coopération internationale pour cela. Aujourd'hui, nous n'avons pas ce problème. Nous avons le problème que dans la plupart des pays africains, il n'y a pas la capacité d'absorber toute la qualité de la main-d'œuvre disponible. Et c'est pourquoi la diaspora se nourrit de l'exportation, disons, de cerveaux africains. Nous avons des statistiques pour le prouver. Par exemple, aux États-Unis, parmi les différents groupes de migrants du pays, les plus instruits sont les Nigérians.

On pense aux migrants africains, surtout comme désespérés de tenter l'eldorado européen. Mais il existe une autre migration africaine qui est celle des personnes hautement qualifiées.

Exactement. Le système national de santé en Grande-Bretagne compte environ 5% de ses infirmières d'origine africaine. Il existe donc une autre migration hautement qualifiée qui est souvent binationale. Il passe inaperçu dans les statistiques car ce sont des individus qui, même en raison de leur niveau d'intégration, accèdent facilement aux nationalités des pays d'accueil. Nous avons fini par avoir une impression déformée des migrants. Mais la définition des Nations Unies du migrant inclut tous ceux qui sont nés dans un pays et vivent dans un autre, indépendamment de leur nationalité et de leurs documents. Et selon cette statistique, il y a maintenant environ 250 millions de personnes dans le monde qui ont ces caractéristiques. Et, de ces 250 millions, si l'on regarde les statistiques en termes de continents et non de pays, l'Afrique en a le moins. Et, parmi les Africains qui émigrent, 80% émigrent vers un autre pays africain. On parle d'environ 20% des migrants africains qui sortent d'Afrique. Ce qui constitue, en termes de chiffres des Nations Unies, beaucoup dans la migration mondiale extracontinentale d'environ 26% des migrants mondiaux. Et l'Europe en a 34 %. L'Europe compte donc plus de migrants que l'Afrique.

Ce qui contredit les discours populistes...

Si nous ne regardons que la migration de l'Afrique vers l'Europe, les chiffres sont également très clairs. Ces chiffres proviennent de Frontex, ni des Nations Unies. Ils montrent que 94% des Africains vivant en Europe, migrants, sont des personnes entrées légalement. Il y en a donc 6% qui entrent illégalement. Et parmi ces 6%, nous avons un grand pourcentage qui arrive de la Méditerranée, qui fait l'objet de l'attention des médias et de l'opinion publique. Mais ce sont de très petits nombres. L'année dernière, il y avait beaucoup plus que cette année. Et l'année précédente, il y en avait beaucoup plus qu'en 2018 et ainsi de suite. Il est en forte baisse.

Donc, quand vous dites qu'ils sont légaux, cela signifie évidemment que les pays d'accueil encouragent cette émigration.

Ils donnent au moins des visas. Les gens n'ont pas transgressé le type de visa qu'ils avaient. Sinon, ils sont illégaux. C'est un très petit nombre. Mais c'est un nombre qui ravit les statistiques et fait beaucoup de discussions.

Mais alors en regardant les pays africains. Cette perte de personnes qualifiées, cette perte de jeunesse, est-elle une des explications des problèmes du continent ?

Je ne pense pas, car la diaspora contribue très clairement au développement des pays. Pourquoi je dis ça ? Car depuis longtemps la diaspora a perdu ses liens avec les pays d'origine. Pour plusieurs raisons. Il y avait des problèmes de communication, le transport n'était pas ce qu'il est aujourd'hui, l'accès à internet n'était pas ce qu'il est aujourd'hui, etc... Nous avons aujourd'hui une situation où le lien entre la diaspora et les familles des pays d'origine est beaucoup plus large . Et cela se traduit, par exemple, par les envois de fonds des émigrés. Les envois de fonds des émigrants en 2000 s'élevaient à environ six milliards de dollars. Aujourd'hui, c'est 81 milliards de dollars. Europe-Afrique.

Cela signifie-t-il aussi que la diaspora croit en l'Afrique d'une manière ou d'une autre ?

Non seulement elle croit, mais elle contribue plus que l'aide au développement. Car on parle d'une aide au développement qui stagne à environ 50 milliards il y a plus d'une décennie et l'augmentation ne vient pas de l'aide au développement. Il provient des envois de fonds des émigrants. Par conséquent, lorsqu'on demande aux pays africains d'arrêter la migration, ils diront oui, mais en réalité c'est contre leurs intérêts.

Pour de nombreux pays, il peut déjà être l'une des principales sources de devises étrangères.

Bien sûr, sans aucun doute. C'est le cas d'un pays comme le Cap-Vert qui reçoit plus d'envois de fonds des émigrés qu'il ne reçoit d'aide au développement. Mais c'est aussi vrai pour l'Egypte, pour la Tunisie... C'est vrai pour une multitude de pays. Éthiopie, etc. Nous sommes ici dans une situation où il n'est pas dans l'intérêt des pays africains d'arrêter la migration. Peut-être le réglementer. Mais sans l'arrêter.

Le Cap-Vert est souvent cité comme un exemple non seulement de réussite en matière de développement mais aussi de réussite démocratique, avec au moins deux décennies de divers changements politiques. Est-ce un mythe de dire que la démocratie est une exception en Afrique ?

Je vais vous donner une statistique qui peut en surprendre beaucoup, mais il vous suffit de la vérifier pour voir si c'est vrai. Au cours des 26 derniers mois, il y a eu 20 changements de dirigeants en Afrique. C'est une moyenne de près d'un leader par mois et des pics. Et c'est la réalité. De nos jours, comme l'âge moyen de la population sur le continent est de 19 ans, il y a une grande pression pour changer la structure et la répartition du pouvoir. Nous avons beaucoup de débats sur ce qu'est vraiment la démocratie représentative en Afrique. Serait-ce une copie de ce qui se fait en Europe ? Il semble que non. Parce que même l'Europe est un peu en crise. Alors, quelle est la situation réelle dans le débat sur la gouvernance en Afrique ? C'est un débat sur ce que l'on pourrait appeler les caractéristiques intrinsèques de l'Afrique qui ont le plus besoin d'une transformation structurelle. La transformation structurelle elle-même, par exemple, offre aux gens de nouvelles voies. Comme le travail décent, de nouvelles façons d'intégrer la modernité... On parle de sortir d'une agriculture de subsistance qui occupe encore environ 50% des Africains pour une plus grande productivité qui a à voir avec l'ère industrielle, a à voir avec l'urbanisation. Nous avons l'un des processus d'urbanisation les plus rapides de l'histoire. Et cette transformation équivaut souvent non pas au moment politique que vivent les sociétés occidentales, mais au moment politique que les sociétés occidentales ont vécu il y a quelques décennies. Et qu'ont-ils fait pendant des décennies ? Ils avaient des politiques protectionnistes qui sont maintenant très difficiles en Afrique parce que le commerce mondial a changé. Ils avaient un accès facile à la technologie parce que la propriété intellectuelle n'était pas ce qu'elle est aujourd'hui en termes de réglementation. Ils avaient bien sûr accès à des modes de financement désormais prohibitifs pour l'Afrique à cause de l'évaluation des risques, etc.

L'Afrique arrive plus tard et doit faire ce que les Européens ont fait mais dans des conditions plus difficiles.

Dans des conditions beaucoup plus difficiles. Et pour cela, vous ne pouvez pas avoir un système politique qui soit le même que celui que connaissent les pays occidentaux en ce moment. Les gens pensent souvent que ça doit être la même chose...

Ça ne peut pas être juste un homme un vote, est-ce plus complexe que ça ?

C'est beaucoup plus complexe que cela. J'ai généralement cette idée dans une phrase. Faut-il démocratiser l'Afrique ou africaniser la démocratie ? Africaniser la démocratie, c'est l'adapter à la réalité locale, qui doit avoir certaines caractéristiques permettant une gouvernance compatible avec les besoins du moment.

Parlez-vous d'inclure, par exemple, les traditions de gouvernance locale...

Exactement. Et le consensus, beaucoup de consensus. Parce que le principal problème de l'Afrique est le syndrome du gagnant-gagnant. Et pour qu'on puisse respecter la diversité, qui est fondamentale en Afrique à cause de la diversité ethnique, à cause des caractéristiques qui ont à voir avec l'arrivée tardive de la modernité elle-même, il faut forcément un consensus, construire ce qu'on appellerait nation, donc que les identités sont beaucoup plus nationales et moins ethniques. Et pour cela, nous ne pouvons pas avoir un processus démocratique où il y a même un vote qui peut être capturé par l'identité ethnique. Il doit être plus sophistiqué.

Il a également déclaré que la mondialisation en ce moment rend la gouvernance en Afrique quelque peu difficile. À savoir certaines règles protectionnistes qui ne peuvent pas être faites. Il y a quelques années on parlait de la concurrence entre les Américains et les Français en Afrique et aujourd'hui ce sont les Chinois qui se démarquent. L'Afrique peut-elle tirer parti de ces rivalités ?

Je pense qu'aujourd'hui l'Afrique - et ça se voit dans les statistiques sur les investissements directs étrangers, sur l'augmentation brutale des infrastructures, sur la diversification des exportations, encore timide mais amorcée - a une plus grande capacité de négociation parce qu'il y a de la concurrence. Et cette concurrence est en grande partie le résultat de l'arrivée de la Chine.

La Chine est en Afrique depuis longtemps, mais maintenant elle revient dans une perspective plus capitaliste.

Je pense qu'il vaut toujours la peine de noter, de mentionner, le fait que, du point de vue de la présence économique, l'Europe continue d'avoir la position dominante en Afrique. Tant en termes de stock d'investissement qu'en termes d'évolution de l'investissement, ainsi qu'en termes de commerce. L'Afrique a l'Europe des 28 comme premier partenaire commercial. Mais quand vous le regardez en termes de pays, il est clair que l'Europe se décompose en un ensemble de pays et ensuite la Chine vient en premier. Mais c'est une illusion. Ce qui existe, c'est une augmentation accélérée de la présence chinoise en termes d'infrastructures, en termes de commerce, et aussi de plus en plus en termes d'investissement. Mais il faut donner les chiffres pour que les gens aient une idée de ce dont on parle.

Ressentez-vous une réaction négative en Afrique à l'arrivée des Chinois ?

Les Chinois ont un total de 4% de leurs investissements mondiaux en Afrique. Cela signifie que l'Afrique n'est pas aussi importante qu'il y paraît. 4% c'est relativement bas et pour tout un continent c'est un investissement rentable car peu coûteux. Par exemple, la marque de téléphone la plus vendue en Afrique est Tecno, une marque créée par les Chinois uniquement pour l'Afrique. Il y a donc même une commercialisation pour l'Afrique de certains produits qui n'existent pas dans le reste du monde. C'est un terrain d'expérimentation, c'est une expansion du marché et, surtout, c'est un marché de consommation potentiel pour l'avenir. Si on a une population si jeune, et c'est celle qui croît le plus, et que dans très peu de temps, en 2034, elle aura une main d'œuvre supérieure à la Chine. Et qu'en 2050 elle comptera deux milliards d'habitants, cela vaut la peine d'investir à faible coût. L'équivalent de ce que l'Afrique obtient des investissements chinois est ce que le Pakistan obtient. Quelle serait la meilleure affaire ? Pour le même montant d'avoir tout un continent ou juste le Pakistan ? Le Pakistan est stratégique pour la Chine à cause de l'Inde, mais quand même. Je pense que, d'un point de vue géostratégique, ils font, avec très peu d'efforts, une très grande zone d'influence. Et la nouvelle route de la soie y est pour quelque chose. C'est un grand projet d'infrastructure. Pour cela, il avait besoin de sa propre banque car le système de crédit international ne supporterait pas autant d'investissements dans les infrastructures et ne le ferait pas nécessairement comme le font les Chinois. Et, par conséquent, ils avaient besoin de leur propre banque, qui est la banque d'infrastructure que la Chine a établie et qui a un capital plus élevé que la banque mondiale, juste pour vous donner une idée. Et l'Afrique est l'extrémité finale de cette route de la soie en termes de route maritime.

Dans votre perspective, dans la relation Afrique-Chine, les deux parties sont-elles gagnantes ?

Ils gagnent parce que la Chine ne veut pas regarder le Pacifique parce que le Pacifique a ses concurrents historiques. Le Japon, plus ancien, et les Etats-Unis, ont donc besoin de se tourner vers l'Occident et d'occuper une bande que du point de vue de leur influence économique il est encore possible d'occuper. Il est déjà très difficile d'occuper, par exemple, en Europe, bien qu'il y ait des investissements chinois dans les ports méditerranéens pour atteindre l'extrémité finale de la route de la soie, mais c'est surtout l'Asie vue à l'Ouest, pas l'Asie du Sud-Est où la Chine va déjà ont des difficultés et l'Afrique, qui sont les marchés potentiels pour la conquérir.

Vous avez parlé tout à l'heure des deux milliards d'Africains. Ceci est presque perçu comme une condamnation de la capacité du continent à répondre à tant de personnes. Est-ce vraiment dramatique ou peut-il avoir ce côté positif de plus de main-d'œuvre et plus de jeunes?

La transition démographique en Afrique s'opère à un moment où le reste du monde vieillit très rapidement. Cela ne s'est jamais produit auparavant, historiquement. On ne connaît donc pas très bien les contours de cet événement démographique. Car il y a toujours eu des transitions démographiques à un certain moment de l'histoire des différentes régions. La dernière grande transition démographique est celle que connaît la Chine et, en ce moment, le mouvement atteint l'Inde et l'Afrique. Ce sont les deux grands pôles de croissance démographique qui existent encore dans le monde. Et qu'est-ce que cela a à voir avec l'économie future? C'est juste que nous allons avoir une économie de plus en plus intense sur le plan technologique. Par conséquent, il génère peu d'emplois, et cette intensité nécessite un autre type d'emploi, pas les emplois que nous avons actuellement disponibles dans les économies plus matures et plus développées. Et, malheureusement pour l'Europe, le Japon et les pays en vieillissement rapide, cet autre type d'emploi est forcément jeune. Car il s'agit souvent de s'occuper des personnes âgées. L'Afrique va être une sorte de réservoir pour la jeunesse mondiale au point qu'un enfant sur deux dans le monde, à partir de 2040, sera africain. Même pour la préservation de l'espèce elle-même, nous aurons besoin d'Africains, car il y aura un processus de vieillissement très rapide. Il y a déjà 78 000 personnes au Japon de plus de 100 ans et c'est le plus vieux pays du monde, mais c'est une tendance qui est répandue dans tous les pays occidentaux. Ce qui semble être un problème africain doit être vu dans le cadre d'un pacte plus global, car supposons que nous voulons avoir un retour élevé sur les nouvelles technologies. Téléphones intelligents. Il y a ceux qui ont le brevet, ce sont les pays occidentaux. Il y a ceux qui ont, disons, le contrôle de la marque, et ce sont les pays occidentaux. Et c'est là que réside l'essentiel de la valeur. Il y a ceux qui contrôlent la logistique et le financement et on peut dire que ce sont aussi des pays occidentaux. Mais alors nous avons un problème. Où est le marché de la croissance de la consommation ? Ce sera l'Afrique et l'Inde car il y aura moins ou moins de personnes âgées, à moins que les gens ne s'en soucient, la mobilité est acceptée. Si cela n'est pas accepté, la population du Japon passera de 110 millions à 90 millions d'ici la fin du siècle, et avec cette diminution, il y a un grand processus de vieillissement. La consommation des nouvelles technologies est chez les jeunes. Parce que les nouvelles technologies sont très difficiles à être pleinement absorbées par la population vieillissante à mesure que l'intelligence artificielle progresse. L'Afrique fait donc partie du tout. Pour avoir la rentabilité qui permet à ceux qui contrôlent la propriété intellectuelle, qui contrôlent la marque, de tirer les bénéfices qui permettent à leur population de continuer à avoir le niveau de vie qu'elle a, il leur faut un marché de consommation qui sera le marché africain et le marché indien en premier. Il faut ici construire une sorte de pacte mondial qui n'est pas très différent de ce que disait Jean-Jacques Rousseau il y a 300 ans lorsqu'il rédigeait le contrat social. Il a dit que nous devons exercer une solidarité intergénérationnelle qui va de la famille à la communauté. Et qui est ensuite passé de la nation à la région de l'Union européenne et qui doit maintenant passer au monde parce que les jeunes seront dans une autre partie du monde que ceux qui sont plus âgés. D'une certaine manière, soyez brutal, mais c'est la grande tendance. Pour qui allons-nous préserver la planète ? Pour la génération à venir. Mais préserver la planète pour la génération à venir, c'est préserver la planète, en grande partie, pour les Africains car ils sont la génération à venir. Parce que ces pays ont de moins en moins de fécondité et que cette fécondité est si faible qu'il n'y a toujours pas de statistiques mais il existe déjà des études qui montrent que même une partie importante de la population a la nationalité et a toutes les caractéristiques pour être considéré comme des citoyens d'origine des pays occidentaux , sont souvent des enfants adoptés, in vitro, etc. Ce n'est donc plus de la fertilité naturelle. La baisse de la fécondité est telle que les formes de remplacement de la fécondité naturelle sont de plus en plus répandues.

Ce contrat social global est une évidence dans le sens où il est impossible de l'arrêter. Mais il est clair qu'il y aura surtout des forces politiques en

Europe et aux Etats-Unis qui tenteront d'arrêter cela à tous les niveaux. Ils vont essayer d'arrêter l'africanisation du monde.

Ouais, par exemple. Mais ce n'est pas très différent, disons, d'un point de vue philosophique de ce que les idées de Rousseau provoquaient à l'époque. Quand il a dit « non, on ne peut pas juste s'occuper de la famille, il faut des structures politiques qui s'occupent des communauté et puis la nation", ce n'était pas non plus pacifique. Il y a eu beaucoup de luttes, il y a eu des gens qui ont abandonné et puis ce fut une transition politique vers une gouvernance plus sophistiquée et plus inclusive. Nous sommes dans ce moment d'inclusion, qui est imparable, mais il y a aussi des forces qui vont avoir des réactions très négatives à ça. Je pense que le phénomène Trump, le phénomène Bolsonaro, ce genre de phénomène populiste y est déjà pour quelque chose. C'est le refus de discuter de démographie parce qu'il y a est également un grave problème démographique au Brésil. La transition démographique au Brésil est déjà terminée, donc la population va commencer à vieillir et elle va aussi commencer à diminuer. Nous avons cette réaction presque naturelle de ceux qui ont les privilèges de se rendre compte qu'il y a un démantèlement de l'État-providence et des prestations sociales de l'État. Et ce démantèlement doit être vu comme le fait que le nombre de cotisants diminue et le nombre de bénéficiaires augmente. Et le nombre de bénéficiaires augmente et les coûts garder les bénéficiaires augmente aussi parce que la médecine a progressé, qu'on a accès à beaucoup plus de possibilités de traitements et qu'il faut beaucoup plus d'argent. Pas moins, mais plus d'argent. Car avant c'était juste de la pénicilline et nous sommes maintenant dans une autre phase où les coûts sociaux sont bien plus élevés que la distribution de pénicilline. Cela signifie que nous devons obtenir le revenu qui nous permet de maintenir l'État-providence quelque part.

Les Portugais ont cette idée qu'ils connaissent très bien l'Afrique et peut-être qu'ils connaissent très bien l'Afrique lusophone. Mais verrez-vous à quelle vitesse cela change?

Les gens doivent se rendre compte que l'Afrique d'aujourd'hui a un niveau de sophistication plus élevé qu'il y a 15 ans, c'est une Afrique qui grandit. Il a six des dix pays à la croissance la plus rapide au monde, il a dix des 20 pays à la croissance la plus rapide au monde, c'est une Afrique qui est la deuxième destination d'investissement en termes de croissance mondiale. Tout cela part d'une base très faible et baissière, mais, disons, ce sont les tendances.

Publié à l'origine le 12 octobre 2019

Indice mondial de la faim 2020
Índice Global da Fome 2020

Muito grave | 35,0 – 49,9   **Très sérieux**   –

Grave | 20,0 – 34,9   **Sérieuse**

Moderado | 10,0 – 19,9   **Modérer**

Baixo | ≤ 9,9   **Meugler**

Não registrado / não classificado   **Non enregistré**

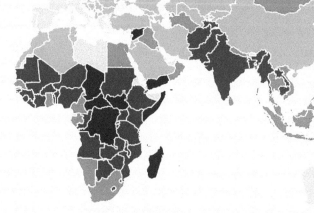

 Fonte: Deutsche Welthungerhilfe e.V.

Il y a cinq ans, l'Organisation des Nations Unies (ONU) définissait comme l'un de ses objectifs l'éradication de la faim dans le monde d'ici 2030. En d'autres termes : chaque être humain, même dans les pays les plus pauvres, devrait avoir une alimentation adéquate. Mais quelle est la situation mondiale aujourd'hui ? Et sommes-nous sur la bonne voie pour atteindre cet objectif ?

En 2015, cela semblait ambitieux mais réalisable. Après tout, la situation alimentaire mondiale s'est beaucoup améliorée en quelques années seulement. En 2000, le Global Hunger Index (GHI) a attribué à la planète entière un score de 28,2, signifiant que la situation était grave. Aujourd'hui, avec un score de 18,2, la faim n'est considérée que comme modérée – zéro dans ce cas signifierait pas de faim, tandis que 100 serait le pire score possible.

Le GHI est calculé sur la base de quatre indicateurs constitutifs de la faim :

• Malnutrition (portion de la population dont l'apport calorique est insuffisant)

• Émaciation infantile (proportion d'enfants de moins de 5 ans présentant une insuffisance pondérale par rapport à la taille – un réflexe de malnutrition aiguë)

• Petite taille infantile (proportion d'enfants de moins de 5 ans qui ont une petite taille pour leur âge - preuve de malnutrition chronique)

• Mortalité infantile (taux de mortalité chez les enfants de moins de 5 ans)

échec moral

Malgré les progrès, les statistiques récentes sont toujours stupéfiantes : près de 690 millions de personnes dans le monde souffrent de malnutrition ; 144 millions d'enfants ont des troubles de croissance ; 47 millions d'enfants sont extrêmement émaciés, et en 2018, 5,3 millions d'enfants sont morts avant leur cinquième anniversaire, souvent à cause de la malnutrition.

Dans son dernier rapport, l'organisation humanitaire allemande Welthungerhilfe qualifie la faim dans le monde de « plus grand échec moral et éthique de notre génération ». Même si la moyenne mondiale s'est améliorée, les différences entre les régions et les pays sont énormes. L'Afrique subsaharienne (27,8) et l'Asie du Sud (26,0) sont les régions où les taux de faim sont les plus élevés au monde.

Qu'est-ce qui freine les progrès dans la résolution de ce problème ? Simone Pott, porte-parole de la Welthungerhilfe, cite "les crises et les conflits, ainsi que la pauvreté, les inégalités, les mauvais systèmes de santé et les répercussions du changement climatique" comme les principaux facteurs de cette équation.

Elle donne l'exemple de Madagascar : « Le GHI est plus élevé aujourd'hui qu'il ne l'était en 2012. Parmi les problèmes du pays figurent la pauvreté croissante et l'instabilité politique, ainsi que les conséquences du changement climatique. Mais le Congo et la République centrafricaine sont les lanternes du rapport, dit-elle, avec "des conflits violents et des événements météorologiques extrêmes retardant tout développement positif".

Les tubes du Népal

Mais il y a aussi des exemples positifs. En 2000, la situation dans deux pays – le Cameroun et le Népal – était classée comme « très grave », mais aujourd'hui, les deux font partie des pays ayant des taux de faim modérés.

Au Cameroun, la production économique par habitant a plus que doublé entre 2000 et 2018, passant de 650 $ US à 1 534 $ US, selon les données de la Banque mondiale.

Dans le cas du Népal, Simone Pott explique les raisons du progrès : "Les investissements dans le développement économique ont réduit la pauvreté. Les interventions dans le secteur de la santé ont conduit à une baisse du taux de mortalité infantile et à une meilleure santé globale. dans plus de sécurité alimentaire", dit-elle.

L'Angola, l'Éthiopie et la Sierra Leone se sont également considérablement améliorés depuis 2000, et leurs scores GHI ont chuté de plus de 25 points. En 2000, les trois pays étaient encore dans la catégorie "très grave", principalement à cause des guerres civiles, qui sont une cause majeure de la faim et de la malnutrition.

La médecine pire que la maladie ?

Désormais, une grande inconnue est entrée dans l'équation : le covid-19 et ses conséquences. Rien de tout cela n'est pris en compte dans le rapport. Les crises économiques entraînent des baisses de revenus. Pour de nombreux pays, cela signifie qu'ils devront importer moins de nourriture. Selon les estimations de l'Organisation des Nations Unies pour l'alimentation et l'agriculture (FAO), cela pourrait entraîner la malnutrition chez jusqu'à 80 millions de personnes supplémentaires dans les seuls pays ayant des importations nettes de produits alimentaires.

Mathias Mogge, secrétaire général de la Welthungerhilfe, a des craintes similaires. « La pandémie et ses conséquences économiques ont le potentiel de doubler le nombre de personnes touchées par des crises alimentaires aiguës », dit-il.

Même dans les pays occidentaux, la question se pose souvent de savoir si les conséquences économiques des mesures prises pour freiner la propagation du coronavirus ne seraient pas pires que les problèmes de santé causés par le virus lui-même, c'est-à-dire si le remède ne serait pas pire que le maladie.

Pott pense que c'est le cas dans de nombreux pays de l'hémisphère sud. "Le confinement a eu des conséquences désastreuses, en particulier pour les millions de personnes travaillant dans le secteur informel", dit-il. « Du jour au lendemain, ils ont perdu leurs revenus, les marchés locaux ont dû fermer et les petits agriculteurs ne pouvaient plus cultiver leurs champs. » Il n'est donc pas facile de calculer ce qui est pire dans chaque pays.

En ce qui concerne l'éradication de la faim dans le monde d'ici 2030, Pott n'est pas non plus optimiste. "Malheureusement, nous ne sommes pas sur la bonne voie", dit-elle. « La tendance globale est positive, mais les progrès sont très lents. Si la situation alimentaire évolue comme elle a été observée jusqu'à présent, il est peu probable que 37 pays atteignent un faible niveau de faim sur l'échelle GHI d'ici 2030. Environ 840 millions de les gens peuvent être sous-alimentés – et les effets de la pandémie de coronavirus ne sont pas encore entrés dans ce calcul. »

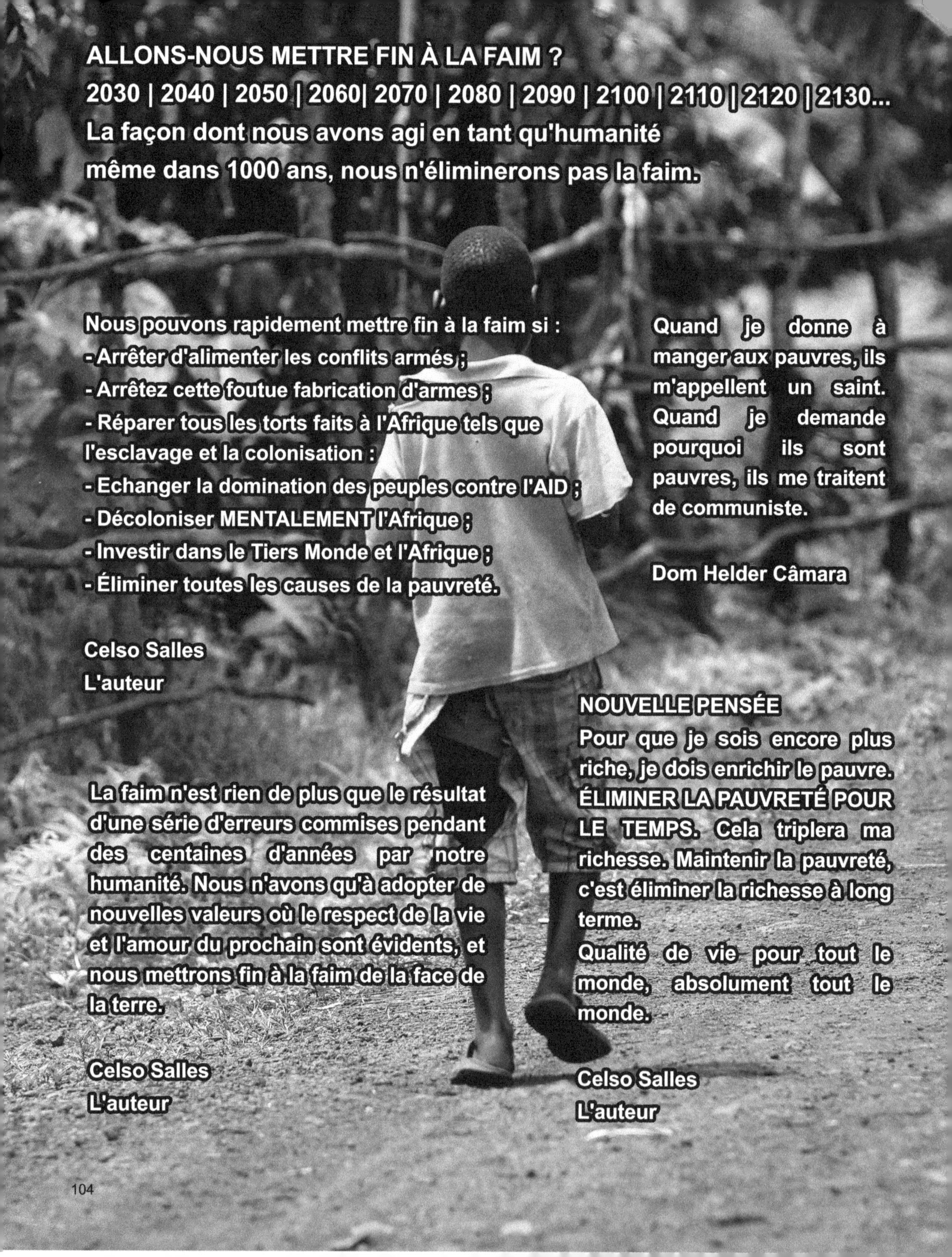

ALLONS-NOUS METTRE FIN À LA FAIM ?

2030 | 2040 | 2050 | 2060| 2070 | 2080 | 2090 | 2100 | 2110 | 2120 | 2130...

La façon dont nous avons agi en tant qu'humanité même dans 1000 ans, nous n'éliminerons pas la faim.

Nous pouvons rapidement mettre fin à la faim si :
- Arrêter d'alimenter les conflits armés ;
- Arrêtez cette foutue fabrication d'armes ;
- Réparer tous les torts faits à l'Afrique tels que l'esclavage et la colonisation :
- Echanger la domination des peuples contre l'AID ;
- Décoloniser MENTALEMENT l'Afrique ;
- Investir dans le Tiers Monde et l'Afrique ;
- Éliminer toutes les causes de la pauvreté.

Celso Salles
L'auteur

La faim n'est rien de plus que le résultat d'une série d'erreurs commises pendant des centaines d'années par notre humanité. Nous n'avons qu'à adopter de nouvelles valeurs où le respect de la vie et l'amour du prochain sont évidents, et nous mettrons fin à la faim de la face de la terre.

Celso Salles
L'auteur

Quand je donne à manger aux pauvres, ils m'appellent un saint. Quand je demande pourquoi ils sont pauvres, ils me traitent de communiste.

Dom Helder Câmara

NOUVELLE PENSÉE

Pour que je sois encore plus riche, je dois enrichir le pauvre. ÉLIMINER LA PAUVRETÉ POUR LE TEMPS. Cela triplera ma richesse. Maintenir la pauvreté, c'est éliminer la richesse à long terme.

Qualité de vie pour tout le monde, absolument tout le monde.

Celso Salles
L'auteur

METTRE FIN À LA FAIM EN AFRIQUE
Dans 100 ou 1000 ANS ?
RÉFLEXIONS IMPORTANTES

Comment la diaspora africaine peut-elle beaucoup contribuer à ENDIR LA FAIM EN AFRIQUE au cours des 100 prochaines années ?

C'est une question très pertinente, car la diaspora africaine, à de rares exceptions près, est encore loin du pouvoir financier et même du pouvoir politique. Fondamentalement, 100% de votre temps est consacré à votre propre survie dans votre pays de naissance ou de choix.

Si nous devions penser à ce que nous n'avons pas ou qui nous ne sommes pas, nous arriverons très vite à la conclusion que nous ne pouvons rien faire en mille ans, encore moins en cent.

Cependant, nous avons de nombreuses qualités et ressources qui, une fois additionnées, peuvent beaucoup aider à éliminer la faim en Afrique au cours des 100 prochaines années. Il existe des actions médiatiques spectaculaires liées aux EFFETS DE L'OME qui sont en fait très éloignées des afro-descendants. Cependant, de petites actions peuvent et doivent être menées, sachant qu'il nous sera difficile d'obtenir les projecteurs de la presse, des prix Nobel et une reconnaissance générale, mais qu'une fois multipliées, elles apporteront des changements significatifs.

Une fois libéré de toute vanité, il est temps de lancer des actions concrètes visant à SAUVER L'AFRICAINE en nous, dans les groupes qui se réunissent et font des recherches sur internet pour nous montrer l'Afrique d'aujourd'hui, au plus près de la réalité. .

Le travail que je fais depuis juillet 2007 sur la chaîne Youtube d'Educasat : www.youtube.com/educasat a pour but de ne pas garder avec moi toutes les perceptions que je pourrais enregistrer sur le territoire africain, puisque je finis par avoir un ultra spécial condition d'être en territoire africain. En fait, une planification a commencé bien avant de fouler le sol africain, comme je le raconte dans mon livre d'autobiographie.

Dans ma vision de la façon de contribuer beaucoup à éradiquer la faim en Afrique, je sens que je dois me multiplier, à l'intérieur et à l'extérieur du continent africain. LA COLLECTION AFRIQUE elle-même est écrite pour exactement cela. L'éveil du NOUVEAU Celso Salles, bien mieux, bien mieux préparé pour continuer et étendre cela et de nouvelles lignes de pensée et d'action.

Dans mes interactions avec des gens du monde entier, où je pourrais être présent, je perçois toujours la pensée suivante : dès que je serai riche, j'aiderai les pauvres. Malheureusement, la plupart, dès que leur vie s'améliore, la première chose qu'ils oublient est exactement cette pensée et rapidement, une bonne partie, se croyant de vrais élus commence à faire exactement le contraire.

Lorsque nous parlons de la faim, bien qu'elle existe dans des proportions différentes à travers le monde, d'après ce que nous avons pu voir dans les pages précédentes de ce livre, l'Afrique est l'ÉPICENTE DE LA FAIM DANS LE MONDE, donc même les réflexions dans ces pages seront axées sur Afrique.

LA CONNEXION DE LA GRANDE AFRIQUE ET DE LA DIASPORA AFRICAINE
À mon avis, le grand point de départ est exactement cette connexion. Comme j'ai pu le dire dans le livre African Culture O RETURN, j'utilise la CULTURE, plus précisément la MUSIQUE, pour rapprocher l'Afrique et sa diaspora. Indéniablement, ceux qui sont nés en Afrique et vivent dans la diaspora ont une meilleure vision de l'Afrique aujourd'hui. Ceux qui sont nés hors d'Afrique et ne sont jamais allés en Afrique finissent par avoir une vision qui est loin de la réalité, car ils dépendent des informations de la presse qui, en plus d'être peu nombreuses, sont très stéréotypées / biaisées, ne montrant que la pauvreté en Afrique , ce qui finit par faire fuir les gens, les investisseurs en général.

La pauvreté en Afrique, ainsi que le non-développement sont toujours d'un grand intérêt pour une grande partie du monde occidental comme on peut le voir dans la vidéo :

LA RÉPONSE DE L'AFRIQUE EST LE PARDON, L'AMOUR ET L'ACTION, VÉRIFIEZ:

https://youtu.be/QXpjtO3tbzQ

Et nous ne permettrons pas aux pays d'Afrique subsaharienne d'y échapper

COMBATTRE LES CAUSES DE LA PAUVRETÉ

C'est un combat difficile qui doit être mené sur plusieurs fronts. Le moment où cela se produira dépendra exactement du degré d'union des forces à travers le monde.

Vous qui lisez ce texte devez penser, "SEULEMENT POUR UN MIRACLE CELA PEUT ARRIVER."

Je me souviens cependant que nous n'avons pas toujours été comme ça et que tout grand feu commence par une petite étincelle.

Chacun de nous doit se décider à faire partie de ce grand combat. "C'EST MOI AUSSI". Abandonner la posture des victimes et assumer le rôle d'agents de changement, être là où nous sommes est la grande voie à suivre.

Le premier à changer doit être moi, puis transmettre l'idée et la laisser germer comme une graine dans le cœur des gens.

Les luttes entre des personnes de couleurs et de croyances différentes doivent être éliminées de la surface de la terre.

Un nouveau régime politique va émerger dans ce nouveau moment que l'on peut très bien appeler le RÉGIME POLITIQUE DE SOLIDARITÉ.

Ce n'est pas parce que nous avons hérité du monde tel qu'il est que nous devons le rester. Si nous subissons déjà les conséquences des erreurs du passé, c'est à nous de prendre soin de l'avenir et de faire l'histoire en tant que nouvelle et importante génération humaine sur terre.

Quem planta TÂMARAS Não Colhe TÂMARAS

Celso Salles

educasat Editora

QUI PLANT DES DATTES NE RÉCOLTE PAS DE DATTES.

Il y a un dicton : « Celui qui plante des dattes ne récolte pas de dattes » car les palmiers dattiers mettent de 80 à 90 ans pour porter les premiers fruits. Une fois, un jeune homme a trouvé un homme âgé en train de planter des dattes et lui a immédiatement demandé : pourquoi plantez-vous des dattes si vous n'allez pas récolter ? Le monsieur a répondu : si tout le monde pensait comme vous, personne ne mangerait de dattes. Cultivez, construisez et plantez des actions qui ne sont pas seulement pour vous, mais qui servent tout le monde. Nos actions d'aujourd'hui reflètent l'avenir. Si ce n'est pas le moment de récolter, il est temps de semer. On naît sans rien apporter, on meurt sans rien apporter.

Et, au milieu du fossé entre la vie et la mort, nous nous battons pour ce que nous n'avons pas apporté et ne prendrons pas. Pensez-y : vivez plus, aimez plus, pardonnez toujours et soyez plus heureux. | Auteur inconnu.

Et c'est ainsi que la Collection Afrique a été écrite. J'ai commencé ce livre numéro quatre de la collection, qui porte ce titre, précisément parce qu'il reflète, dans une large mesure, le travail que j'ai fait et qu'en lisant ce livre et d'autres que j'ai écrits ou que j'écrirai même, c'est très clair que, la plupart de ce que j'ai planté, je vais à peine récolter.

Lorsque vous atteignez 61 ans, mon âge le 27 janvier 2021, date à laquelle j'ai commencé à écrire ce livre, vous avez la vision que, même si nous ne le voulons pas, notre heure arrive et "nous sommes nés sans rien apporter, nous mourir sans rien prendre », peut-être peut-il être augmenté avec le « nous mourons, mais nous laissons ce que nous semons. Et pourquoi est-il si important que nous quittions notre plantation, surtout quand c'est une bonne plantation ?

Dans le cadre de l'Afrique, en particulier, la vision de la nécessité de planter quelque chose que vous ne pouvez pas récolter dans la vie est fondamentale. La vision à court terme, dans le style de vie capitaliste, est très forte. Peu de gens ont le privilège de penser à moyen et long terme.

Et c'est beaucoup ce dont l'Afrique a besoin, car les centaines d'années qu'elle a vécues et vit encore sous le commandement de colonisateurs qui cherchent à s'améliorer mentalement et par des actions structurelles, afin de garder l'Afrique captive et la dérive de leurs intérêts , Il est essentiel de réfléchir et d'esquisser des actions à court, moyen et long terme vers une NOUVELLE DÉCOLONISATION DE L'AFRIQUE.

Dans les objectifs fixés par l'ONU pour mettre fin à la faim en 2030, on voit que l'on est loin de cela, comme j'ai pu le détailler dans le livre L'importance de la diaspora africaine dans la NOUVELLE DÉCOLONISATION DE L'AFRIQUE.

La faim n'est rien de plus que le salaire de la pauvreté, une pauvreté implantée non seulement en Afrique, mais dans diverses parties du monde. Mettre fin à la faim, c'est fondamentalement mettre fin à la pauvreté.

C'EST IMPOSSIBLE?

Certainement pas. Nous devons simplement faire face aux racines de la pauvreté. Si nous n'avons pas le courage et l'intelligence de changer, nous vivrons longtemps avec ce SCANDALE MONDIALE. Depuis plusieurs générations.

Mettre fin à la pauvreté et par conséquent à la faim commence par PENSER À L'AUTRE EN PREMIER, à tous les niveaux, personnel et gouvernemental.

Aller à l'encontre d'innombrables intérêts qui alimentent certains groupes avec des millions de dollars, qui ne se soucient jamais de savoir si ces dollars proviennent de guerres plantées et d'armes vendues ou même de tout autre type d'action préjudiciable aux êtres humains.

Comme premier sujet, examinons l'une des structures les mieux organisées au monde. L'UNION EUROPÉENNE. Via la plateforme numérique, en se concentrant sur le Service européen pour l'action extérieure - SEAE : eeas.europa.eu, un service qui s'est achevé le 1er janvier 2021, soit exactement 10 ans d'existence.

SEAE - Service européen pour l'action extérieure : C'est le service diplomatique de l'Union européenne. Il aide le chef des affaires étrangères de l'UE - le haut représentant pour les affaires étrangères et la politique de sécurité - à mener à bien la politique étrangère et de sécurité commune de l'Union.

Un aspect clé du travail du SEAE est sa capacité à travailler en étroite collaboration avec les ministères des Affaires étrangères et de la Défense des États membres de l'UE et d'autres institutions de l'UE telles que la Commission européenne, le Conseil et le Parlement. Il entretient également de solides relations de travail avec les Nations Unies et d'autres organisations internationales.

Basé à Bruxelles, mais disposant d'un vaste réseau de présence diplomatique de l'UE dans le monde, le SEAE rassemble des fonctionnaires européens, des diplomates des services étrangers des États membres de l'UE et des fonctionnaires locaux de pays du monde entier.

Quartier général

Le SEAE est dirigé par le haut représentant de l'UE pour les affaires étrangères et la politique de sécurité / vice-président de la Commission européenne (HR / VP) Josep Borrell.

La plupart du travail quotidien au siège du SEAE est supervisé par le secrétaire général, assisté des secrétaires généraux adjoints.

Le SEAE est divisé en directions géographiques et thématiques :

Cinq grands départements couvrent différentes régions du monde - Asie-Pacifique, Afrique, Europe et Asie centrale, Grand Moyen-Orient et Amériques.

Des départements distincts couvrent des questions mondiales et multilatérales qui incluent, par exemple, les droits de l'homme, le soutien à la démocratie, la migration, le développement, la réponse aux crises et les questions administratives et financières.

Le SEAE dispose également d'importants services de planification et de réaction aux crises dans le cadre de la politique de sécurité et de défense commune (PSDC). L'état-major de l'UE est la source d'expertise militaire collective au sein du SEAE et conseille également le haut représentant/vice-président sur les questions militaires et de sécurité.

Apprenez à connaître le SEAE dans votre pays et PRENEZ CONTACT.
L'AFRIQUE DOIT PROFITER DES SYNERGIES POSITIVES DES DÉLÉGATIONS DU SEAE.

COMMERCIALISATION ET DIFFUSION

Toujours au Brésil en 2012, lorsque je donnais les conférences BRAND AFRICA, il était notoire que la plupart des personnes présentes, sinon toutes, ignoraient l'existence de l'Union africaine. Une perception de l'Union Africaine, qui même en Afrique est encore petite pour la plupart des Africains. LA MARKETING ET LA DIFFUSION SYSTEMATIQUE DE L'UNION AFRICAINE font défaut, à l'intérieur comme à l'extérieur du continent africain.

https://youtu.be/MOlyr8PyZWw

L'IMPORTANCE DU CTÉ SOCIAL

Le côté social, surtout en Afrique, prend une grande importance, car il est lié à la plupart des Africains.

DÉFIS SOCIAUX :
- Distribution de médicaments ;
- Création d'emplois ;
- Combattre la faim ;

- Campagnes de soins de santé;
- Campagnes de lutte contre l'analphabétisme ;
- Déjeuner scolaire;
- Valorisation et enseignement des langues nationales dans les écoles ;
- Travaux d'assainissement de base ;
- L'agriculture de subsistance;
- Ateliers métiers ;
- Transport;
- Logement à prix modique.

Avec le néolibéralisme privatisant tout et le capitalisme financier de plus en plus vorace, les États s'affaiblissant, il nous reste une question : qui répondra du côté social dans les prochaines années ?

Peut-être que nous devons créer un PROFIT SOCIAL, une bourse et tout. La vérité est que nous sommes insérés dans un ordre économique écrasant et PENSER NOUVEAU au sein de cet ordre économique est un grand défi. Mais c'est ce que nous devons faire. C'est un défi que nous ne pouvons pas laisser à la prochaine génération, car il est peut-être trop tard.

Les valeurs vouées à la RESPONSABILITÉ SOCIALE peuvent être considérées PROCHES DE ZÉRO si l'on considère le volume des besoins sociaux dans le monde et notamment en Afrique.

RICHESSE PERSONNELLE OU RICHESSE SOCIALE ?

Nous avons grandi dans le rêve : J'AI BESOIN DE DEVENIR RICHE. Et pour devenir riche, TOUT EST AUTORISÉ. Tout ce qui se passe apporte la LOI DU PLUS FORT. C'est comme si seul un petit pourcentage de l'humanité avait droit au meilleur. Toutes les voix et pensées opposées sont considérées comme des ennemis mortels.

LA NOUVELLE DÉCOLONISATION DE L'AFRIQUE

Comment est-ce possible si la PENSÉE qui gouverne le monde est toute sous l'aspect de POUVOIR, de DOMINATION DU PLUS FORT, DE SAUVER VOUS-MÊME QUI PEUX. Chez nous Afro-Brésiliens, on a coutume de dire que ceux qui ont prêté leur civilisation au continent sud-américain étaient les Africains et non les Européens qui, en fait, ont tout pillé.

Au cours des 10 années que j'ai eu l'occasion de vivre sur le continent africain, à proximité d'innombrables cultures, je peux affirmer catégoriquement que la culture africaine est beaucoup plus civilisée et socialisée que les cultures qui étaient ici et continuent encore, dominant mentalement une bonne partie des dirigeants africains.

Cette pensée traditionnelle africaine est ce qui a fait que le continent résiste aux siècles de domination et continue d'exister avec une grande force dans les kimbos, les villages et les seins familiaux.

LA PENSÉE AFRICAINE est beaucoup plus liée à un ÉQUILIBRE HOMME NATURE que le reste du monde.

Le complexe de supériorité des peuples d'autres continents qui ont imposé un complexe d'infériorité aux peuples africains est quelque chose qui doit être éliminé de toute urgence, car à long terme, les chances que l'espèce humaine perdure en Afrique sont beaucoup plus grandes.

Cela me permet de dire que la NOUVELLE DÉCOLONISATION DE L'AFRIQUE peut être quelque chose de bénéfique non seulement pour l'Afrique mais pour le monde entier qui peut revoir nombre des concepts qui se sont imposés comme des vérités uniques. Ce qui ne s'est pas produit dans le passé, c'est-à-dire la coexistence de cultures et de pensées différentes, nous invite à rechercher ce que nous devrions rechercher dans les années à venir.

LE DANGER D'UNE SEULE HISTOIRE
Écrivain Chimamanda Adichie

Nos vies, nos cultures sont faites de nombreuses histoires qui se chevauchent. L'écrivain Chimamanda Adichie raconte comment elle a trouvé sa voix culturelle authentique - elle nous avertit que si nous n'entendons qu'une seule histoire sur une autre personne ou un autre pays, nous risquons de créer des malentendus majeurs.

Je suis un conteur et j'aimerais vous raconter quelques histoires personnelles sur ce que j'aime appeler "le danger d'une seule histoire". J'ai grandi sur un campus universitaire dans l'est du Nigeria. Ma mère dit que j'ai commencé à lire à 2 ans, mais je pense que 4 ans est probablement plus proche de la vérité. J'étais donc un lecteur précoce. Et ce que j'ai lu, c'était des livres pour enfants britanniques et américains.

J'étais aussi un écrivain précoce. Et quand j'ai commencé à écrire, vers l'âge de 7 ans, des histoires avec des illustrations au crayon que ma pauvre mère était obligée de lire, j'ai écrit exactement le genre d'histoires que je lisais. Tous mes personnages étaient blancs aux yeux bleus. Ils ont joué dans la neige. Ils ont mangé des pommes. (Rires) Et ils ont beaucoup parlé du temps, à quel point c'était merveilleux que le soleil soit sorti. (Rires) Maintenant, malgré le fait que je vivais au Nigeria. Je n'étais jamais sorti du Nigeria. Nous n'avions pas de neige, nous mangions des mangues. Et nous n'avons jamais parlé de la météo parce que ce n'était pas nécessaire.

Mes personnages ont également bu beaucoup de bière au gingembre parce que les personnages des livres britanniques que j'ai lus buvaient de la bière au gingembre. Peu importait que je n'aie aucune idée de ce qu'était la bière au gingembre. (Rires) Et pendant de nombreuses années après, j'ai désespérément voulu essayer la bière de gingembre. Mais c'est une autre histoire.

À mon avis, cela démontre à quel point nous sommes impressionnables et vulnérables à une histoire, surtout lorsque nous sommes enfants. Parce que tout ce que j'avais lu était des livres dans lesquels les personnages étaient des étrangers, j'étais convaincu que les livres, de par leur nature même, devaient avoir des étrangers et devaient porter sur des choses auxquelles je ne pouvais pas m'identifier. Eh bien, les choses ont changé quand j'ai découvert les livres africains. Il n'y en avait pas beaucoup et ils n'étaient pas aussi faciles à trouver que les livres étrangers, mais grâce à des écrivains comme Chinua Achebe et Camara Laye, j'ai subi un changement mental dans ma perception de la littérature. Je me suis rendu compte que des gens comme moi, des filles à la peau couleur chocolat, dont les cheveux bouclés ne pouvaient pas former de queue de cheval, pouvaient aussi exister dans la littérature. J'ai commencé à écrire sur des choses que je reconnaissais.

Eh bien, j'ai adoré ces livres américains et britanniques que j'ai lus. Ils ont éveillé mon imagination, m'ont ouvert de nouveaux mondes. Mais la conséquence inattendue était que je ne savais pas que des gens comme moi pouvaient exister dans la littérature. Alors ce que la découverte des écrivains africains a fait pour moi, c'est : cela m'a évité d'avoir une seule histoire sur ce que sont les livres.

Je viens d'une famille nigériane conventionnelle de classe moyenne. Mon père était enseignant. Ma mère, administratrice. Nous avions donc, comme d'habitude, une bonne, qui venait souvent des villages ruraux voisins. Alors quand j'ai eu 8 ans, nous avons eu un nouveau garçon dans la maison. Il s'appelait Fide. La seule chose que ma mère nous a dite à son sujet, c'est que sa famille était très pauvre. Ma mère a envoyé des ignames, du riz et nos vêtements usagés à sa famille. Et quand je n'ai pas tout mangé pour le dîner, ma mère me disait : « Finis ton repas ! Ne sais-tu pas que les gens comme la famille de Fide n'ont rien ? J'ai donc ressenti une immense pitié pour la famille de Fide.

Puis un samedi nous sommes allés visiter son village et sa mère nous a montré un panier avec un beau motif, fait de raphia séché par son frère. J'étais stupéfait! Il n'avait jamais pensé que quelqu'un dans sa famille pouvait réellement créer quoi que ce soit. Tout ce que j'avais entendu à leur sujet, c'était à quel point ils étaient pauvres, il m'était donc devenu impossible de les voir autrement que pauvres. Leur pauvreté était mon histoire unique à leur sujet.

Des années plus tard, j'y ai pensé en quittant le Nigeria pour aller à l'université aux États-Unis. J'avais 19 ans. Mon colocataire américain a été choqué par moi. Elle m'a demandé où j'avais appris à si bien parler anglais et a été confuse quand j'ai dit que le Nigeria avait l'anglais comme langue officielle. Elle m'a demandé si elle pouvait écouter ce qu'elle appelait ma "musique tribale" et a donc été très déçue quand j'ai joué ma cassette de Mariah Carey. (Rires) Elle a supposé que je ne savais pas utiliser un poêle.

Ce qui m'a impressionné, c'est qu'elle a eu pitié de moi avant même de me voir. Sa position par défaut envers moi, en tant qu'Africaine, était une sorte d'arrogance bien intentionnée, de pitié. Mon colocataire avait une histoire unique sur l'Afrique. Une seule histoire de catastrophe. Dans cette seule histoire, il n'y avait aucune possibilité que les Africains soient comme elle. Aucune possibilité de sentiments plus complexes que la pitié. Aucune possibilité de connexion avec des humains égaux.

Je dois dire qu'avant d'aller aux États-Unis, je ne me suis pas consciemment identifié comme Africain. Mais aux États-Unis, chaque fois que le sujet de l'Afrique était abordé, les gens se tournaient vers moi. Peu importait que je ne connaisse rien d'endroits comme la Namibie. Mais j'ai fini par embrasser cette nouvelle identité. Et à bien des égards, je me considère maintenant comme un Africain. Cependant, je suis toujours un peu irrité quand l'Afrique est désignée comme un pays. L'exemple le plus récent était mon merveilleux vol depuis les lacs il y a 2 jours, n'était-ce pas pour une publicité pour un vol Virgin sur le travail caritatif en "Inde, Afrique et autres pays". (Rire)

Ainsi, après avoir passé plusieurs années aux États-Unis en tant qu'Africain, j'ai commencé à comprendre la réaction de mon collègue à mon égard. Si je n'avais pas grandi au Nigeria et si tout ce que je savais sur l'Afrique venait d'images populaires, je penserais aussi que l'Afrique était un endroit de beaux paysages, de beaux animaux et de gens incompréhensibles, menant des guerres insensées, mourant de pauvreté et du sida, incapables de parler pour eux-mêmes et espérant être sauvés par un gentil étranger blanc. Je verrais les Africains comme moi, enfant, j'avais vu la famille de Fide.

Je pense que cette histoire unique de l'Afrique vient de la littérature occidentale. Voici donc une citation d'un marchand londonien nommé John Lok, qui s'embarqua pour l'Afrique de l'Ouest en 1561 et garda un récit fascinant de son voyage. Après avoir qualifié les Africains noirs de « bêtes sans foyer », il écrit : « Ce sont aussi des gens sans tête, qui ont la bouche et les yeux dans la poitrine ».

Je ris à chaque fois que je lis ceci, et il faut admirer l'imagination de John Lok. Mais ce qui est important dans son écriture, c'est qu'elle représente le début d'une tradition de narration africaine en Occident. Une tradition de l'Afrique sub-saharienne comme lieu négatif, de différences, de ténèbres, de gens qui, selon les mots du merveilleux poète Rudyard Kipling, sont « mi-diable, mi-enfant ».

Et puis j'ai commencé à réaliser que ma colocataire américaine avait dû, toute sa vie, voir et entendre différentes versions d'une même histoire. En tant que professeur, qui m'a dit un jour que mon roman n'était pas "authentiquement africain". Eh bien, j'étais tout à fait disposé à affirmer qu'il y avait un certain nombre de choses qui n'allaient pas dans le roman, qu'il avait échoué à plusieurs endroits. Mais je n'aurais jamais deviné qu'il n'avait pas réussi à atteindre ce qu'on appelle l'authenticité africaine. En fait, je ne savais pas ce qu'était « l'authenticité africaine ». Le professeur m'a dit que mes personnages lui ressemblaient beaucoup, un homme de la classe moyenne instruit. Mes personnages conduisaient des voitures, ils n'avaient pas faim. C'est pourquoi ils n'étaient pas authentiquement africains.

Mais je dois ajouter rapidement que je suis également à blâmer pour le problème de l'histoire unique. Il y a quelques années, j'ai visité le Mexique depuis les États-Unis. Le climat politique aux États-Unis à cette époque était tendu. Et il y a eu des débats sur l'immigration. Et, comme c'est souvent le cas en Amérique, l'immigration est devenue synonyme de Mexicains. Il y avait des histoires sans fin de Mexicains en tant que personnes qui pillaient le système de santé, se faufilaient de l'autre côté de la frontière, se faisaient arrêter à la frontière, ce genre de choses.

Je me souviens avoir marché le premier jour autour de Guadalajara, regarder les gens aller travailler, rouler des tortillas au supermarché, fumer, rire. Je me souviens que mon premier sentiment a été pris de court. Et puis j'ai été submergé par la honte. J'ai réalisé que j'avais été tellement immergé dans la couverture médiatique des Mexicains qu'ils étaient devenus une chose dans mon esprit : l'immigré abject. J'avais assimilé la seule histoire sur les Mexicains et je n'aurais pas pu avoir plus honte de moi. C'est ainsi que vous créez une histoire unique : montrez un peuple comme une seule chose, comme une seule chose, encore et encore, et c'est ce qu'ils deviendront.

Il est impossible de parler d'une seule histoire sans parler de pouvoir. Il y a un mot, un mot Igbo, dont je me souviens chaque fois que je pense aux structures de pouvoir du monde, et le mot est "nkali". C'est un nom qui se traduit vaguement : "être plus grand que l'autre". A l'image de nos mondes économique et politique, les histoires sont aussi définies par le principe du « nkali ». Comment on les raconte, qui leur raconte, quand et combien d'histoires sont racontées, tout dépend vraiment du pouvoir.

Le pouvoir est la capacité non seulement de raconter l'histoire d'une autre personne, mais d'en faire l'histoire ultime de cette personne. Le poète palestinien Mourid Barghouti écrit que si vous voulez renverser une personne, le moyen le plus simple est de raconter son histoire et de commencer par « seconde ». Commencez une histoire avec des flèches amérindiennes, pas avec l'arrivée des Britanniques, et vous avez une toute autre histoire. Commencez l'histoire avec l'échec de l'État africain et non la création coloniale de l'État africain et vous avez une histoire totalement différente.

J'ai récemment pris la parole dans une université où un étudiant m'a dit qu'il était dommage que les hommes nigérians soient des agresseurs physiques comme le personnage du père dans mon roman. Je lui ai dit que je venais de finir de lire un roman intitulé "American Psycho" -- (Rires) -- et que c'était vraiment dommage que de jeunes américains soient des tueurs en série. (Rires) (Applaudissements) Il est évident que j'ai dit cela dans une légère irritation. (Rire)

Il ne m'était jamais venu à l'idée de penser que juste parce que j'avais lu un roman dans lequel un personnage était un tueur en série, il était en quelque sorte représentatif de tous les Américains. Et maintenant, ce n'est pas parce que je suis une meilleure personne que cet étudiant, mais à cause de la puissance culturelle et économique de l'Amérique, j'ai eu beaucoup d'histoires sur l'Amérique. J'avais lu Tyler, Updike, Steinbeck et Gaitskill. Je n'avais pas une seule histoire sur l'Amérique.

Quand j'ai appris il y a quelques années que les écrivains devaient avoir eu une enfance vraiment malheureuse pour réussir, j'ai commencé à réfléchir à la façon dont je pourrais inventer des choses horribles que mes parents m'auraient fait. (Rires) Mais la vérité est que j'ai eu une enfance très heureuse, pleine de rires et d'amour, dans une famille très unie.

Mais j'ai aussi eu des grands-parents qui sont morts dans des camps de réfugiés. Mon cousin Polle est mort parce qu'il n'avait pas de soins médicaux adéquats. Un de mes amis les plus proches, Okoloma, est décédé dans un accident d'avion parce que nos camions de pompiers manquaient d'eau. J'ai grandi sous des gouvernements militaires répressifs qui dévalorisaient l'éducation, alors parfois mes parents n'étaient pas payés. Et puis, enfant, j'ai vu disparaître la confiture du petit-déjeuner, puis la margarine a disparu, puis le pain est devenu très cher, puis le lait a été rationné. Et surtout, une sorte de peur politique normalisée a envahi nos vies.

Toutes ces histoires font de moi qui je suis. Mais insister uniquement sur ces histoires négatives, c'est superficier mon expérience et négliger les nombreuses autres histoires qui m'ont façonné. L'histoire unique crée des stéréotypes. Et le problème avec les stéréotypes n'est pas qu'ils sont faux, mais qu'ils sont incomplets. Ils font d'une histoire la seule histoire.

Bien sûr, l'Afrique est un continent plein de catastrophes. Il y en a d'énormes, comme les terribles viols au Congo. Ensuite, il y a les plus déprimants, comme le fait que 5 000 personnes postulent pour un emploi au Nigeria. Mais il y a d'autres histoires qui ne parlent pas de catastrophes. Et c'est très important, c'est tout aussi important, d'en parler.

J'ai toujours trouvé impossible de me rapporter correctement à un lieu ou à une personne sans me rapporter à toutes les histoires de ce lieu ou de cette personne. La conséquence d'une seule histoire est la suivante : elle prive les gens de leur dignité. Cela rend difficile la reconnaissance de notre humanité commune. Il met l'accent sur la façon dont nous sommes différents plutôt que sur la façon dont nous sommes similaires.

Et si avant mon voyage au Mexique j'avais suivi les débats sur l'immigration des deux côtés, les Etats-Unis et le Mexique ? Et si ma mère nous avait dit que la famille de Fide était pauvre ET travailleuse ? Et si nous avions un réseau de télévision africain qui diffusait diverses histoires africaines à travers le monde ? Ce que l'écrivain nigérian Chinua Achebe appelle "un équilibre d'histoires".

Et si mon colocataire connaissait mon éditeur nigérian, Mukta Bakaray, un homme remarquable qui a quitté son travail dans une banque pour poursuivre son rêve et fonder une maison d'édition ? Eh bien, la sagesse populaire était que les Nigérians n'aiment pas la littérature. Il n'était pas d'accord. Il a estimé que les gens qui savent lire liraient si la littérature devenait accessible et disponible pour eux.

Juste après qu'il ait publié mon premier roman, je me suis rendu dans une chaîne de télévision à Lagos pour une interview. Et une femme qui travaillait là-bas comme messagère est venue me voir et m'a dit : "J'ai beaucoup aimé votre roman, mais je n'ai pas aimé la fin. Maintenant, vous devez écrire une suite, et c'est ce qui va se passer..." (Rires) Et a continué à me dire quoi écrire ensuite. Maintenant, je n'étais pas seulement époustouflé, j'étais ému. Voici une femme, faisant partie des masses communes des Nigérians, qui n'étaient pas censées être des lecteurs. Elle n'avait pas seulement lu le livre, mais elle l'avait repris et se sentait en droit de me dire quoi écrire ensuite.

Et si ma colocataire connaissait mon amie Fumi Onda, une femme intrépide qui anime une émission de télévision à Lagos et qui est déterminée à raconter les histoires que nous préférons oublier ? Et si mon colocataire était au courant de la chirurgie cardiaque pratiquée à l'hôpital de Lagos la semaine dernière ? Et si mon colocataire connaissait la musique nigériane contemporaine ? Des gens talentueux chantant en anglais et en pidgin, et en Igbo et Yoruba et Ijo, mélangeant des influences de Jay-Z à Fela, de Bob Marley à ses grands-parents. Et si mon colocataire connaissait l'avocat qui s'est récemment rendu devant un tribunal au Nigeria pour contester une loi ridicule qui oblige les femmes à obtenir le consentement de leur mari avant de renouveler leur passeport ? Et si mon colocataire connaissait Nollywood, plein de gens innovants qui font des films malgré de gros problèmes techniques ? Des films si populaires qu'ils sont vraiment les meilleurs exemples de Nigérians consommant ce qu'ils produisent. Et si ma colocataire connaissait ma merveilleuse tresse de cheveux ambitieuse qui vient de lancer sa propre entreprise de vente d'extensions de cheveux ? Ou sur les millions d'autres Nigérians qui créent des entreprises et échouent parfois mais continuent à nourrir l'ambition ?

Chaque fois que je suis à la maison, je suis confronté aux sources d'irritation communes à la plupart des Nigérians : notre infrastructure défaillante, notre gouvernement défaillant. Mais aussi à cause de l'incroyable résistance du peuple qui prospère malgré le gouvernement, plutôt qu'à cause de lui. Je donne des ateliers d'écriture à Lagos chaque été. Et c'est extraordinaire pour moi de voir combien de personnes s'inscrivent, combien de personnes sont impatientes d'écrire, de raconter des histoires.

Mon éditeur nigérian et moi avons créé une ONG appelée Farafina Trust. Et nous avons de grands rêves de construire des bibliothèques et de restaurer des bibliothèques existantes et de fournir des livres aux écoles publiques qui n'ont rien dans leurs bibliothèques, et aussi d'organiser des tas, des tas d'ateliers de lecture et d'écriture pour toutes les personnes qui ont hâte de raconter les nôtres. Les histoires comptent. De nombreuses histoires comptent. Les histoires ont été utilisées pour exproprier et faire le mal. Mais les histoires peuvent aussi être utilisées pour responsabiliser et humaniser. Les histoires peuvent détruire la dignité d'un peuple, mais les histoires peuvent aussi réparer cette dignité perdue.

L'écrivain américain Alice Walker a écrit ceci à propos de ses parents du sud qui avaient déménagé vers le nord. Elle leur a présenté un livre sur la vie méridionale qu'ils avaient laissée derrière eux. "Ils se sont assis pour lire le livre par eux-mêmes, m'écoutant lire le livre et une sorte de paradis a été retrouvé." Je voudrais terminer par cette pensée : quand on rejette une seule histoire, quand on se rend compte qu'il n'y a jamais qu'une histoire sur un lieu, on regagne une sorte de paradis. Merci. (Applaudissements)

En fait, des vérités uniques sont dites depuis des centaines d'années et nous devons déconstruire ce genre de choses. Même aujourd'hui, des vérités qui servent des intérêts différents sont dites, sans tenir compte des autres vérités existantes. La somme des vérités est fondamentale pour que nous ayons une vision plus réelle.

L'expression « a un noyau de vérité » est peut-être la plus appropriée, prenant déjà en compte d'autres points de vue importants.

Si nous pensons à la RÉALITÉ, nous pouvons contempler d'innombrables vérités. Si nous utilisons le terme VISION, nous pouvons même améliorer la VÉRITÉ, qui peut être composée de plusieurs vues.

VALEUR AJOUTÉE DES PERSONNES ET DES STRUCTURES

J'utilise ce terme de VALEUR AJOUTÉE depuis des années pour analyser les différents contacts qui arrivent quotidiennement. En cela, Google aide beaucoup, car en mettant le nom de la personne ou même de l'Organisation dans la recherche Google, vous pouvez avoir accès à une bonne partie des réalisations de ces contacts. Avec les informations recueillies, vous pouvez séparer le blé de l'ivraie beaucoup plus facilement. Comparez ce qui est fait avec ce qui est dit de faire.

L'IMPORTANCE DE CONSTRUIRE DES MÉMOIRES

Tous ceux qui peuvent écrire leurs mémoires. Aussi simples qu'elles puissent paraître, voire sans grand intérêt, elles sont fondamentales pour réaliser d'innombrables analyses et finissent par servir de base importante à la construction d'innombrables vérités.

Ce qui est média n'est pas toujours ce qui compte le plus. Célèbres et les plus célèbres sont tombés à l'eau au fil du temps, précisément parce qu'ils ont été enchantés par le bruit des médias et ont oublié d'écrire leurs mémoires, biographies et visions.

Un autre obstacle qui finit par influencer beaucoup pour que peu de gens écrivent leurs vérités est le fameux : CECI NE DONNE PAS D'ARGENT. Là, encore une fois la vision capitaliste limitant tout.

Je me souviens très bien, quand la Télévision est née, beaucoup de visionnaires ont dit que la Radio allait s'arrêter. Ces visionnaires, beaucoup sont morts et la Radio est toujours plus vivante que jamais.

La même chose a été dite de la communication écrite, des livres, des journaux et des magazines. Ils allaient tous mourir avec l'avènement d'Internet. Ni sont morts ni ne mourront. Les moyens physiques d'accéder à Internet peuvent encore être considérés comme une élite dans une grande partie du monde.

Dans de nombreux salons, on peut voir des magazines d'il y a 3 et même 5 ans utilisés comme distraction pendant que le client attend son tour d'être servi.

Les livres prennent du temps, mais ils arrivent. Et quand ils arrivent, ils ont un grand pouvoir de transformation. La vitesse de communication n'est pas toujours la plus importante à moyen et long terme.

LA NOUVELLE DÉCOLONISATION DE L'AFRIQUE passe nécessairement par l'écriture de VÉRITÉS AFRICAINES ou encore de VÉRITÉS DE VISIONS AFRICAINES.

Foto de Fatima Garnacho-Engelke

QUITTER LE
POÉTISE
PARLEZ

Amanda Gorman
USA
22 ans en 2021

Uracila Francisco
Angola
16 ans en 2021

Uracila Stela Francisco, née à Luanda, Angola, le 27 juillet 2004, a 16 ans, le jour où j'écris cette page du livre (02/03/2021). Il habite dans le District de Maianga. Il a vécu la moitié de sa vie à Cacuaco et une autre à Viana. Il est lycéen. Étudiez la mécatronique à l'IMIL - Institut industriel intermédiaire de Luanda. Elle est passionnée par toutes sortes d'arts, mais celui auquel elle s'identifie et pratique le plus est la littérature. Il a commencé à écrire à l'âge de 7 ans, alors qu'il faisait juste des fables. À l'âge de 111 ans, elle a écrit son premier poème, grâce au professeur de langue portugaise, avec deux amis, ils ont formé un trio et le poème était le meilleur de la classe, le thème était « le coup de foudre ».

Il s'est consacré à l'écriture de poèmes pendant un certain temps, mais ensuite il s'est arrêté et a commencé à écrire des histoires. Il a passé 2 ans sans écrire de poèmes.
Maintenant, il écrit des poèmes et des histoires.
Il n'a fait que de la poésie classique, maintenant il fait aussi de la création orale.

Il n'avait jamais déclamé auparavant, sa première fois était dans le concours Muhatu Spoken, où il n'a réussi qu'en finale.
Il a participé à l'exposition de photos du photographe Leonardo Tomás.

Dans différents pays, dans différentes réalités, chacun parle des moments dans lesquels il vit, et la poésie, surtout lorsqu'elle est mise au service de l'ACTIVISME SOCIAL, acquiert une importance unique.

Les différents dispositifs existants doivent faire un effort pour donner la parole aux poètes. Donnez de la visibilité à votre poésie. Et c'est ce qui s'est passé le 20 janvier 2021, lorsque le monde a été pris par surprise avec la poétesse Armanda Gorman.

NEW YORK - A 22 ans, la poétesse Amanda Gorman, choisie pour lire lors de l'investiture du président élu Joe Biden, a déjà une histoire d'écriture pour les occasions officielles.

«Je suis en quelque sorte tombé sur ce genre. C'est quelque chose pour lequel je trouve beaucoup de récompenses émotionnelles, écrire quelque chose qui fait que les gens se sentent touchés, même si ce n'est que pour une nuit », explique Gorman.

Le résident de Los Angeles a écrit pour tout, de la célébration du 4 juillet avec le Boston Pops Orchestra à l'investiture de l'Université Harvard, son alma mater, du président de l'école Larry Bacow.

Quand elle le lira mercredi prochain, elle poursuivra une tradition – pour les présidents démocrates – qui comprend des poètes célèbres comme Robert Frost et Maya Angelou. Le dernier "On the Pulse of Morning", écrit pour l'investiture du président Bill Clinton en 1993, s'est vendu à plus d'un million d'exemplaires lorsqu'il a été publié sous forme de livre. Les lecteurs récents incluent les poètes Elizabeth Alexander et Richard Blanco, avec lesquels Gorman est resté en contact.

«Nous sommes tous les trois ensemble dans l'esprit, le corps et l'esprit», dit-elle.

Gorman est la plus jeune poète inaugurale de mémoire d'homme et elle a déjà fait les manchettes. En 2014, elle a été nommée première jeune poète lauréate de Los Angeles et, trois ans plus tard, elle est devenue la première jeune poète lauréate nationale du pays. Elle est apparue sur MTV; a écrit un hommage aux athlètes noirs pour Nike ; et a un contrat de deux livres avec Viking Children's Books. Le premier ouvrage, le livre d'images « Change Sings », sortira plus tard cette année.

Gorman dit qu'elle a été contactée à la fin du mois dernier par le comité inaugural de Biden. Elle a rencontré plusieurs personnalités publiques, dont l'ancienne secrétaire d'État Hillary Rodham Clinton et l'ancienne première dame Michelle Obama, mais dit qu'elle rencontrera les Bidens pour la première fois. Les Bidens sont apparemment au courant d'elle: Gorman dit que les officiers inauguraux lui ont dit qu'elle avait été recommandée par la première dame entrante, Jill Biden.

Elle appelle son poème inaugural "The Hill We Climb", bien qu'elle refuse de visualiser les lignes. Gorman dit qu'elle n'a pas reçu d'instructions spécifiques sur ce qu'il faut écrire, mais a été encouragée à mettre l'accent sur l'unité et l'espoir plutôt que de "dénigrer quelqu'un" ou de déclarer "ding, dong, la sorcière est morte" à propos du départ du président Donald Trump.

Le siège du Capitole américain la semaine dernière par des partisans de Trump cherchant à renverser les élections était un défi pour maintenir un ton positif, mais aussi une inspiration. Gorman dit qu'elle avait 5 minutes pour lire, et avant ce qu'elle a décrit lors d'une interview comme "l'insurrection confédérée" le 6 janvier, elle n'avait écrit qu'environ 3 à 1-2 minutes.

La durée finale est d'environ 6 minutes.

« Ce jour-là m'a donné une deuxième vague d'énergie pour terminer le poème », dit Gorman, ajoutant qu'elle ne se référera pas directement au 6 janvier, mais le « touchera ». Elle a dit que les événements de la semaine dernière n'avaient pas changé le poème sur lequel elle travaillait parce qu'ils ne l'avaient pas surprise.

« Le poème n'est pas aveugle », dit-elle. "Ce n'est pas tourner le dos aux preuves de discorde et de division."

Dans d'autres écrits, Gorman a honoré ses ancêtres noirs, reconnu et révélé sa propre vulnérabilité («Glorieux dans ma fragmentation», a-t-elle écrit) et a fait face à des problèmes sociaux. Son poème "In This Place (An American Lyric)", écrit pour la lecture inaugurale de la poète lauréate Tracy K. Smith en 2017, condamne la marche raciste à Charlottesville, en Virginie ("tiki tocches string a ring of flame") et élève la voix. forme d'art en tant que force pour la démocratie:

Les tyrans craignent le poète.
maintenant que nous savons
on ne peut pas tout foutre en l'air.
nous le devons
pour le montrer
ne ralentis pas

Gorman a un statut de poète rare et rêve d'autres cérémonies. Elle adorerait lire aux Jeux olympiques de 2028, qui devaient se tenir à Los Angeles, et en 2037, cela ne la dérangerait pas de se retrouver dans une position encore plus spéciale lors de l'investiture présidentielle – en tant que nouvelle directrice générale.

"Je dirai à Biden que je reviendrai", a-t-elle déclaré en riant.

L'ancienne jeune lauréate nationale américaine Amanda Gorman a laissé le monde sans voix avec son poème inauguré par le président Joe Biden et la vice-présidente Kamala Harris mercredi 20 janvier 2021. Pour moi, ce fut le point culminant de toute la cérémonie. Avec POÉSIE, Mme AMANDA GORMAN a fait un véritable TRAITÉ D'UNE NOUVELLE GÉNÉRATION ET D'UNE NOUVELLE HUMANITÉ. On ne peut manquer de louer aussi QUI L'A MIS EN ÉVÉNEMENT pour donner ce VRAI SPECTACLE de paroles et de SAGESSE. L'AFRIQUE ET LA DIASPORA AFRICAINE DANS LE MONDE CÉLÈBRE. La Première Dame Jill Biden a choisi la poétesse de Los Angeles de 22 ans et diplômée de Harvard pour réciter son poème original "The Hill We Climb" sur le retour de la nation à la guérison, à l'espoir et à l'harmonie.
Celso Salles
Educasat Monde.

THE HILL WE CLIMB

When day comes we ask ourselves, where can we find light in this never-ending shade? The loss we carry, a sea we must wade. We've braved the belly of the beast, We've learned that quiet isn't always peace, and the norms and notions of what just is isn't always just-ice. And yet the dawn is ours before we knew it. Somehow we do it. Somehow we've weathered and witnessed a nation that isn't broken, but simply unfinished. We the successors of a country and a time where a skinny Black girl descended from slaves and raised by a single mother can dream of becoming president only to find herself reciting for one. And yes we are far from polished. Far from pristine. But that doesn't mean we are striving to form a union that is perfect. We are striving to forge a union with purpose, to compose a country committed to all cultures, colors, characters and conditions of man. And so we lift our gazes not to what stands between us, but what stands before us. We close the divide because we know, to put our future first, we must first put our differences aside. We lay down our arms so we can reach out our arms to one another. We seek harm to none and harmony for all. Let the globe, if nothing else, say this is true, that even as we grieved, we grew, that even as we hurt, we hoped, that even as we tired, we tried, that we'll forever be tied together, victorious. Not because we will never again know defeat, but because we will never again sow division. Scripture tells us to envision that everyone shall sit under their own vine and fig tree and no one shall make them afraid. If we're to live up to our own time, then victory won't lie in the blade. But in all the bridges we've made, that is the promise to glade, the hill we climb. If only we dare. It's because being American is more than a pride we inherit, it's the past we step into and how we repair it. We've seen a force that would shatter our nation rather than share it. Would destroy our country if it meant delaying democracy. And this effort very nearly succeeded. But while democracy can be periodically delayed, it can never be permanently defeated. In this truth, in this faith we trust. For while we have our eyes on the future, history has its eyes on us. This is the era of just redemption we feared at its inception. We did not feel prepared to be the heirs of such a terrifying hour but within it we found the power to author a new chapter. To offer hope and laughter to ourselves. So while once we asked, how could we possibly prevail over catastrophe? Now we assert, How could catastrophe possibly prevail over us? We will not march back to what was, but move to what shall be. A country that is bruised but whole, benevolent but bold, fierce and free. We will not be turned around or interrupted by intimidation, because we know our inaction and inertia will be the inheritance of the next generation. Our blunders become their burdens. But one thing is certain, If we merge mercy with might, and might with right, then love becomes our legacy, and change our children's birthright. So let us leave behind a country better than the one we were left with. Every breath from my bronze-pounded chest, we will raise this wounded world into a wondrous one. We will rise from the gold-limbed hills of the west. We will rise from the windswept northeast, where our forefathers first realized revolution. We will rise from the lake-rimmed cities of the midwestern states. We will rise from the sunbaked south. We will rebuild, reconcile and recover. And every known nook of our nation and every corner called our country, our people diverse and beautiful will emerge, battered and beautiful. When day comes we step out of the shade, aflame and unafraid, the new dawn blooms as we free it. For there is always light, if only we're brave enough to see it. If only we're brave enough to be it.

LA COLLINE QUE NOUS MONTONS

Le jour venu, nous nous demandons où trouver la lumière dans cette ombre sans fin ? La perte que nous portons, une mer que nous devons patauger. Nous avons bravé le ventre de la bête, nous avons appris que le calme n'est pas toujours la paix, et les normes et notions de ce qui est juste ne sont pas toujours juste de la glace. Et pourtant l'aube est à nous avant même que nous le sachions. D'une manière ou d'une autre, nous le faisons. D'une manière ou d'une autre, nous avons résisté et vu une nation qui n'est pas brisée, mais simplement inachevée. Nous les successeurs d'un pays et d'une époque où une fille noire maigre descendante d'esclaves et élevée par une mère célibataire peut rêver de devenir présidente pour se retrouver à réciter pour un. Et oui, nous sommes loin d'être poli. Loin d'être vierge. Mais cela ne signifie pas que nous nous efforçons de former une union parfaite. Nous nous efforçons de forger une union avec un but, de composer un pays attaché à toutes les cultures, couleurs, caractères et conditions de l'homme. Et ainsi, nous levons notre regard non pas sur ce qui se tient entre nous, mais sur ce qui se dresse devant nous. Nous comblons le fossé parce que nous savons que, pour faire passer notre avenir en premier, nous devons d'abord mettre nos différences de côté. Nous déposons les armes pour pouvoir tendre les bras l'un à l'autre. Nous recherchons du mal à personne et l'harmonie pour tous. Que le globe, à tout le moins, dise que c'est vrai, que même si nous pleurions, nous grandissions, que même si nous souffrions, nous espérions, que même si nous nous fatiguions, nous essayions, que nous serons à jamais liés ensemble, victorieux . Non pas parce que nous ne connaîtrons plus jamais la défaite, mais parce que nous ne sèmerons plus jamais la division. Les Écritures nous disent d'imaginer que chacun s'assiéra sous sa propre vigne et son figuier et que personne ne leur fasse peur. Si nous voulons être à la hauteur de notre temps, la victoire ne sera pas dans la lame. Mais dans tous les ponts que nous avons construits, c'est la promesse de clairière, la colline que nous gravissons. Si seulement nous osions. C'est parce qu'être américain est plus qu'une fierté dont nous héritons, c'est le passé dans lequel nous entrons et comment nous le réparons. Nous avons vu une force qui briserait notre nation plutôt que de la partager. Détruirait notre pays si cela signifiait retarder la démocratie. Et cet effort a failli réussir. Mais si la démocratie peut être périodiquement retardée, elle ne peut jamais être définitivement vaincue. En cette vérité, en cette foi nous avons confiance. Car si nous avons les yeux rivés sur l'avenir, l'histoire a les yeux rivés sur nous. C'est l'ère de la juste rédemption que nous craignions à sa création. Nous ne nous sentions pas prêts à être les héritiers d'une heure aussi terrifiante, mais nous y avons trouvé le pouvoir d'écrire un nouveau chapitre. Pour nous offrir de l'espoir et du rire. Ainsi, alors qu'une fois que nous nous sommes demandés, comment pourrions-nous l'emporter sur la catastrophe ? Maintenant, nous affirmons : Comment la catastrophe pourrait-elle l'emporter sur nous ? Nous ne reviendrons pas à ce qui était, mais nous passerons à ce qui sera. Un pays meurtri mais entier, bienveillant mais audacieux, féroce et libre. Nous ne serons pas renversés ou interrompus par l'intimidation, car nous savons que notre inaction et notre inertie seront l'héritage de la prochaine génération. Nos bévues deviennent leurs fardeaux. Mais une chose est certaine, si nous fusionnons la miséricorde avec la puissance et la puissance avec le droit, alors l'amour devient notre héritage et change le droit d'aînesse de nos enfants. Laissons donc derrière nous un pays meilleur que celui qui nous reste. Chaque souffle de ma poitrine broyée par le bronze, nous élèverons ce monde blessé en un monde merveilleux. Nous nous élèverons des collines dorées de l'ouest. Nous nous lèverons du nord-est balayé par les vents, où nos ancêtres ont réalisé la révolution pour la première fois. Nous sortirons des villes bordées de lacs des États du Midwest. Nous nous lèverons du sud ensoleillé. Nous reconstruirons, réconcilierons et récupérerons. Et chaque recoin connu de notre nation et chaque coin appelé notre pays, notre peuple divers et beau émergera, battu et beau. Quand le jour vient, nous sortons de l'ombre, enflammés et sans peur, la nouvelle aube s'épanouit au fur et à mesure que nous la libérons. Car il y a toujours de la lumière, si seulement nous sommes assez courageux pour la voir. Si seulement nous étions assez courageux pour l'être.

L'EFFORT POUR TENIR LA RACE NOIRE HORS DE LA RICHESSE EST UNE TERRE DE SIÈCLE.

Enrichir la race noire, c'est devenir encore plus riche. C'est la race qui se reproduit le plus et avec le plus grand nombre d'individus économiquement actifs. RENFORCER LA COURSE NOIRE, C'EST ÊTRE ENCORE PLUS PUISSANTE.

Prenant le Brésil comme exemple, dont les forces dominantes font tout pour empêcher l'évolution de la race noire, ils sont muets. Ils manquent d'intelligence. Si la majorité au Brésil est noire, créer des mécanismes pour que cette majorité se développe, c'est DÉVELOPPER LE BRÉSIL à la vitesse de la lumière. Il en va de même pour le reste du monde en ce qui concerne l'Afrique. Créer des mécanismes corrompus pour obtenir des avantages qui ne seraient pas obtenus correctement est également très stupide. Il n'y a aucune intelligence là-dedans. DÉVELOPPER LES POTENTIALITÉS EN AFRIQUE, c'est l'INTELLIGENCE.

Je n'ai pas encore défini le contenu du livre 6, de la collection África, cependant, je peux dire avec certitude que le contenu que je fournirai dans ce livre 5, ÂME AFRICAINE - Une armée d'idées et de pensées fera un immense contribution, de délicieuses dattes à récolter au siècle prochain. Le monde en tant que tel aujourd'hui, en l'an 2021, a été littéralement bouleversé, en raison de la pandémie de Covid 19, de ses variations et de la nécessité d'avoir des actions et des attitudes communes, car il ne suffit pas d'éradiquer le virus dans mon pays. Nous devons éradiquer le monde. Si nous considérons la PAUVRETÉ comme un virus et que nous prenons des mesures égales, nous éliminerons également la faim de la surface de la Terre. En Afrique, comme l'Angolais Luzolo Lungoji l'a très bien dit dans sa Conférence ÂME AFRICAINE que nous mettrons à disposition dans ce livre, si les gouvernements au fil du temps avaient pris des mesures égales dans la lutte contre le paludisme, il aurait déjà été éliminé de la face des La terre. Tout ce qui tue les pauvres et les noirs doit être absorbé en priorité numéro un par cette nouvelle légion d'ÂME AFRICAINE, dont la graine a été semée en Angola le 28 mai 2021, mais qui, avec internet et même ce livre, va CONTAMINER LE MONDE. A partir du moment où moi, super blanc, aux yeux verts ou bleus, je me vois comme une ÂME AFRICAINE, beaucoup de pensées plantées par des années de domination commencent à s'éteindre et la racine du racisme qui était plantée en moi commence à se tarir. A partir du moment où je suis d'ascendance africaine, je comprends que la peau foncée, les cheveux crépus ne me donnent aucune légitimité africaine, je vais aussi me transformer en ÂME AFRICAINE et avec des gestes concrets je travaillerai au nom des noirs, à l'intérieur et hors d'Afrique. Dans mes voyages à travers les pays d'Afrique, j'observe la soif de nombreux jeunes Africains de vivre hors d'Afrique, ce qui leur enlève de loin leur ÂME AFRICAINE. Rester en Afrique, étudier, préparer et transformer son continent en un continent prospère avec une haute qualité de vie est le défi qui imprègne cette nouvelle génération de Luzolos, Andrés, Elizandras...

Allons droit au but, sans détour, et commençons notre travail par des textes importants du livre LA NOUVELLE DÉCOLONISATION DE L'AFRIQUE de l'auteur angolais Bitombokele Lei Gomes Lunguani.

Cet ouvrage, écrit par Bitombokele Lei Gomes Lunguani inaugure une nouvelle et importante période de l'Histoire de l'Humanité, que l'auteur lui-même met très clairement, se matérialisera dans les 100 prochaines années, qui seront la NOUVELLE DÉCOLONISATION DE L'AFRIQUE, à construire sur des bases solides (mandombe), spirituelles et scientifiques des cent ans du début des travaux de Simon Kimbangu, le protagoniste de la RENAISSANCE MODERNE AFRICAINE. De précieuses RENAISSANCES se forgent encore dans le ventre de leurs mères, avec des âmes 100% africaines, libérées des carcans imposés par des siècles d'esclavage et de colonisation, déprogrammées mentalement pour penser, agir, créer et conduire l'humanité toute entière, vers la compréhension et l'amour. de prochain, basé sur le trinôme AMOUR, COMMANDEMENT ET TRAVAIL, agissant enfin avec plus de profondeur dans l'UNIVERS MÉTAPHYSIQUE, conduit par les nouvelles et importantes révélations de Papa Simon Kimbangu. Préface - Celso Salles.

Le livre a 6 chapitres répartis sur 180 pages et peut être acheté sur www.amazon.com - Tapez simplement dans le champ RECHERCHE le nom Bitombokele et le livre apparaîtra. Dans ÂME AFRICAINE, je serai avec l'autorisation de l'auteur, apportant quelques pages que je considère d'une importance fondamentale pour la connaissance de milliers et de milliers d'ÂME AFRICAINE à travers le monde. Pour comprendre le moment actuel dans lequel nous vivons, les pensées qui se sont implantées en nous depuis des dizaines de siècles, il est essentiel que nous connaissions ces pensées qui se sont imprégnées en nous et que nous élaborions un plan pour DE NOUVELLES IDÉES, AVEC DE NOUVELLES PENSÉES étant implantée dans l'ÂME AFRICAINE Spirit.

CADRE DU CONCEPT RACIAL ET DU RACISME

Dans l'un de ses entretiens de motivation et de développement personnel, le professeur Bob Proctor a posé à l'un de ses étudiants afro-américains une question embarrassante et apparemment ridicule : quelle est votre couleur ? et quelle est ma couleur ?

Devant l'hésitation de l'étudiant confronté à une question si sensible et complexe, Bob a répondu : lui-même en ces termes : «...Évidemment, je sais que tu vas me dire que tu es Noir et je suis Blanc. Mais, la vérité est que ni je ne suis blanc, ni vous n'êtes noir... la peau d'une personne peut être foncée mais elle n'est pas noire ; c'est peut-être clair, mais ce n'est pas blanc. Car si par hasard une personne blanche apparaît ici, nous aimerions probablement le faire et nous partirons d'ici en courant. ».

Selon le professeur, l'être humain est contrôlé par un programme mental qui détermine exclusivement toute son activité vitale habituelle. Ce programme mental est appelé un paradigme. Et notre perception ou notre façon de voir est influencée par notre paradigme...

Développant sa philosophie, le professeur Proctor nous a conduit à observer que l'être humain a un grave problème de perception ; il ne voit pas de ses propres yeux, il voit à travers ses yeux. Mais il voit avec les cellules de reconnaissance dans votre cerveau. Et ce problème de perception a une influence considérable et pertinente (négative ou positive) sur votre façon de penser et de faire les choses. Dans le même ordre d'idées, il est sans aucun doute évident que lorsque vous changez la perspective de voir quelque chose, ce quelque chose change.

Dans le cadre de notre campagne de lutte contre le racisme par rapport au principe de perception que nous venons d'aborder, la déduction suivante : elle mérite d'être esquissée : si la couleur de la peau est peut-être l'élément clé qui alimente les sentiments de discrimination raciale, cela implique que le racisme est un phénomène social basé sur une réalité sans fondement rationnel. Car, en effet, la Race Blanche n'existe pas comme la Race Noire n'existe pas non plus ; sûrement et rationnellement il n'y a qu'une seule race qui est la Race Humaine. Nous aimerions profiter de l'occasion pour souligner certaines considérations sur la race et le racisme dans ce travail.

GÉNÉRALITÉ SUR LA PAUVRETÉ
ET L'OPPRESSION DES AFRICAINS

Au cours de 17 années de recherche, nous avons découvert quatre types de pauvreté qui agissent dans la vie d'un être humain africain, en particulier le nègre :
pauvreté spirituelle, pauvreté intellectuelle, pauvreté morale, pauvreté sociale.

pauvreté spirituelle

C'est l'absence d'un modèle de spiritualité humaniste adéquat et authentiquement africain qui puisse garantir la protection et le développement de la personnalité spirituelle et socio-scientifique du continent africain.

pauvreté morale

C'est la dépravation de l'éthique positive de la culture africaine qui ne permet pas de pratiquer les bonnes actions dans la société. La pauvreté morale en d'autres termes est une perversion de la substance culturelle universelle qui a causé la déviation sociale et la honte dans la société africaine. Dans ce cas, on peut citer des actes tels que : déféquer ou uriner dans la rue, jeter des ordures dans des endroits inappropriés, addiction à (alcool, tabac, drogues), imitation de la débauche sexuelle occidentale, homosexualité, nudisme et pièges à la pudeur des femmes pour influence négative de la civilisation occidentale.

pauvreté intellectuelle

Il s'agit d'une crise épistémologique qui révèle l'incapacité de la créativité intellectuelle à contextualiser et à codifier un savoir universel dans une langue appropriée à la culture ou une langue véritablement africaine afin de militer pour le bien-être social des Africains et des Afro-descendants. La pauvreté intellectuelle est la démonstration de l'incapacité inventive ou de l'infertilité épistémologique dont le nègre a fait preuve.

pauvreté sociale

C'est la somme de la pauvreté spirituelle, morale et intellectuelle qui justifie l'état de crise générale dans lequel l'Afrique se trouve enracinée. Dans un contexte général, il est évident d'admettre que la pauvreté existe dans tous les pays. Il y a la pauvreté, à des échelles plus ou moins diversifiées. Mais l'Afrique est le continent où il y a le plus de pauvreté à tous égards.

Les facteurs qui contribuent à ce scénario sont les suivants : un faible développement économique, des taux élevés d'analphabétisme et de mortalité infantile, en plus des maladies telles que le SIDA et le paludisme.

GÉNÉRAL SUR L'OPPRESSION AFRICAINE

D'après le tableau chronologique évolutif de l'Humanité et du monde noir en particulier, publié par l'égyptologue Cheik Anta Diop[20], il est plausible d'observer que de l'an 525 avant JC à 639 après JC, c'est la période caractérisée par le déclin et l'obscurantisme du monde noir, après une succession de quatre invasions de la célèbre civilisation pharaonique égyptienne antique.

Année - 525 Conquête de l'Egypte par Cambyse II

Année - 302 conquête de l'Egypte par Alexandre le Grand

Année - 31 conquête de l'Egypte par les Romains

L'année 639 est arrivée des Arabes.

Ainsi, la désintégration sociale et les migrations des Égyptiens noirs vers le sud du continent avaient donné lieu à plusieurs conséquences, parmi lesquelles on peut citer le fléau, le plus meurtrier et le plus honteux de l'histoire de l'Afrique. C'est l'oppression absolue d'être Africain.

Par ailleurs, le Père Bimbweny Kwech[21] parle d'une triple agression :

- Agression ontologique

- Agression épistémologique

- Agression théologique

APPROCHE BRÈVE DE L'AGRESSION

Définition

L'agression est un acte dans lequel un individu blesse intentionnellement ou blesse un ou plusieurs autres de son espèce. Le comportement agressif chez l'homme peut être défini comme un comportement antisocial ou hostile qui consiste à infliger un préjudice ou à causer du tort à une personne ou à un groupe.

Manifestation de comportement agressif

Il existe quatre types de manifestations de comportement agressif :

agression directe, agression indirecte, agression impulsive ou réactive et agression instrumentale ou proactive.

agression directe

C'est un comportement physique ou verbal qui se manifeste directement avec l'intention active de nuire à quelqu'un. Dans cette catégorie, les crimes haineux, le sadisme ou l'agression sociopathique peuvent également être inclus (c'est une maladie liée au trouble de la personnalité antisociale).

L'agression policière qui a entraîné la mort du descendant afro-américain George Floyd est une illustration du trouble de la personnalité antisociale du policier américain qui l'a étouffé.

agression indirecte

Il s'agit d'un comportement visant à nuire aux relations sociales d'un individu ou d'un groupe sans que l'auteur soit directement impliqué.

Agression impulsive ou réactive

L'agression impulsive est un acte hostile en réponse à un stimulus perçu comme menaçant. Ce type d'agression est généralement associé à la colère. On peut citer le cas de la réaction des Noirs à la mort de George Floyd en réponse à l'agression raciale structurelle de la police nord-américaine.

Au Brésil, la mort de João Alberto par deux agents de sécurité blancs du Supermarché Carrefour a déclenché une vague de protestations contre le racisme structurel ou systémique. Ces manifestations présentaient des caractéristiques d'agression impulsive associée à la colère face à la frustration, l'humiliation et les meurtres de la traite négrière.

agression instrumentale ou proactive

C'est un acte hostile organisé visant un objet dans le but de réaliser quelque chose, quels que soient les dommages qu'il peut causer. Ce comportement agressif est planifié et prémédité. C'est un modèle de comportement délibérément programmé et organisé pour atteindre un objectif. On peut citer, comme exemple d'agression instrumentale, la traite négrière et la colonisation : des crimes contre la Race Noire se sont produits au cours de ces tragédies inhumaines, mais ce n'était pas l'objectif. Son but était d'obtenir l'argent ou la richesse même au prix d'actions sanglantes.

ÉTUDE SUR LA TRIPLE AGRESSION EN AFRIQUE

agression ontologique

C'est une action hostile organisée et planifiée par le système impérialiste occidental ou européen qui a détruit la personnalité de l'Africain, ne respectant pas son Statut de l'Être Humain. Dans cette condition, le nègre pouvait être puni, vendu ou tué comme s'il était un simple poulet, sans aucune revendication au nom du respect des droits de l'homme.

La traite négrière, la colonisation, la discrimination raciale et le néocolonialisme sont des exemples d'abus auxquels les Africains ont été soumis. Ce qui est curieux, c'est la justification philosophique qui a soutenu intellectuellement ces agressions. Analysant en détail le comportement agressif des Blancs à l'époque de la traite négrière, de la colonisation et de la néo-colonisation, il ne serait pas offensant de les décrire comme victimes d'une attitude sociopathique qu'en 1904, le Dr Emil Kraepelin traitait du trouble de la personnalité antisociale (PPA).

agression épistémologique

Ceci est lié à l'incompétence du développement des facultés intellectuelles des Africains.

agression théologique

C'est le fait lié à la perte de la personnalité spirituelle de l'Africain. Dans le domaine de la religion, l'Africain était considéré comme le symbole de la malédiction et du diable. Cela peut être justifié en regardant l'art, la littérature et le comportement de l'église pendant la période de colonisation. Cela peut être justifié en regardant l'art, la littérature et le comportement de l'Église pendant la période de colonisation. C'est ainsi que l'Africain était mentalisé que rien de bon ne pouvait sortir de lui et que le Saint-Esprit ne pourrait jamais se manifester à travers un Africain.

Le 8 janvier 1454, le pape Nicolas V autorise officiellement la pratique de la traite négrière. Dans sa bulle papale « Romanus Pontifex », le Vatican a déclaré la guerre sainte contre l'Afrique. Par cette bulle, le pape Nicolas V accorde au roi de Portugal Alphonse V et au prince Henri, ainsi qu'à tous leurs successeurs, la légitimité de toutes les conquêtes en Afrique, réduisant en servitude perpétuelle tous les peuples, considérés comme infidèles et ennemis du Christ, et s'appropriant tous ses biens et ses royaumes.

Une bulle papale est un document par lequel le pape accomplit un acte juridique important.

Bref, c'est la situation malheureuse qui a caractérisé la vie de l'Africain et surtout du Noir. Synthétisant l'état de pauvreté et d'agression déjà évoqué, le Père Bimweny utilise le concept de Pauvreté Anthropologique qui représente l'état de perte absolue (son intimité d'être humain lui a été enlevée) dans lequel l'Africain est impliqué. Par conséquent, l'affirmation de soi d'être Africain ou afrodescendant est un besoin urgent et légitime. Et cette affirmation passe nécessairement par la restauration intégrale qui garantira sa renaissance effective.

Il ne serait pas juste de clore ce chapitre sans donc exprimer notre inquiétude quant à l'essence de la civilisation occidentale dominée par le PPA ou trouble de la personnalité antisociale qui est un virus pernicieux qui pourrait conduire cette civilisation à la chute progressive. Il doit y avoir des réformes idéologiques au sein du système de pensée de la civilisation gréco-romaine alors que l'Afrique est dans son processus de revitalisation progressive pour la Renaissance. Car, l'oppression d'un peuple finit toujours par renforcer l'émergence d'une Nation renaissante et gigantesque. La Renaissance de l'Afrique est essentielle pour formaliser son auto-restauration spirituelle, épistémologique et sociale ; Connaissant l'amertume de la pauvreté et de l'oppression, le fondement de la restauration sociale du peuple africain reposera certainement sur un véritable équilibre humanitaire et non sur la vengeance.

LOI UNIVERSELLE DU PROCESSUS DE RESTAURATION SOCIALE

Notion générale de restauration sociale

Le développement des sociétés actuelles est le résultat de plusieurs révolutions qui ont eu lieu tout au long de l'évolution historique de l'humanité. Il faut se rendre compte que ces révolutions ont eu des fondements ou des éléments profonds avant d'être justifiées ou matérialisées.

Dans cette perspective, l'ouvrage de l'historien Dias Kanombo[27] intitulé : L'exemple américain, montre les principes qui régissent le processus de restauration sociale.

Principe n°1

Toute restauration est toujours précédée de fondations comme supports, pour cela il faut que certaines conditions soient pré-établies.

Cette phase consiste à créer les conditions d'une étude intégrale de la société en question, en tant qu'objet d'étude et disposant de bases capables de soutenir la restauration, avant de s'engager dans une initiative particulière.

Principe n°2

Ce principe consiste à concevoir un processus qui puisse inverser le processus par lequel la société a perdu sa position ou son état d'origine. C'est l'étape de la conception idéologique qui nécessite l'élaboration d'une structure mentale qui guidera les membres du programme ou du processus.

Principe n°3

Le troisième principe est la phase d'applicabilité du processus élaboré. C'est la matérialisation de la structure mentale conçue dans le second principe.

Ces trois grands principes consolident la loi universelle de toute restauration (spirituelle, sociale et familiale).

Deux options pour une restauration sociale globale

Il existe deux options qui soutiennent l'élaboration du processus qui renverse l'idéologie par laquelle la société a perdu son état d'origine :

Option système social

option civilisation

Approche du système social

Selon le sociologue français Jean La Pierre cité par le professeur Massamba N'kanziangani, la consolidation de tout système social décent se caractérise par trois aspects :

système idéologique

C'est la composante mentale du système social. En d'autres termes, le système idéologique est le système de pensée d'une société où se définissent les politiques du système économique, philosophique, linguistique et religieux. D'un point de vue épistémologique, le système idéologique est le paradigme

système d'organisation

C'est l'ensemble des méthodologies administratives qui sont choisies pour exécuter, respecter et coordonner les éléments normatifs qui constituent le système idéologique du système social.

système technologique

C'est l'ensemble des éléments qui déterminent la philosophie des inventions, des découvertes scientifiques et technologiques. Sachant que tout système de développement d'un peuple n'ayant pas la capacité de produire du savoir et de la création inventive est considéré comme un système faible, limité et soumis à une invasion de la subordination culturelle et intellectuelle.

Approche de la civilisation

Sur la base de l'expérience de l'histoire, les historiens affirment que la consolidation de toute civilisation requiert cinq critères : la religion, le système politique, le calendrier, les écritures et la technologie.

Religion

C'est l'instance qui détermine le schéma spirituel adéquat pour la durabilité métaphysique du développement social réussi de la civilisation.

Système politique

C'est l'ensemble des idées qui déterminent le schéma et la structure d'une bonne gestion des affaires publiques.

Calendrier

C'est ce qui définit le système de mesure du temps, qui le divise en périodes régulières (années, mois, semaines et jours), basées sur des critères fondamentalement astrologiques.

acte

C'est l'ensemble des signes qui encodent les sons et les tons de la langue officielle de la civilisation.

La technologie

C'est l'ensemble de tous les éléments qui déterminent la philosophie des inventions et des innovations.

Toute société en état de crise doit nécessairement s'inscrire dans la logique du schéma de restauration évoqué ci-dessus quel que soit le niveau ou la taille de la structure sociale qu'elle entend restaurer (micro-communauté ou macro-communauté).

La restauration sociale de la Chine en exemple

Avec des documents écrits remontant à 4 000 ans, la Chine est reconnue comme l'une des quatre grandes civilisations anciennes du monde, avec l'Égypte ancienne, Babylone et l'Inde. De plus, c'est la seule civilisation ancienne, qui perdure à ce jour, après avoir résisté aux influences d'assimilation et de déculturation de l'âme chinoise.

La Chine est un état d'Asie de l'Est avec une démographie de 1 151 300 000 habitants sur une superficie de 9 600 000 km².

Dans son mémoire de 600 pages sur la Chine publié après sa visite diplomatique en Chine, Alain Peyrefitte affirme que la Chine a connu « quarante siècles de civilisation glorieuse et un siècle d'humiliation ».[30] C'était une civilisation renforcée par les cinq critères qui la sous-tendent. c'est une civilisation :

-Religion : Bouddhisme et Taoïsme

-Système politique : système monarchique. Une aristocratie féodale de prêtres

-Calendrier : calendrier Han (206 AEC – 220 CE)

-Ecriture : écriture chinoise

-Système technologique: expertise des procédures technologiques en Chine

Chute et humiliation de la Chine

Après sa fabuleuse suprématie pendant quarante siècles, la Chine est devenue, entre le XIXe et le XXe siècle, l'un des pays les plus pauvres du monde. En 1949, les Nations Unies révèlent que le revenu annuel moyen était fixé à 554 USD pour les États-Unis d'Amérique et 29 USD pour la Chine.

Face à cette situation sociale désastreuse, la Chine devrait trouver des solutions en cherchant à mettre en place un paradigme approprié et adéquat pour assurer une restauration sociale chinoise florissante.

Les trois paradigmes impliqués dans la restauration chinoise

Les recherches menées sur l'évolution et le développement de la Chine, nous ont conduit à percevoir trois paradigmes qui se sont succédé dans le processus de sa restauration sociale : le paradigme chinois traditionnel, le paradigme d'occidentalisation de la Chine et le paradigme de Mao.

Dans cette perspective, Alain Peryefitte suppose que l'évolution de la Chine, au milieu du XXe siècle, a été un pays qui a successivement connu l'échec de plusieurs formules éprouvées, jusqu'au jour où toutes

les conditions étaient réunies pour que la seule formule restât à fonctionner définitivement.

Tendance traditionaliste chinoise

C'est la tendance conservatrice qui a défendu la tradition ou la culture chinoise comme fondement, essence et seule condition impérative du développement de la société chinoise.

En 1925, Sun Yat-Sen soutient : « La civilisation de l'Europe et de l'Amérique est toute matérielle. Rien de plus grossier, de plus brutal, de plus méchant. Nous, les Chinois, appelons cela la barbarie. Notre infériorité en tant que puissance vient du fait que nous avons toujours méprisé et négligé ce genre. La voie chinoise est celle de l'humanité et de la moralité. Nos anciens libres appellent ce système la voie royale.

Tendance occidentaliste chinoise

C'est la tendance dédiée à la désintégration du système chinois traditionnel et à son intégration dans la civilisation industrielle occidentale. Le diplomate français Alain écrit à la page 312 de son livre : « Isolée de ses sources, acculée par son infériorité militaire, économique et sociale, la Chine hésite entre deux espoirs : le redoublement farouche en elle-même ou, à défaut, l'intégration dans la civilisation industrielle occidentale. . "

Face à la situation socio-politique mélancolique qui existait au sein de la société chinoise, les Chinois diplômés du système éducatif occidental ou n'ayant étudié que l'histoire européenne et américaine ressentent intensément le sous-développement dramatique de leur pays et la désintégration totale qui le menaçait.

Dès lors, l'occidentalisation de la Chine semblait être la seule alternative pour l'évolution et la revitalisation de cette ancienne civilisation. Alors, prêt à se lancer au seuil du désespoir, une nouvelle alternative émerge, la troisième tendance : la Tendance maoïste.

Tendance maoïste

C'est une tendance conçue et façonnée par Mao Tsé-Toung en instituant la troisième voie, qui permettrait à la Chine d'échapper au dilemme idéologique et de découvrir la nouvelle perspective de renaissance et de restauration sociale.

Cette tendance fait le pari qu'il est inutile de copier un seul détail de la civilisation occidentale. Il serait dangereux de l'imiter entièrement. "La Chine doit repenser toute son organisation économique, politique et mentale"

Le grand secret de la suprématie actuelle de la Chine

Le grand secret de la suprématie actuelle de la Chine est la capacité et le courage de décider et de parier sur le changement du système de pensée. Il est important de savoir que le développement de la Chine est avant tout un développement mental ou idéologique basé sur le système de pensée de Mao Zedong. Le système de pensée de Mao a été conçu, structuré et inséré dans le système d'éducation populaire chinois. Pour la première fois le 1er octobre 1968, Lin Piao annonce la création des Cours de Mao Tsé-Toung pour l'étude de la pensée.

A partir de ce moment, la pensée de Mao Tsé-Toung était devenue un support idéologique officiel, comme s'il s'agissait d'une bombe atomique spirituelle qui a déclenché la Révolution culturelle chinoise de 1966 à 1970.

Au final, la Chine est enfin parvenue à construire et à ériger un nouveau système social dans la civilisation chinoise, comprenant un système idéologique, organisationnel et technologique qui répond parfaitement à la réalité des réalités socio-culturelles chinoises. ce système fait désormais la fierté, la dignité et le respect du peuple chinois car il a été conçu par et pour lui-même.

En ce sens, Alain pense que le modèle chinois est un modèle conçu pour les chinois. Un modèle vivant, qui rassemble les Chinois de toutes provinces et de toutes conditions, les examine dans un creuset perpétuel. Un modèle qui respecte la tradition et en même temps la brise : un modèle qui a toujours été remodelé, à travers lequel Mao s'efforce de découvrir de nouvelles solutions à des problèmes qui n'ont pas de réel précédent.

Aujourd'hui, la Chine secoue le monde, prétendant conquérir la suprématie de la première puissance mondiale. Quelle option l'Afrique devrait-elle suivre pour affronter l'avenir, comme l'a fait la Chine, sachant que la Chine était dans une situation pire que la nôtre ?

Les enquêtes entreprises en Chine représentent un grand miroir pour les peuples africains et les afro-descendants du monde.

Le miracle africain est possible. Tout dépend du degré de prise de conscience, de savoir identifier et institutionnaliser l'état d'esprit approprié qui peut servir d'outil intelligible aux Africains pour s'autodécoloniser. Autrement dit, le changement ne sera possible que s'il y a un changement de PARADIGME, en pariant sur un nouveau programme mental qui définira et structurera le nouveau système de pensée africaine.

Ce que Napoleon Hill appelle l'état d'esprit.

PARADIGME DE LA DOMINATION DU PEUPLE AFRICAIN

Généralité sur le paradigme

La pertinence du chapitre sur le paradigme de la domination du peuple africain nous a conduit à suivre la voie méthodologique déductive, en entreprenant avant tout une étude du concept de paradigme. Qu'est-ce qu'un paradigme ? Quel est votre objectif ? Comment fonctionne un paradigme ? En bref, analysons ces problèmes d'une manière simple et claire.

définition du paradigme

Étymologiquement, le mot paradigme vient du grec παράδειγμα (paradeigma) qui signifie modèle ou motif.

En d'autres termes, un paradigme est un modèle ou un modèle correspondant à quelque chose qui servira d'exemple d'échantillon à suivre dans une situation donnée.

Dans un contexte général, un paradigme est un ensemble de normes directrices d'un groupe qui fixent des limites et qui déterminent comment un individu doit agir dans ces limites. D'un point de vue épistémologique, le concept de paradigme va bien au-delà de la simple standardisation. En ce sens, le philosophe Thomas Kuhn dans son ouvrage

Intitulée La structure des révolutions, elle a donné lieu à une nouvelle approche des études qui placent le paradigme dans une vision plus profonde.

Ainsi, Kuhn pense que le paradigme est une structure mentale composée de théories, d'expériences et de méthodes qui sert à organiser la réalité et ses événements dans la pensée humaine.

En observant les deux définitions, nous voyons que le paradigme en réalité est encore un standard. Mais la profondeur du schéma que présente le philosophe Kuhn est plus complexe.

Sur la base du point de vue du Dr Kuhn, nous pouvons affirmer que le paradigme dans son essence est un outil mental qui détermine le fonctionnement du système de pensée influençant le comportement humain.

Objectifs

Le paradigme est de concevoir un programme mental qui contrôle presque exclusivement le comportement humain.

D'autre part, le paradigme vise à créer un modèle standard qui sert de base à l'établissement de normes qui déterminent comment un individu doit agir dans le cadre de ces principes.

Importance

Le paradigme est très important dans le formatage ou la programmation d'un être humain pour une mission particulière.

Le service militaire est un paradigme qui a été conçu pour formater ou programmer un groupe d'êtres humains pour défendre, même au prix du sang, leur propre patrie si nécessaire. Un soldat ne se rend disponible prêt à se sacrifier aux dernières conséquences que lorsque son paradigme est bien conçu et bien défini.

Lorsque le paradigme d'une Nation est conçu pour former un peuple courageux et patriote, les résultats correspondent au type de programme défini par les idéalisateurs ou les pénologues.

Le paradigme est fondamental pour programmer ou reprogrammer la structure mentale d'un individu, d'un peuple ou d'un continent.

La question fondamentale réside dans les intentions des concepteurs de paradigmes. Si, par hasard, les initiateurs ont des intentions perverses ou négatives, le paradigme sera naturellement conçu pour contrôler et guider le comportement de la population cible dans la perversion et la négativité prévues dans les objectifs prédéfinis.

L'économiste américain Paul Zanne Plazer lorsqu'il a apporté un nouveau paradigme économique, il a créé l'alchimie économique dans laquelle il démontre

que nos ressources ne sont pas limitées, car c'est l'ingéniosité de l'esprit créatif humain qui détermine la richesse que nous possédons. Cette vision réaliste a révolutionné le système de pensée économique moderne, dépassant le vieux paradigme économique d'Adam Smith qui a déterminé pendant des siècles le comportement de l'humanité formatée selon le paradigme de l'économie des ressources limitées.

L'évangile de Jésus-Christ est un paradigme religieux qui a pris des proportions mondiales et universelles en raison de son fondement basé sur trois principes fondamentaux :
- L'amour de Dieu et du prochain comme base du pouvoir humain.
- L'abondance spirituelle comme essence de la source de l'abondance matérielle (Jean 10:10)
- La renaissance spirituelle comme fondement du développement (Jean 3:3).

nature du paradigme

Le paradigme étant un programme mental qui contrôle le comportement d'un être humain, on peut distinguer une double nature de paradigme : paradigme individuel et paradigme collectif.

paradigme individuel

Le paradigme individuel est une structure mentale composée de théories, d'expériences et de méthodes qui sert à programmer le subconscient d'une personne.

Les études entreprises par le Dr Bruce Lipton[42] révèlent que si nous mettons en œuvre un programme spécifique dans les sept premières années de la vie d'un enfant, 96 % des résultats de la vie de cet être humain proviendront de ce programme.

Le Dr Lipton soutient que le paradigme étant un programme mental fonctionne dans l'esprit humain à travers le subconscient. C'est le subconscient qui stocke tous les fichiers de programme conçus et installés dans la structure mentale pour définir et contrôler le comportement d'un individu depuis son enfance. Le subconscient est le pilote automatique comportemental d'un individu.

L'être humain dans sa psychologie a deux compartiments fonctionnels : l'esprit conscient et l'esprit subconscient.

L'esprit conscient est la partie créatrice et pensante de l'esprit qui est impliquée dans l'imagination créatrice. Lorsque vous conduisez la voiture, les mains sur le volant avec vos souhaits et votre volonté, c'est notre esprit conscient qui contrôle la situation. Et soudain, une pensée surgit qui exige que votre esprit lui donne un traitement, à ce moment-là, l'esprit conscient ne sera plus conscient des événements qui vous entourent. Naturellement ou automatiquement, le subconscient prend le relais et devient pilote automatique.

Qui est responsable du paradigme qui nous contrôle ?

Le professeur Bruce Lipton révèle que la fréquence quotidienne à laquelle notre subconscient prend le contrôle de notre vie par habitude est de 95%. Et lorsque notre pilote automatique est en charge, il exécute les programmes installés dans le subconscient. Ainsi, le comportement de chacune d'entre nous dépend des programmes installés dans notre esprit depuis le dernier trimestre de la grossesse jusqu'à l'âge de 7 ans.

Pendant cette période, notre esprit d'enfant vierge télécharge tous les programmes disponibles qui sont dans l'environnement de notre croissance. Cela signifie que l'entité responsable des programmes ou du paradigme qui définira le contenu comportemental de notre personnalité à l'avenir est notre société ou notre communauté.

En d'autres termes, le subconscient est le gestionnaire du paradigme ou des programmes mentaux qui déterminent les actions d'un être humain pendant 95% de son temps tout au long de la journée.

paradigme collectif

Le paradigme collectif est un état d'esprit composé de théories, d'expériences et de méthodes qui servent à programmer l'inconscient d'une communauté ou d'une nation vers un objectif très spécifique.

Dans notre recherche, l'exemple chinois était une référence flamboyante pour être un succès de changement de paradigme. Avant 1963, la situation sociale et économique de la Chine était douloureuse, critique et honteuse. Elle s'est retrouvée dans une réalité indécise dans laquelle le destin dépendait du choix de deux paradigmes : Le paradigme de l'occidentalisation ou le paradigme de la conservation de la tradition chinoise affaiblie par la pression de la domination occidentale.

En 1963, le leader Mao Tse-Tung a déclenché la révolution culturelle chinoise qui a restauré la souveraineté, la dignité et la suprématie de la Chine. En 1974, le ministre français des Affaires étrangères Alain Peyrefitte se rend en Chine en pleine Révolution. De retour en France, il écrit un grand livre intitulé : Quand la Chine s'éveille, le monde tremblera...

Dans son ouvrage, le diplomate français révèle que le dirigeant chinois a déprogrammé et reprogrammé le subconscient du peuple chinois sur la base des théories, méthodes et expériences de son paradigme qui a conduit aujourd'hui la Chine au niveau des grandes puissances mondiales 57 ans après son Révolution culturelle.

Quelles sont les structures de base de la société responsables de la formation du subconscient d'un individu ?

Il existe trois structures fondamentales qui représentent l'écosystème environnemental de la société dans le processus de formation d'un individu au cours de ses 7 premières années : la famille, l'école et la religion.

Cela signifie que 95% des programmes mentaux que notre subconscient exécute n'ont pas été installés par nous.

Le subconscient est le régulateur de l'habitude par rapport au paradigme qui a été à la base de sa mise en forme. Cela signifie que notre comportement et le type de vie que nous menons représentent l'impression des programmes qui ont été installés pour nous depuis notre enfance.

Dans son livre intitulé : Les secrets de l'esprit millionnaire, Harv Eker[1] soutient que l'échec de beaucoup de gens réside dans le concept suivant : si le modèle financier qui existe dans votre subconscient n'est pas programmé pour le succès, vous n'apprenez rien, sachez ou faire sera d'une grande importance.

Il est plausible de dire que le subconscient est la partie de notre esprit qui contrôle et détermine nos actions concernant les informations acquises et enregistrées depuis notre enfance. Cela signifie que nous agissons selon des programmes installés dans notre subconscient que nous appelons Paradigmes.

Si par hasard notre subconscient est programmé pour la pauvreté ou la servitude, nos actions ne correspondront jamais aux résultats réussis que nous visons, jusqu'à ce que nous prenions conscience de reconsidérer et de changer l'essence de notre paradigme.

L'une des méthodes qui nous permet de reconsidérer, reprogrammer et changer un paradigme est la pratique permanente ou la répétition de programmes que nous avons l'intention de changer dans notre subconscient.

Différents types de paradigmes

Il existe plusieurs types de paradigmes. Nous en soulignons quelques-uns dans ce chapitre.

Paradigme éducatif : est l'ensemble des théories, expériences et méthodes qui servent à organiser le système éducatif standard ou idéal.

Paradigme cognitif : est l'ensemble des théories, des expériences et des méthodes qui servent à guider l'éducation dans le développement des compétences d'apprentissage.

Paradigme de recherche : est l'ensemble des théories, des expériences et des méthodes qui servent à guider et à organiser un groupe d'activités d'enquête.

Paradigme comportemental : est l'ensemble des théories, des expériences et des méthodes qui servent à guider ou à réorienter le comportement d'un individu qui entend améliorer sa façon de faire ou d'être.

Paradigme géostratégique : c'est une structure mentale composée de théories, d'expériences et de méthodes qui sert à sauvegarder les intérêts d'un territoire ou d'une communauté.

Paradigme économique : est l'ensemble des théories, des expériences et des méthodes qui servent à instituer un modèle ou un modèle d'un système économique au sein d'une communauté.

Paradigme religieux : est l'ensemble des théories, des expériences et des méthodes qui servent à instituer un modèle ou un modèle d'un système de croyances au sein d'une communauté.

Paradigme politique : est l'ensemble des théories, expériences et méthodes qui servent à établir une norme ou un modèle de système de gestion des affaires publiques.

Paradigme culturel : est l'ensemble des théories, des expériences et des méthodes qui servent à organiser et à normaliser le système d'habitudes et de coutumes d'un peuple ou d'une nation.

Paradigme de l'esclavage

Définition de l'esclavage ou de la traite négrière

L'esclavage est la pratique sociale dans laquelle un être humain assume des droits de propriété sur un autre désigné comme esclave, imposé par la force.

La traite négrière du XVIe siècle était une affaire d'êtres humains noirs capturés en Afrique par des commerçants blancs occidentaux dans le but de les vendre aux Amériques et d'en faire des esclaves dans les plantations américaines. Selon le blog Licenciatura History, environ 20 millions d'esclaves ont été livrés sur le territoire des deux Amériques. Cette pratique a honteusement humilié la race humaine pendant trois cents ans entre le XVIe et le XIXe siècle. L'Africain était considéré comme de l'or noir vivant comme l'or noir liquide est vendu aujourd'hui.

Il est important de souligner que ce processus d'« exportation » de la grande partie de la population africaine vers les Amériques, a eu des conséquences désastreuses, à la fois pour le continent africain et pour les descendants des esclaves, qui persistent jusqu'à aujourd'hui. L'essence et la durabilité de cette horrible activité étaient son paradigme que nous examinerons dans ce chapitre.

Fonctionnement du paradigme de l'esclavage

Le paradigme de l'esclavage est un programme mental de chasse, de vente et d'achat d'esclaves qui a été conçu par les Européens qui ont pris l'initiative de la traite négrière pour contrôler presque exclusivement le comportement des chasseurs, des vendeurs, des acheteurs et surtout de l'esclave lui-même.

Il est important de noter que le paradigme de l'esclavage a été un grand succès car à ce jour, malgré l'abolition de la traite des esclaves, la race blanche était piégée dans la structure mentale de l'esclavage des autres et la race noire était piégée dans la structure mentale de l'obéissance. à tout ce que la Race Blanche lui soumet.

Ce problème est mental, et il n'y a jamais eu de systèmes éducatifs pour déprogrammer ce paradigme empoisonné de l'esclavage, et reprogrammer un nouveau paradigme qui favorisera la culture de l'équilibre racial mental de l'être humain.

C'est en ce sens que le paradigme de l'esclavage a transité dans le temps et dans l'espace sous la forme de la culture de domination des peuples se contextualisant et s'adaptant selon les circonstances (colonisation, néo-colonisation...). Les théories, méthodes et expériences du paradigme de l'esclavage peuvent être résumées dans trois documents fondamentaux et universellement reconnus :
- Bulle papale
- Code noir
- Lettre de Willi Lynch
- Notice papale
Le 8 janvier 1454 « Romanus Pontifex », la guerre sainte contre l'Afrique est déclarée. Par cette bulle, le pape Nicolas V accorde au roi de Portugal Alphonse V et au prince Henri, ainsi qu'à tous leurs successeurs, la légitimité de toutes les conquêtes en Afrique, réduisant en servitude perpétuelle tous les peuples, considérés comme infidèles et ennemis du Christ, et s'appropriant tous ses biens et ses royaumes.

- Code noir

C'est une sorte de régulation de la gestion des esclaves. le Black Code britannique, par exemple, intitulé « Barbados Act for the better ordering and governance of Negroes », avait été rédigé en 1661 par l'Assemblée locale en réponse aux tensions croissantes de l'esclavage dans les îles des Caraïbes. Il sanctionne : « évasion, vol de grande valeur, incendie volontaire, viol et meurtre, crimes considérés comme des crimes capitaux, impliquant presque toujours l'exécution de l'esclave avec indemnisation du propriétaire par l'État... ».

- Lettre de Willy Lynch

Willie Lynch était un propriétaire d'esclaves des Caraïbes (Caraïbes) connu pour garder ses esclaves disciplinés et soumis. On pense que le terme « lynchage » (to lynch, lynching : en anglais) est dérivé de son nom. Alors que la plupart des Européens étaient confrontés à des problèmes tels que des évasions et des révoltes d'esclaves, Willie Lynch maintenait un contrôle et un ordre absolus sur ses serviteurs noirs. Ce pouvoir a suscité l'intérêt des agriculteurs nord-américains. Au milieu de 1712,

Willie Lynch effectue un long voyage des Caraïbes à l'Amérique du Nord.

Le système de pensée de Willie Lynch sur le contrôle mental des esclaves

« J'ai remarqué que parmi les esclaves il y a un certain nombre de différences. Je profite de ces différences en les augmentant. J'utilise la peur, la méfiance et l'envie pour les garder sous mon contrôle. Je vous assure que la méfiance est plus forte que la confiance et l'envie est plus forte que la concorde, le respect ou l'admiration.

Vous devez utiliser les esclaves plus âgés contre les esclaves plus jeunes et les plus jeunes contre les plus âgés. Vous devez utiliser les esclaves les plus sombres contre les plus clairs et les plus clairs contre les plus sombres. Vous devez utiliser les femelles contre les mâles et les mâles contre les femelles. Vous devez utiliser vos contremaîtres pour semer la désunion parmi les noirs, mais il faut qu'ils n'aient confiance et ne dépendent que de nous.

Messieurs, ces outils sont votre clé du domaine, utilisez-les. Ne manquez jamais une occasion. Si vous en faites un usage intensif pendant un an, l'esclave restera complètement dominé. L'esclave après avoir été ainsi endoctriné restera dans cette mentalité en la transmettant de génération en génération… ».

Willie Lynch, le père du paradigme de la domination de la race noire. Toute personne qui a l'intention d'asservir ou de dominer une communauté africaine ou afro-descendante, il utilise les méthodologies d'esclavage de l'esprit que Willie Lynch utilisait à son époque. des esclaves.

Paradigme du colonialisme en Afrique

Définition de la colonisation du continent africain

Dans la seconde moitié du XIXe siècle, les puissances européennes ont vécu leur apogée dans la colonisation de l'Afrique et de l'Asie. S'appuyant sur la politique de l'impérialisme et sur le prétexte de la diffusion de la culture européenne, considérée comme supérieure par les Européens, le Royaume-Uni, la France, la Belgique, l'Italie et l'Allemagne ont commencé à explorer ces deux continents avec plus d'acuité.

En plus d'obtenir des matières premières (ressources minérales et végétales) et une main-d'œuvre bon marché, les Européens ont également utilisé ces régions pour élargir leurs marchés de consommation. Ainsi, la colonisation peut être définie comme un nouveau procédé esclavagiste que les Occidentaux ont utilisé après la fin de la traite négrière pour occuper les territoires contenus dans le continent africain et en Asie afin de garantir l'exploitation à bon marché des matières premières et de dominer leurs peuples respectifs.

Il est important de souligner que cette nouvelle méthodologie d'appropriation de territoires étrangers a été légalisée ou légitimée lors de la conférence de Berlin en 1885 où les puissances coloniales européennes ont été réparties dans différentes régions d'Afrique qui sont devenues les pays actuels après l'indépendance politique entre 1951 et 1960 pour la plupart. pays d'Afrique.

Fonctionnement du paradigme de la colonisation africaine

Le paradigme de la colonisation africaine fonctionne comme un programme mental de domination bien structuré et conçu par la civilisation européenne afin de contrôler et manipuler exclusivement le comportement des peuples africains en admettant la soumission, l'occupation et l'exploitation des richesses par le système colonial. Une meilleure compréhension de ce phénomène est encore clarifiée par le Traité d'impérialisme, qui est l'épine dorsale du système colonial qui a remplacé et modernisé le Code noir. L'aspect inhumain et cruel du document a provoqué la colère et plusieurs manifestations au sein des communautés de la diaspora africaine. Une pétition publique avait été lancée sur les réseaux sociaux pour dénoncer la pensée incarnée dans le même pacte. (www.petitionpublique.fr). Car, les effets ou conséquences néfastes de ces accords restent tangibles et pernicieux malgré le statut souverain des pays africains indépendants. Pour des raisons de recherche et de contribution au processus d'incrimination et de découragement des subtilités de ce projet, nous assumons la responsabilité devant l'Histoire de transcrire l'intégralité du texte.

"... élaboré à Washington lors de la " traite négrière ", puis tranquillement négocié à la " Conférence de Berlin en 1885 ", alors que les puissances occidentales se partageaient l'Afrique ; renégociée secrètement à Yalta au moment de la division du monde en deux blocs après la Seconde Guerre mondiale et lors de la création de l'« Organisation des Nations Unies. En février 1945. Source : « Museu Tervuren

I. DISPOSITION GÉNÉRALE

Article 1:

Devise de l'impérialisme :

Dirigez le monde et contrôlez les richesses de la planète ; De la devise; Notre politique est de diviser pour mieux gouverner, dominer, exploiter et piller pour remplir nos banques et en faire les plus puissantes du monde.

Article 2 :

Aucun pays du tiers monde ne constitue un État souverain et indépendant.

Article 3 :

Tout le pouvoir dans les pays du tiers monde émane de nous qui l'exerçons en faisant pression sur des dirigeants qui ne sont que nos marionnettes. Aucun organisme du Tiers-Monde ne peut prétendre exercer le même pouvoir.

Source : http://mediaafrik.com/la-charte-de-limperialisme-voici-le-document-exclusif-elabore-a-washington-en-pleine-traite-negriere-et-negocie-a-la-conference- de-berlin-en-1885/ consulté le 18/09/2018

Article 4 :

Tous les pays du tiers monde sont divisibles et leurs frontières peuvent être déplacées selon notre volonté. Le respect de l'intégrité territoriale n'existe pas pour le tiers monde.

Article 5 :

Tous les dictateurs doivent mettre leur fortune dans nos banques pour la sécurité de nos intérêts. Cette fortune sera utilisée pour les dons et les crédits que nous accordons à titre d'aide et d'aide au développement aux pays du tiers monde.

II. LE RÉGIME POLITIQUE

Article 6 :

Tout pouvoir et gouvernement établi par nous est légal, légitime et démocratique. Mais tout autre pouvoir ou gouvernement qui n'émane pas de nous est illégal, illégitime et dictatorial, quelles que soient sa forme et sa légitimité.

Article 7 :

Tout pouvoir qui oppose la moindre résistance à nos injonctions du même fait perd sa légalité, sa légitimité et sa crédibilité. Et il doit disparaître.

III. TRAITÉS ET ACCORDS

Article 8 :

Nous ne négocions pas d'accords et de contrats avec les pays du tiers monde, nous imposons ce que nous voulons et ils se soumettent à notre volonté.

Article 9 :

Tout accord conclu avec un autre pays ou négociation sans notre approbation est nul et non avenu.

IV. DROITS FONDAMENTAUX

Article 10 :

Partout où sont nos intérêts, les pays du Tiers Monde n'ont aucun droit, dans les pays du Sud, nos intérêts priment sur le droit international et le droit international.

Article 11 :

La liberté d'expression, la liberté d'association et les droits de l'homme n'ont de sens que dans les pays où les dirigeants s'opposent à notre volonté.

Article 12 :

Les peuples du tiers monde n'ont ni opinion ni droit, ils sont soumis à notre loi et à notre droit.

Article 13 :

Les pays du tiers monde n'ont pas de culture ou de civilisation en dehors de la civilisation occidentale.

Article 14 :

Il n'y a aucune mention de génocide, de massacre ou de "crimes de guerre" ou de "crimes contre l'humanité" dans les pays où nos intérêts sont garantis. Même si le nombre de victimes est très important.

V. FINANCES PUBLIQUES

Article 15 :

Dans les pays du Tiers-Monde, personne n'a le droit de mettre un plafond monétaire que nous avons fixé à ses banques. Lorsque la fortune dépasse le plafond, elle est déposée dans l'une de nos banques afin que les bénéfices reviennent sous forme de prêts ou d'aide au développement économique en espèces ou en nature.

Article 16 :

Seuls les pays dont les dirigeants nous montrent une soumission totale, comme nos marionnettes et nos valets, auront droit à l'aide susmentionnée.

Article 17 :

Notre assistance doit s'accompagner de recommandations fortes qui empêchent et brisent toute action de développement des pays du tiers monde.

VU. TRAITÉS MILITAIRES

Article 18 :

Nos armées doivent toujours être plus fortes et plus puissantes que les armées du tiers monde. La limitation et l'interdiction des armes de destruction massive ne nous concernent pas, mais les autres.

Article 19 :

Nos armées doivent s'entraider et se joindre à la guerre contre l'armée d'un pays faible pour montrer notre suprématie et être craint par les pays du tiers monde.

Article 20 :

Toute intervention militaire vise à protéger nos intérêts et ceux de nos valets.

Article 21 :

Toute opération d'évacuation de ressortissants des pays occidentaux masque notre véritable mission qui est de protéger nos intérêts et ceux de nos voituriers.

VII. ACCORDS INTERNATIONAUX

Article 22 :

L'ONU est notre instrument, nous devons l'utiliser contre nos ennemis et les pays du tiers monde pour protéger nos intérêts.

Article 23 :

Notre objectif est de déstabiliser et détruire les régimes qui nous sont hostiles et d'installer nos pantins sous la protection de nos soldats sous couvert des mandats des forces onusiennes.

Article 24 :

Les résolutions de l'ONU « sont des textes qui nous donnent le droit et les moyens d'attaquer, de tuer et de détruire les pays dont les dirigeants et les peuples refusent de se soumettre à nos injonctions sous couvert des résolutions sécuritaires du Conseil des « Nations Unies ».

Article 25 :

Notre devoir est de maintenir l'Afrique et les autres pays du monde dans le sous-développement, la construction, la division, la guerre, le chaos afin de dominer, d'exploiter et de piller à travers les «

Missions des « Nations Unies ».

Article 26 :

Notre règle d'or est la liquidation physique des dirigeants et dirigeants nationalistes du Tiers-Monde.

Article 27 :

Les lois, résolutions, cours et tribunaux des « Nations Unies » sont nos outils de pression contre les dirigeants et dirigeants des pays qui défendent les intérêts de leurs peuples.

Article 28 :

Les dirigeants des puissances occidentales ne peuvent être poursuivis, arrêtés ou emprisonnés par les cours et tribunaux de l'"ONU", même s'ils commettent des "crimes de guerre", des "génocides" ou des "crimes contre l'humanité".

A noter que la version de ce document a été retrouvée à Tervuren dans le "Musée royal de l'Afrique centrale", Tervuren (anciennement Tervuren et aussi en français) est une commune située dans la région belge de la province du Brabant flamand.

Fonctionnement du paradigme de la néo-colonisation

Le paradigme de la néo-colonisation est un programme mental de manipulation et de contrôle implicite de la gestion de ses ressources, de son système de défense nationale, de ses politiques publiques, de la doctrine de son système éducatif et de sa culture.

Le programme mental de la nouvelle colonisation de l'Afrique est un phénomène géopolitique très complexe en raison des accords secrets signés entre les anciens colonisateurs et les pays africains, principalement l'Afrique noire.

Il existe trois (3) structures principales qui soutiennent le mécanisme de néo-**colonisation** :

l'école,

la religion

est la langue.

L'école est l'outil de mise en forme intellectuelle pour occidentaliser l'élite des pays africains à travers des systèmes scolaires ou éducatifs visant à cultiver l'esprit de dépendance vis-à-vis des anciens colonisateurs.

SARTRE, Jean-Paul. Colonialisme et néocolonialisme (Situations, V). Rio de Janeiro : Tempo Brasileiro, 1968.

La religion est le véhicule de la formation spirituelle pour maintenir l'état dormant de la conscience spirituelle africaine. La religion coloniale continue d'être prestigieuse.

La langue officielle coloniale est l'arme destructrice de la culture africaine. L'héritage juridique colonial du mépris des langues africaines est encore expressif dans les anciennes colonies africaines.

En 1921, le gouverneur de l'Angola, Norton de Matos, avait promulgué le décret n° 77 qui stipulait ce qui suit :

Point 3 : Il est obligatoire, dans toute mission, d'enseigner la langue portugaise.

Point 4 : « L'enseignement de toute langue étrangère est interdit ».

Aux articles 2 et 3 du même décret : « Il est interdit d'enseigner les langues indigènes dans les écoles des missions ; l'utilisation de la langue indigène n'est autorisée à parler que dans la catéchèse ».

Cent ans après la promulgation du décret Norton de Matos, l'Afrique continue de dépendre des langues coloniales pour la communication interafricaine. Et ce sont les mêmes langues, dites officielles, qui représentent la culture africaine au niveau international.

La structure mentale de la néo-colonisation du continent africain s'enracine dans les accords secrets des indépendances qui justifient l'attitude humiliante des dirigeants africains vis-à-vis de certaines questions sensibles qui représentent la dignité et la souveraineté du continent berceau.

A titre d'illustration, on peut se concentrer sur les onze accords secrets signés entre la France et les pays noirs, publiés sur la plateforme numérique coupsfrancs :(www.coupsfrancs.com/les-11-accords-secrets-signes-entre-la-france-et -les-pays-noirs/)

D'autre part, nous pensons qu'il est essentiel d'évoquer un fait inhabituel qui justifie l'aspect systémique de la néo-colonisation. Un séminaire stratégique de haut niveau a réuni des experts, universitaires, économistes… dans le but de présenter des modèles économiques stratégiques pour maintenir le système d'inégalités entre l'Ouest et l'Afrique.

L'orateur dans sa présentation révèle des opinions inhumaines au nom du système économique capitaliste basées sur le sentiment de PEUR.

Dans son discours, l'orateur a déclaré : « … L'Afrique subsaharienne a été fondamentale pour la prospérité des pays développés. Et l'Afrique a un rôle clé à jouer en tant que fournisseur de ses matières premières.

Nous ne permettrons pas aux Africains d'y échapper. Nous faisons tout notre possible pour maintenir l'Afrique subsaharienne dans son état actuel de pauvreté.

C'est absolument vital pour notre survie en tant qu'occidentaux…

Et toutes les structures et organisations internationales, toutes les institutions académiques et tous les enseignements économiques sont tous conçus pour maintenir les Africains dans leur situation actuelle… »

https://youtu.be/QXpjtO3tbzQ ,

https://app.livestorm.co/p/584063b2-5cfc-456c-9655-82e9d7ef4d24

28/05

Lançamento EM ANGOLA

Um NOVO DESPERTAR DA ALMA AFRICANA presente em todos nós.

Colégio 18 de Novembro à partir das 09H00

https://fb.me/e/Ar4v55Xt

AFRICANO DE ALMA - AFRICAN SOUL

ACHAMA
ASSOCIAÇÃO

Aujourd'hui, 28 mai 2021, est un jour très spécial, alors que j'ai 62 ans et que je commence un projet, qui est un projet de vie. Il est baptisé ÂME AFRICAINE. Je suis ici au Colégio 18 de Novembro, avec ACHAMA, qui est l'Associação Carácter, Abilidade e Atitude Motiva Angola, dont la présidente est ma fille Luzolo Lungoji, qui, avec toute l'équipe, donnera une très grande série de conférences , appelé ÂME AFRICAINE. Que signifie être une ÂME AFRICAINE ? Dans ce livre, nous sommes déjà soutenus par un Africain dans l'âme. Dans chaque conférence, un livre sera distribué aux étudiants. L'idée de base est d'attirer l'attention sur l'importance pour nous tous d'être AFRICAINS DANS L'ÂME. Il ne suffit pas que j'aie les cheveux bouclés, une couleur noire. Cela ne veut pas dire que je suis une ÂME AFRICAINE. AdA est avant tout une entreprise qui cherche à aider les gens. Celui qui cherche à favoriser les défavorisés et, au sein de l'âme africaine, qui s'est tellement dégradée au cours des siècles d'esclavage et de colonisation. Cherchez à revenir à la Communauté du Christ, la Communauté d'entraide. Simon Kimbangu a voulu, dans ce projet qui lui a été inspiré, commencer ici à l'Ecole située dans le Complexe Kimbangu. Je veux vous souhaiter mon super et inoubliable cadeau d'anniversaire de 62 ans. Que ce soit une date de grand changement au profit, non seulement de la race noire, mais de la race humaine, au profit de tous les défavorisés. Celso Salles.

Tout comme j'ai été choisi pour être en Afrique et faire le travail que j'ai fait, tout cela a été rapporté dans les livres que j'ai écrits et certainement dans ceux que j'écrirai encore, même si Dieu le permet. De même, lorsque nous voyons cette photo de famille des pages précédentes, il nous vient à l'esprit que, sur cette photo, il peut y avoir de futurs dirigeants angolais, africains et mondiaux. Beaucoup lorsqu'ils ont quitté la maison le 28 mai 2021 et sont allés à l'école n'imaginaient pas qu'ils recevraient un contenu aussi important que celui que Luzolo Lungoji, 19 ans, mais avec 91 ans de sagesse a transmis. Ajoutée aux connaissances que Luzolo a acquises tout au long de sa vie, avec des lectures, des études et des influences importantes, elle a utilisé comme base le contenu que j'ai mis dans le livre L'IMPORTANCE DE LA DIASPORA AFRICAINE DANS LA NOUVELLE DÉCOLONISATION DE L'AFRIQUE et dans le livre LA NOUVELLE DÉCOLONISATION DE L'AFRIQUE de l'écrivain Bitombokele Lei Gomes Lunguani, qui, en arrivant à cette page du livre, vous avez déjà eu des contacts et pourrez identifier une partie des enseignements de Bitombokele dans les mots de Luzolo.

Il est essentiel de souligner que l'ensemble du script de la conférence de Luzolo a été préparé par elle-même, sans aucune interférence extérieure directe, ce qui donne une immense richesse à l'ensemble du processus. C'est la même génération ou une génération très proche qui transmet du contenu, des idées nouvelles, des connaissances. Pour ceux qui reçoivent, la distance entre vous et l'enceinte est pratiquement nulle. ÉVEILLER DE NOUVEAUX ET BON LEADERSHIPS est essentiel.

https://youtu.be/E3Dly91AuEk

167

LES ANGOLAIS QUI LIBÉRENT MANDELA
Orlando Victor Muhongo
Écrivain

L'histoire de l'Afrique dans son ensemble est pleine de paradigmes, la plupart, sinon tous, très néfastes pour les Africains. Dans l'œuvre de l'écrivain Victor Muhongo, le véritable paradigme de l'apartheid peut être connu en détail.

"L'ANC a envoyé des jeunes en Angola pour recevoir une formation militaire. C'était vraiment très important et c'était un tournant dans l'histoire de l'Afrique du Sud. Les progrès que nous avons faits dans notre lutte étaient en grande partie dus à l'Angola. Une base, a permis l'établissement de camps et a assuré une certaine formation à nos soldats, transmettant les valeurs et la discipline nécessaire. Cela nous a permis d'améliorer la qualité de la formation et tout a abouti au développement rapide de notre lutte.

Nelson Mandela

Les Angolais sont les héros qui, dans le Triangle de Tumpo, se sont immolés pour défendre l'Afrique du Sud et dont le sang et la sueur ont renversé le régime d'apartheid et libéré Nelson Mandela.

... Pendant des décennies, un « paradigme historique » a été établi, qui s'est efforcé de retirer l'Angola du récit officialisé sur le soutien décisif apporté à la lutte des Sud-Africains et des Namibiens, ainsi que sur le renversement d'un système politique et social des plus odieux que le monde et l'Afrique aient jamais connus - le régime de l'apartheid. Confrontant la réalité et les faits, en utilisant une analogie scientifique, nous considérons les incohérences existantes entre la réalité historique et la version défendue par le paradigme susmentionné comme « Obstacle épistémologique ». ...

Sans la moindre prétention à remettre en cause le respect dû à Nelson Mandela, en tant que figure pertinente de la nation sud-africaine, favorable à la retransmission de l'Histoire aux nouvelles générations et à raviver des souvenirs brouillés par les divergences politiques ou politiques dues à la rigueur du temps, cet Essai Politique s'affirme comme une « Rupture épistémologique », qui vise à mettre en lumière le rôle crucial joué par les Angolais dans la libération de l'Afrique australe.

J'ai cherché cette période pendant laquelle j'ai la grâce de Dieu d'être sur le continent africain, de lire autant de livres que possible, afin de capter des informations importantes qu'en général les médias du monde ne rapportent pas. L'un des livres que je souligne est "LES ANGOLAIS QUI LIBÉRENT MANDELA" de l'écrivain angolais Orlando Victor Muhongo, né dans la province de Uige en 1982, avec un diplôme en relations internationales et une maîtrise en relations interculturelles. Les Angolais sont les héros qui, dans le Triangle de Tumpo, se sont immolés pour défendre l'Afrique australe et dont le sang et la sueur ont renversé le régime d'apartheid et libéré Nelson Mandela. "Celso Salles"

Ce livre ÂME AFRICAINE est déjà né comme un NOUVEAU PARADIGME. En rassemblant les études du professeur et théologien Bitombokele Lei Gomes Lunguani, avec plusieurs et importantes pages de son livre « LA NOUVELLE DÉCOLONISATION DE L'AFRIQUE » et, dans la séquence, en mettant l'accent sur l'œuvre de l'écrivain angolais « LES ANGOLAIS QUI LIBÈRENT MANDELA, le déconstruction d'un mythe " la proposition du nouveau paradigme ÂME AFRICAINE est très claire. C'est un paradigme d'une immense audace, car il veut affronter des siècles de pensées, nourries et qui alimentent beaucoup de haine et de destruction. Quiconque est curieux ou même a l'occasion de lire les livres déjà écrits dans la collection L'ÂME AFRICAINE est né en préconisant que nous devons changer nos pensées. Il ne sert à rien de changer de couleur ou de races qui ont le même état d'esprit. Nous avons toujours plusieurs points de vue à analyser quelle que soit la problématique. C'est pourquoi nous devons penser de plusieurs manières. Je vois qu'en tant qu'humanité, nous sommes sur la voie de la destruction. La voracité du capitalisme et de toutes ses variantes qu'il faut sans cesse nourrir et, fortement enracinée dans l'égoïsme, fait de la loi du plus fort une vérité unique. Une vérité que les moyens n'ont pas d'importance, tant que les fins sont atteintes.

J'ai accompagné des personnes et des familles dans diverses parties du monde qui ont fait de l'accumulation de richesses une oasis de bonheur, sans bonheur. Et nous avons suivi ces exemples du monde capitaliste, car c'est ce qui motive les économies en général.

Mais comment penser différemment au milieu de cette confusion ? A priori cela semble vraiment impossible, puisque la mesure du succès ou de l'échec est très claire. Plus il y a d'argent, plus il y a de succès. Moins il y a d'argent, plus il y a d'échecs.

Et puis nous voyons des politiciens et des dirigeants vendre leur propre peuple, acheter des appareils judiciaires, cacher de l'argent illicite, des raxadinhas et ils n'arrêtent pas d'inventer de nouvelles escroqueries.

Les médias, quant à eux, sont de plus en plus pris en otage pour financer le capital, choisir et donner le ton à la vérité.

Pas peur de faire des erreurs. Nous sommes arrivés à une époque où PENSER NOUVEAU est essentiel. Créez des paradigmes nouveaux et importants qui peuvent alléger ce monde fatigué et désorienté qui est le nôtre.

Le paradigme ÂME AFRICAINE a cette audace. Et lorsqu'il est né en Afrique, le continent le plus souffert de la planète Terre, sa proposition est encore plus audacieuse. Un paradigme qui commence à se matérialiser au cœur d'une NOUVELLE GÉNÉRATION, comme nous avons très bien pu le montrer dans ce livre.

ÂME AFRICAINE X RENAISSANCE AFRICAINE MODERNE

Tout est très connecté et a la même source d'inspiration : Papa Simon Kimbangu. Tout ce qui est lié à Simon Kimbangu a le même ADN : l'AFRIQUE.

Afin de ne pas tirer trop de lignes de ce livre, je vous laisse l'URL de la vidéo documentaire pour vous qui n'en avez jamais entendu parler ou même qui avez des doutes :

Il y a eu 30 ans de prison, d'innombrables miracles et prophéties.

Comment se fait-il que lors de la création du paradigme ÂME AFRICAINE, je sache que c'était l'inspiration de Simon Kimbangu ?

La certitude vient de l'ampleur de la création, des personnes impliquées, des résultats obtenus. Il serait humainement impossible que tout cela se produise s'il n'y avait pas une entité beaucoup plus grande prenant soin de tout. Les erreurs commises en cours de route sont facilement identifiées car tout s'arrête. Une fois corrigé, tout revient à la marche et à la vitesse de la lumière.

J'ai remarqué combien il est difficile pour la plupart des Africains d'accepter le côté divin de Simon Kimbangu. En particulier, je rêvais déjà de quelque chose comme ça et quand, en 2015, j'ai eu la connaissance, à l'époque j'ai commencé à travailler et à matérialiser mes inspirations, comme ces lignes que j'écris.

Au salon d'art de RENAISSANCE AFRICAINE MODERNE, avec Jotraken Investment, dirigé par le Kimbanguiste angolais João Missidi Neto, dès mon arrivée au Complexo Kimbanguista do Golfo, j'ai été reçu par le chef d'orchestre de l'Orchestre symphonique de Kimbanguista, Marcelo Ntuntu, avec un traitement de célébrité . Puis, un à un, les membres de l'Orchestre arrivent et l'affection et l'amour qu'ils ressentent pour la présence des frères en général sont évidents.

De manière générale et grâce aux inspirations et aux choix de Simon Kimbangu, une NOUVELLE AFRIQUE se dessine en chemin, venue d'innombrables directions pour le bien de toute l'humanité.

Je pense que nous devons faire notre part.

Les Travaux et les résultats parlent d'eux-mêmes.

Sur le même territoire, nous avons une Afrique pauvre et sans vie, tandis que du côté Kimbanguiste, toujours en territoire africain, nous avons une NOUVELLE Afrique, pleine de vie et de prospérité.

Pourquoi ne pas être une NOUVELLE Afrique ? Qu'est-ce qui empêche encore l'Afrique de grandir, de se moderniser et de se libérer définitivement du carcan qui la tient encore aujourd'hui ?

Vous pouvez trouver de nombreuses réponses dans le livre "LA NOUVELLE DÉCOLONISATION DE L'AFRIQUE" de Bitombokele Lei Gomes Lunguani.

Également à l'Université Mandombe, vous pouvez obtenir beaucoup de connaissances : http://mandombeuniversity.online

Dans mon domaine de recherche, ce qui attire le plus mon attention dans le mode de vie des Kimbanguistas, c'est précisément l'UNION. Travailler ensemble.

La LIGNÉE que Simon Kimbangu leur a laissée a une côté spirituel bien au-dessus de la plupart des religions.

AMOUR, COMMANDEMENT ET TRAVAIL, guident tous les Kimbanguistes vers la croissance collective.

Ayant la même source d'inspiration, je suis sûr que le Paradigme ÂME AFRICAINE devrait également être basé sur ce trinôme, cherchant la force et l'inspiration pour sa croissance la plus légitime.

Le niveau de pauvreté sur le territoire africain est encore très élevé, et je suis absolument sûr que, pour le ramener à zéro, il est nécessaire d'unir de nombreuses forces qui, isolées, n'auront guère de succès. Le rôle de la diaspora africaine dans tout ce processus est considérable, car, avec beaucoup de connaissances, elle peut raccourcir de nombreux chemins vers l'autosuffisance alimentaire et l'indépendance économique.

Des visions comme celles de l'orateur à la page 86 de ce livre doivent être effacées de la surface de la terre. Dans la foulée de son discours qui n'a pas été filmé, mais que l'on imagine, il dresse certainement une longue liste de procédures pour empêcher l'Afrique de croître et de fournir éternellement de la matière première en échange d'armes ou même de nourriture que l'Afrique peut très bien produire. .

Dans le livre L'IMPORTANCE DE LA DIASPORA AFRICAINE DANS LA NOUVELLE DECOLONISATION DE L'AFRIQUE, j'ai mis la liste complète des unités EMBRAPA - Société brésilienne de recherche agricole, où les Africains de tous les pays pourront s'inscrire et obtenir des informations précieuses dans ce que j'ai appelé AGROVIDA en le même livre.

Au cours de ces années en Afrique, j'ai essayé de connaître tous les endroits et de voir les principaux besoins des Africains. Dans la conférence de Luzolo, tenue le 28 mai 2021, j'ai pu mentionner que la plus grande maladie du siècle est l'INDIFFÉRENCE. Indifférence interne et externe. Nous n'avons pas besoin de voir des enfants ramasser de la nourriture dans les ordures, face à tant de richesses. Nous pouvons créer des espaces de restauration pour les personnes à risque. Si ceux qui ont le pouvoir de le faire continuent de prétendre que rien de tout cela n'existe, des millions de personnes continueront de mourir de faim.

En tant qu'ÂME AFRICAINE, nous ne pouvons pas permettre que cela continue.

Ce qui nourrit beaucoup mon ÂME AFRICAINE, c'est de pouvoir travailler avec d'innombrables personnes et organisations qui, malgré de nombreuses difficultés, font beaucoup pour les autres. Ils consacrent leur temps. Créer des projets. Je ne vais pas mentionner ces personnes et ces organisations car je peux certainement en oublier certaines.

LA RESPONSABILITÉ SOCIALE doit avoir plus de fonds et d'importance dans les entreprises en général. Elle a besoin de managers avec ÂME AFRICAINE tournés vers les plus démunis. SANS RELÂCHE. Qu'ils n'attendent pas que les projets arrivent, mais qu'ils aillent à leur rencontre. Peu importe ce que nous faisons, il y a toujours beaucoup plus à faire.

amazon.com

55

Raisons d'investir en Afrique

Celso Salles

Le contenu de ce livre est d'une importance capitale. On peut presque le considérer comme un Catalogue de l'Afrique. Il existe peu d'ouvrages consacrés à ce contenu, précisément à cause de la quantité d'informations, lorsqu'il s'agit de l'Afrique. Il est très facile de se perdre dans un vaste univers d'informations historiques.

Une autre difficulté à bien voir cette Afrique Potentielle contenue dans ce livre est l'accent qui a été mis sur la faune en Afrique dans les médias en général et sur les conflits armés, la corruption, la faim, la pauvreté... Ces informations, systématiquement diffusées à travers le monde, joue un rôle très perturbateur dans la planification des entreprises et des organisations du monde entier lorsqu'on songe à investir en Afrique.

En septembre 2021, j'ai effectué 10 ans en territoire africain, au début avec des allées et venues au Brésil, cependant, depuis 2016, date à laquelle j'ai reçu le visa de séjour en Angola délivré par le ministère des Sciences et Technologies de l'époque, j'ai vu combien il était important d'être en territoire africain. Etant en Angola, j'ai eu des passages rapides à travers le Zimbabwe, le Congo Démocratique, le Congo Brazaville et l'Afrique du Sud.Certes, en raison du travail que j'ai fait, mon objectif est d'être en personne, sinon dans tous les autres 50 pays que j'ai encore besoin de savoir, au moins, dans la plupart d'entre eux, car je crois beaucoup en la force et l'importance de ce travail.

Autrefois d'ascendance africaine, je finis par faire partie des millions, voire des milliards, de la diaspora africaine, avec cet objectif spécifique.

Avec ce livre, d'autres personnalités importantes peuvent également être motivées pour effectuer un travail similaire ou supérieur pour l'Afrique. Si je peux le faire, des milliers de personnes peuvent le faire aussi.

Dans les pages qui suivent, j'ai essayé de mettre, selon moi, des informations spécifiques sur chaque pays, en mettant l'accent sur son potentiel, en variant le corps de la police Arial, selon la quantité d'informations.

Je me souviens que TOUT TYPE D'INVESTISSEMENT est le bienvenu. Nous avons des intelligences humaines de grande valeur partout dans le monde, où beaucoup d'entre elles, après avoir été réalisées, peuvent très bien passer des jours, des semaines, des mois ou des années sur le continent africain, à transmettre leur savoir.
De la part des 55 gouvernements africains, il appartient de créer les conditions en plus d'attirer ces esprits, de fournir des installations sûres et une qualité de vie pour recevoir ces bénédictions sous forme d'êtres humains.

Mes livres en vente sur amazon.com sont lus dans diverses parties du monde. Je veux laisser MON APPEL à ces esprits prodigieux pour venir en Afrique. L'Afrique A BESOIN DE VOS CONNAISSANCES. Non seulement je veux, mais je peux les aider : educasat@hotmail.com.

República da África do Sul

Considéré comme une économie à revenu intermédiaire de la tranche supérieure par la Banque mondiale, le pays est considéré comme un marché émergent. L'économie sud-africaine est la deuxième du continent (après seulement le Nigeria) et la 25e au monde (PPC). Multiethnique, le pays compte les plus grandes communautés d'Européens, d'Indiens et de métis d'Afrique. Bien que 70% de la population sud-africaine soit composée de Noirs, ce groupe est assez diversifié et comprend plusieurs ethnies qui parlent les langues bantoues, l'une des langues qui ont un statut officiel. Cependant, environ un quart de la population est au chômage et vit avec moins de 1,25 dollar par jour.

L'Afrique du Sud est une démocratie constitutionnelle, sous la forme d'une république parlementaire ; contrairement à la plupart des républiques parlementaires, les postes de chef de l'État et de chef du gouvernement sont fusionnés en un président dépendant du parlement. C'est l'un des rares pays africains à n'avoir jamais connu de coup d'État ou à entrer dans une guerre civile après le processus de décolonisation, en plus d'avoir des élections régulières depuis près d'un siècle. La grande majorité des Sud-Africains noirs, cependant, n'a été totalement émancipée qu'après 1994, après la fin du régime d'apartheid. Au cours du XXe siècle, la majorité noire a lutté pour récupérer ses droits, qui ont été supprimés pendant des décennies par la minorité blanche politiquement et économiquement dominante, une lutte qui a joué un rôle important dans l'histoire récente du pays.

República de Angola

Le gouvernement dirigé par Son Excellence le Président João Manuel Gonçalves Lourenço est favorable à une politique étrangère qui encourage des relations culturelles, économiques et commerciales plus fortes avec d'autres pays et vise à être un membre actif de la communauté internationale.

Sur la scène internationale, l'Angola a fortement soutenu les initiatives qui promeuvent la paix et le règlement des différends régionaux, en mettant l'accent sur la voie diplomatique pour prévenir les conflits et promouvoir les droits de l'homme.

L'exécutif angolais a adopté toutes les mesures nécessaires pour que les investisseurs aient confiance et la certitude qu'ils entrent dans un scénario concurrentiel, avec une concurrence saine et ouverte.

La stabilité et la sécurité sont des conditions préalables nécessaires au développement social et économique de tout pays.Et l'exécutif angolais soutient le développement et la croissance de l'économie nationale, à travers la création d'emplois et l'augmentation de la production interne.

L'Angola vous invite à réaliser votre investissement, au niveau national ou international, dans la Zone Economique Spéciale, contribuant ainsi au développement, à la compétitivité et à l'entrepreneuriat.

República Argelina Democrática e Popular

L'Algérie est considérée comme une puissance régionale et moyenne. Le pays fournit de grandes quantités de gaz naturel à l'Europe et les exportations d'énergie sont un contributeur majeur à l'économie algérienne. Selon l'Organisation des pays exportateurs de pétrole (OPEP), l'Algérie possède la 17e plus grande réserve de pétrole au monde et la deuxième en Afrique, tout en ayant la 9e plus grande réserve de gaz naturel au monde. Sonatrach, la compagnie pétrolière nationale, est la plus grande entreprise d'Afrique. L'Algérie possède l'une des plus grandes forces armées d'Afrique et l'un des plus gros budgets de défense du continent.

Le pays est membre des Nations Unies (ONU), de l'Union africaine (UA) et de la Ligue arabe pratiquement après son indépendance en 1962, et est membre de l'Organisation des pays exportateurs de pétrole (OPEP) depuis 1969. En février 1989, l'Algérie participe avec les autres Etats du Maghreb à la création de l'Union du Maghreb Arabe. La Constitution algérienne définit « l'Islam, les Arabes et les Berbères » comme « des composantes fondamentales » de l'identité du peuple algérien, et le pays comme « la terre d'Islam, partie intégrante du Grand Maghreb, de la Méditerranée et de l'Afrique ».

República do Benin

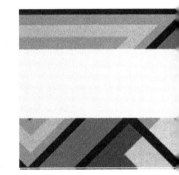

Le gouvernement du Bénin a pris des mesures rapides pour améliorer le climat des affaires, en créant un cadre plus sain pour l'investissement et en facilitant les partenariats public-privé. De nouvelles réformes d'aide à l'investissement ont été planifiées parallèlement à la mise en œuvre des projets du Programme « Bénin Révélé ». Parmi les mesures mises en œuvre, on peut citer notamment :

- Cadre réglementaire unifié pour les partenariats public-privé ;
- Mesures fiscales en faveur de l'investissement privé ;
- Mise en place d'un guichet unique ;
- Modernisation du système de passation des marchés publics ;
- Révision des prix de vente du domaine privé de l'Etat ;
- Régime fiscal simplifié et avantageux pour les micro et petites entreprises (Taxe Synthétique Professionnelle) ;
- Mesures en faveur de l'autosuffisance énergétique ;
- D'autres mesures sont en préparation, parallèlement aux projets du programme « Bénin Révélé » :
- Flexibilité des dispositions du code du travail pour introduire plus de flexibilité et encourager la création d'emplois ;
- Création de zones économiques spéciales avec des avantages incitatifs pour les investisseurs nationaux et étrangers ;
- Régime spécial pour la constitution de sociétés holding d'institutions financières internationales.

República do Botswana

1) Le Botswana est stable, pacifique et transparent.

- Elle est en paix depuis sa naissance en tant que nation indépendante et souveraine en 1966 ;

- A une tolérance zéro pour la corruption et se targue d'un système juridique solide et du respect de l'état de droit ;

- Il est régulièrement classé comme le pays le moins corrompu d'Afrique par Transparency International.

2) Le Botswana est attaché à une politique budgétaire saine, à la liberté économique et a un taux de croissance constant et spectaculaire.

- Possède la note de crédit souverain la plus élevée d'Afrique selon Standard and Poor's et Moody's avec une perspective positive correspondante ;

- Le Botswana se classe au deuxième rang des économies les plus libres d'Afrique ;

- Le PIB du Botswana en 2016 était de 15,6 milliards de dollars avec un PIB par habitant de 6 972 dollars avec une croissance de 4,3% par rapport au niveau de 2015 ;

- Il a l'un des taux de croissance économique les plus rapides au monde, avec des projections de croissance économique de 4,7% et 5,3% en 2017 et 2018, respectivement.

3) Le Botswana ouvre la porte à un énorme marché.

- Offre aux investisseurs un accès préférentiel au marché de la Communauté de développement de l'Afrique australe (SADC), l'ensemble du marché - plus de 293 millions de personnes dans 14 pays, avec un PIB combiné de plus de 700 milliards de dollars ;

Burkina Faso

- Le Burkina Faso est membre de l'Union Economique et Monétaire Ouest Africaine, qui garantit la stabilité du franc CFA (librement convertible en EUR à taux fixe)

les systèmes juridiques, réglementaires et comptables du pays sont transparents et conformes aux normes internationales

- Le principal producteur de coton en Afrique

- pays exportateur d'or (5ème producteur en Afrique)

- taux de chômage faible (4,94% en 2020 selon la Banque mondiale), main d'œuvre abondante et population jeune

- le pays est soutenu par la communauté financière internationale (comme en témoigne le fait que le Burkina Faso a été l'un des premiers pays à bénéficier de l'initiative PPTE)

- le pays bénéficie d'une stabilité politique et institutionnelle

- le code des investissements du pays garantit aux investisseurs étrangers le droit de transférer à l'étranger tous les fonds liés à un investissement, y compris les dividendes, les produits de liquidation, les actifs et les salaires.

- Mesures gouvernementales pour motiver ou restreindre le FDIO Le gouvernement du Burkina Faso cherche activement à promouvoir l'investissement étranger. Certaines des mesures prises comprennent des allégements fiscaux et des incitations pour attirer les investisseurs étrangers. Il existe également des exonérations de taxe sur la valeur ajoutée sur certains équipements ; régime fiscal et douanier particulier pour les conventions d'investissement signées par l'Etat avec les grands investisseurs.

República do Burundi

- Stabilité politique et sécuritaire ;
- Une situation géographique stratégique qui permet un accès direct à plusieurs pays voisins ;
- Un environnement des affaires en constante amélioration (Doing Business Report 2015 Burundi a été classé 18ème sur le record des indicateurs d'activité) ;
- Liberté d'établissement et d'investissement ;
- Le Burundi est membre du Marché commun de l'EAC et de la Zone de libre-échange du COMESA ;
- Main d'œuvre relativement bon marché par rapport aux pays de la sous-région ;
- Le Burundi est éligible au « Tout sauf les armes » de l'Union européenne et à l'AGOA (African Growth Opportunities Act) ;
- Code des investissements non discriminatoire et attractif, assurant la protection des investisseurs et des investissements ;
- One-Stop-Shop qui vous permet de démarrer une entreprise en une journée pour 40 000 BIF (environ 25 $);
- Trois autres Guichets Uniques opérationnels : un pour l'obtention d'un permis de construire, un autre pour le transfert de propriété et un guichet unique pour le raccordement à l'électricité.

República de Cabo Verde

Au cœur de l'Atlantique, pays au centre des routes du monde entier, le Cap Vert possède plusieurs attraits pour les investissements étrangers. Voici 10 raisons de miser sur la nation.

1er Cap-Vert, dix îles au milieu de l'Atlantique au carrefour de trois continents, est le pays du soleil, de la mer, des montagnes, de « Pão e Fonema » (Corsino Fortes, poète et homme politique) et d'hommes dignes, résistants et des femmes et des résistantes que « les chèvres ont appris à manger des pierres » (Ovídio Martins, écrivain et journaliste) et qui « pensent par elles-mêmes » (Amílcar Cabral, homme politique et théoricien) avec une culture riche et vivante dont la reine est la diva du nu pieds – Cesária Évora.

2. C'est une nation démocratique, pacifique, tolérante et bien gouvernée. En Afrique, c'est le pays le plus stable politiquement, civilement, socialement et économiquement. L'état de droit démocratique est une réalité consolidée. Les institutions sont solides et fonctionnelles, ce qui donne de la crédibilité au pays.

3. La bonne gouvernance du Cap-Vert est reconnue par tous les pays et institutions internationales concernés par ces questions, étant une source de crédibilité interne et externe. A titre d'exemple, il convient de mentionner qu'il a été le seul pays au monde à bénéficier d'un 2e Millennium Challenge Corporation Compact pour avoir rempli toutes les conditions nécessaires à l'éligibilité à ces fonds. La qualité de la démocratie et de la bonne gouvernance est reconnue dans les principaux classements mondiaux, à savoir les libertés, la démocratie et la compétitivité :

- C'est un pays de premier ordre en termes de liberté civile et politique, étant le plus libre d'Afrique (Freedom House).
- C'est la 31ème démocratie mondiale et la 1ère en Lusophonie (Index de Démocratie).

179

República dos Camarões

Ce qu'il faut considérer pour investir au Cameroun
- Une longue période de stabilité politique sous le régime actuel ;
- Main-d'œuvre à faible coût;
- Des ressources naturelles abondantes (agricoles, pétrolières et minières) ;
- Une économie d'exportation diversifiée (pétrole, mines, agriculture, etc.) ;
- De nombreux projets de modernisation des infrastructures en cours soutenus par des prêts du FMI ;
- La stabilité monétaire du fait de son appartenance à la zone Franc CFA ;
- L'impact positif de la politique anti-corruption ;
- Réglementation de la participation au capital, permettant aux étrangers de détenir 100 % d'une entreprise ;
- Le Cameroun dispose également de zones franches dans lesquelles toutes les entreprises exportatrices peuvent s'implanter. Les zones franches sont destinées uniquement aux entreprises qui produisent des biens et fournissent des services exclusivement à l'exportation. Les avantages pour ces entreprises sont nombreux : exemption de toutes licences, autorisation ou limitation de quotas tant à l'export qu'à l'import, possibilité d'ouvrir un compte en devises, absence de restrictions sur les opérations de vente, achat de devises, droit au transfert des bénéfices à l'étranger (25% doivent être réinvestis au Cameroun), exonération d'impôts et de taxes pendant une durée de 10 ans à compter de la mise en exploitation et imposition au taux général de 15% sur les bénéfices à partir de la 11ème année.

República do Chade

Parmi les secteurs qui offrent le meilleur marché aux entreprises figurent les hydrocarbures, les infrastructures, les mines, l'agriculture, l'élevage, le tourisme, les transports et les télécommunications. Le Tchad constitue un marché de premier ordre pour une gamme de services aux entreprises allant de l'administration des entreprises du bâtiment, l'éducation, la santé, l'informatique, la technologie de l'information aux services financiers.

Opportunités commerciales possibles Partenaires ANCL L'environnement des affaires, la paix, la sécurité et la stabilité ont été l'engagement politique et la réalisation du gouvernement tchadien ces dernières années. Aujourd'hui, on le voit, le Tchad se positionne à nouveau comme un pôle économique régional et une destination attractive pour les investissements directs étrangers. Les entreprises tchadiennes et étrangères coexistent dans une économie réformée qui favorise les coentreprises pour les alliances commerciales, les flux de capitaux et le rapatriement des revenus.

En tant qu'État membre des 37 millions d'habitants de la Communauté économique et monétaire de l'Afrique centrale (CEMAC), le Tchad partage une monnaie commune, le franc CFA. Le franc CFA comprend cinq autres États (Cameroun, République centrafricaine, République du Congo, Gabon et Guinée équatoriale), ce qui, d'un point de vue commercial, réduit de nombreux risques financiers et facilite les transactions entre les entreprises situées dans la Communauté.

União dos Comores

Les Comores, une terre d'opportunités.

L'Union des Comores est essentiellement considérée comme un lieu de vie et de travail sûr et paisible. Les Comores sont un havre de paix. Des habitants accueillants, honnêtes et un réel sentiment de sécurité font des Comores un lieu de vie et de travail exceptionnel. Pour tous les amoureux de la nature, União das Comores est l'une des destinations les plus exotiques au monde pour sa faune et sa flore exceptionnelles et diversifiées. La liste des activités ludiques que l'on peut faire sur les îles, que ce soit en bord de mer ou en forêt, est longue et variée. Les Comores sont très ouvertes aux étrangers et veulent toujours que vous vous sentiez à l'aise dès le premier jour aux Comores. Les attraits naturels du pays sont nombreux et ne se limitent pas aux plages. Le volcan Karthala en Grande Comore, dont le cratère est le plus grand du monde, est toujours en activité et constitue l'attraction touristique la plus célèbre de l'archipel. Les îles, et notamment Mohéli, possèdent une richesse sous-marine unique (marquée par la présence du cœlacanthe, un poisson endémique vieux de plusieurs centaines de millions d'années et menacé d'extinction, mais aussi des tortues et des dugongs). La lagune salée située au nord de la Grande Comore attire également de nombreux visiteurs. La culture comorienne est riche en artisanat (broderie, sculpture, bijoux traditionnels en or et en argent) avec un mélange unique de cuisine. D'autre part, le patrimoine historique du pays comprend de nombreux monuments et sites archéologiques datant du XIIe siècle.

República da Costa do Marfim

Aperçu économique : L'économie de la Côte d'Ivoire dépend principalement de l'agriculture. C'est le plus grand producteur et exportateur mondial de fèves de cacao et un important producteur et exportateur de café et d'huile de palme. C'est également l'un des trois plus grands producteurs et exportateurs de noix de cajou. On estime que l'agriculture contribue à environ 20 % du PIB et emploie environ 48 % de la main-d'œuvre du pays. La Côte d'Ivoire est également riche en ressources minérales avec d'abondants gisements d'hydrocarbures, de minerais (or, cuivre, fer, manganèse, bauxite). Récemment, il y a eu une augmentation des activités dans le secteur pétrolier et de certaines activités minières, en particulier les minéraux précieux comme l'or et les diamants, mais aussi d'autres comme le nickel. Le PIB réel a augmenté de 6,8% et 6,9% en 2018 et 2019, après avoir enregistré une croissance annuelle composée du PIB de 8,1% au cours des 5 dernières années. Les perspectives de croissance de la Côte d'Ivoire restent positives. En 2019, la Côte d'Ivoire et le Ghana (62% de la production mondiale de cacao) ont signé un accord pour augmenter le prix des fèves de cacao. La monnaie de la Côte d'Ivoire est le franc CFA arrimé à l'euro. Les principales exportations sont le café, le cacao, le coton, l'huile de palme, le bois, l'huile, les bananes, les ananas, etc. Les principales importations comprennent le carburant, la nourriture et les biens d'équipement.

República do Djibuti

opportunités d'investissement

Pourquoi est-il important d'investir à Djibouti ?

Il est difficile d'ignorer l'emplacement stratégique et l'importance de Djibouti. Bordant le golfe d'Aden et la mer Rouge et situé entre l'Érythrée et la Somalie, Djibouti est la route maritime des pays africains comme le Soudan du Sud et l'Éthiopie. Les importations et les exportations de l'Éthiopie représentent plus de 70 % de l'activité portuaire du terminal à conteneurs de Djibouti. Du point de vue de « l'Occident », il s'agit d'un pays stratégique au milieu de l'instabilité de la Corne de l'Afrique. Il abrite la seule base militaire américaine en Afrique subsaharienne et la plus grande base militaire française étrangère. Les Japonais ont ouvert une base ces dernières années pour aider à lutter contre la piraterie en mer. Du point de vue des investisseurs, Djibouti est un pays jeune qui présente des opportunités inexploitées. Voici 10 raisons d'investir à Djibouti :

1) Il est situé sur la 2ème route maritime du monde, par laquelle transitent 60% du trafic mondial ;

2) Le pays est stratégiquement positionné dans la région pour servir de plaque tournante aux pays enclavés ;

3) Jouir de la stabilité politique ;

4) Les nationaux et les étrangers jouissent des mêmes droits ;

5) Sa monnaie est arrimée au dollar américain et est librement convertible, avec un faible taux d'inflation ;

6) Il dispose d'un système financier, sans contrôle des changes, qui permet le transfert de devises totalement gratuit.

7) Son économie est tournée vers le développement et en plein essor (avec de grands projets d'infrastructure).

República Árabe do Egito

Zones d'investissement

Il s'agit d'un régime d'investissement qui vise à mettre en œuvre un mécanisme simple et facile pour délivrer toutes les approbations, licences et autorisations nécessaires à l'établissement et à l'exploitation de projets par l'intermédiaire du conseil d'administration de la zone d'investissement et du conseil d'administration (un seul régulateur), sans traiter avec institutions gouvernementales, l'État conformément aux dispositions du chapitre II de la partie III de la loi n° 72 de 2017.

Dans le cadre de ce régime d'investissement, l'investisseur assume les coûts et les travaux de développement de toutes les infrastructures, services et mise en œuvre des services publics nécessaires dans la région.

Les sociétés établies dans les zones d'investissement sont exonérées du droit de timbre et de la documentation pendant une période de cinq ans à compter de la date d'inscription de la société au Registre du Commerce. Les contrats de cadastre sont également exonérés.

Le conseil d'administration de l'Autorité générale des zones franches d'investissement (GAFI) a approuvé en novembre 2017 la création d'une zone d'investissement à Qalyubia, dédiée aux petites et moyennes entreprises (PME), avec plus de 36 acres, à Arab Oliqat, Al- Khanka. Il cible également les industries de fabrication d'aliments et de boissons.

En septembre 2017, le GAFI a signé un protocole d'accord avec le Singapore Engineering and Contracting Group (SECC) de Singapour pour développer des zones d'investissement dans les provinces de Qena, Kafr el-Sheikh et Qaliubya.

Estado da Eritreia

L'Érythrée a toujours eu du mal à attirer des investissements importants en raison de son climat des affaires défavorable. Malgré cela, les ressources minérales de l'Érythrée ont attiré de nombreux investisseurs, dont la Chine - le plus grand investisseur, prêteur et partenaire commercial du pays.

L'afflux d'IED en Érythrée a augmenté au cours des cinq dernières années à un taux de croissance annuel composé de 6 %, passant de 41 millions de dollars à 52 millions de dollars. Les ressources minérales sont à l'origine de cet afflux.

Plusieurs entreprises américaines et européennes envisagent d'investir dans le tourisme, le ciment, les mines et le pétrole en 2017.

Une coentreprise entre une entreprise canadienne (NEVSUN) et le gouvernement érythréen a créé la Bisha Mining Company. C'est l'un des plus grands conglomérats miniers du pays et extrait de l'or, du cuivre et du zinc.

Il n'y a eu qu'un seul investissement entièrement nouveau en Érythrée en 2017 dans le secteur minier.

La plupart des investissements étrangers non miniers de l'Érythrée sont des investissements en capital-investissement, un petit pourcentage des bénéfices étant réinvesti.

L'Allemagne, les États-Unis et le Canada sont les plus gros investisseurs en Érythrée.

Le flux d'IDE des États-Unis vers l'Érythrée est en baisse depuis 2003, mais davantage de pays du Moyen-Orient et d'Asie ont commencé à investir en Érythrée.

República Democrática Federal da Etiópia

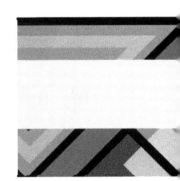

L'Éthiopie est le plus ancien pays indépendant d'Afrique et fait partie des pays les plus stables de la région. La transition pacifique du pouvoir à un nouveau Premier ministre en 2012, puis à nouveau en 2018, a prouvé la stabilité du système politique et de la forme parlementaire de gouvernement de l'Éthiopie. Après l'arrivée au pouvoir du Premier ministre Abiy Ahmed en avril 2018, l'Éthiopie a subi des réformes politiques et économiques radicales sans précédent.

- Réforme politique ;
- Démocratie et État de droit ;
- Pardonner les prisonniers politiques ;
- Permettre aux groupes politiques en exil de rentrer chez eux ;
- La levée de l'état d'urgence imposé ;
- Interdictions levées sur les sites Internet et autres médias ;
- Construire la paix dans la région ;
- Paix réussie avec l'Erythrée ;
- Médiation des accords de paix au Soudan ;
- Réforme économique;
- Privatisation totale et partielle des entreprises publiques ;
- La libéralisation des industries de l'aviation, de la logistique et des télécommunications ;
- Introduction et mise en œuvre d'une réforme économique locale.

República Gabonesa

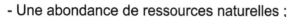

- Une abondance de ressources naturelles ;

- Situation stratégique du pays le long du Golfe de Guinée ;

- Stabilité politique;

- Son affiliation à la CEMAC et à plusieurs autres organisations internationales ;

- Plan gouvernemental de diversification de l'économie (Plan Stratégique Emergent pour le Gabon) ;

- Le fait que le Gabon est le cinquième producteur de pétrole en Afrique subsaharienne ; le deuxième plus grand producteur de bois d'Afrique, avec un projet de devenir le plus grand producteur de manganèse au monde ;

- Aucune restriction ou limitation pour les investisseurs étrangers en ce qui concerne la conversion, le transfert ou le rapatriement des fonds associés à un investissement au Gabon ;

- La convertibilité gratuite de votre devise avec les devises étrangères car elle fait partie de la zone franc.

República da Gâmbia

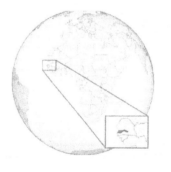

Alors que l'investissement national et étranger est encouragé dans pratiquement tous les secteurs de l'économie gambienne, le gouvernement accorde les opportunités et la priorité les plus élevées, et espère en particulier un plus grand flux d'investissement dans certains domaines.

Agriculture, en particulier dans l'horticulture, la floriculture, l'élevage, la transformation des fruits/légumes et les aliments en conserve ; Pêche et foresterie; Tourisme et voyages; Fabrication et assemblage légers; Énergie (électricité); L'exploration et l'exploration minière, en particulier dans le potentiel en hydrocarbures du pays ; Communication et services en vue des nouvelles politiques nationales de dérégulation, de désinvestissement et de désenclavement de ce sous-secteur.

- Pas de restrictions:

Malgré la volonté du gouvernement d'influencer la localisation des investissements, les investissements et les autres politiques gouvernementales n'imposent aucune restriction quant à l'éventail des activités commerciales dans lesquelles les investisseurs peuvent s'engager. Le gouvernement maintient sa politique de porte ouverte non discriminatoire visant à garantir qu'aucun investisseur étranger ne soit soumis à des restrictions qui ne s'appliquent pas aux investisseurs nationaux et vice versa. La politique vise également à encourager la participation au capital d'investisseurs étrangers comme moyen d'étendre la diffusion et le transfert de compétences technologiques, techniques, de gestion et commerciales.

República do Gana

La richesse du Ghana en ressources, son système politique démocratique et son économie dynamique en font sans aucun doute l'un des principaux phares de l'Afrique. Gagner la confiance du monde grâce à une transition politique pacifique et à un engagement ferme et ancré en faveur de la démocratie a contribué à accélérer la croissance des investissements étrangers directs (IDE) au Ghana ces dernières années.

Le Ghana a attiré l'attention d'entreprises internationales de renom, qui investissent dans tous les secteurs de son économie. Tous ces investisseurs sont venus au Ghana parce qu'ils savent qu'il dispose d'un environnement social, politique et économique merveilleux et propice dans lequel ils peuvent investir, croître et réussir.

S'appuyant sur d'importantes ressources naturelles, le Ghana s'est engagé à améliorer son infrastructure physique. En outre, le Ghana s'est récemment lancé dans un programme de réforme ambitieux mais viable pour améliorer le climat d'investissement pour les investisseurs locaux et internationaux. Ces efforts ont été extrêmement gratifiants, le Ghana étant reconnu par le rapport Doing Business 2014 de la Banque mondiale comme le « meilleur endroit pour faire des affaires dans la région de la CEDEAO ».

República da Guiné

C'est un pays en développement richement doté de ressources naturelles, principalement minérales, possédant plus de 25 milliards de tonnes (Mt) de bauxite, censé contenir la moitié des réserves mondiales. En outre, le pays possède également plus de 4 milliards de tonnes de minerai de fer de haute qualité, l'or a une présence importante, et il existe également des réserves de diamants, des réserves d'uranium indéterminées et des gisements de pétrole potentiels. Grâce à un climat et une géographie favorables, la Guinée dispose d'un potentiel de croissance considérable dans les domaines de l'agriculture et de la pêche. Les projets d'investissement dans les centrales hydroélectriques se multiplient, en effet, les fortes pluies et les cours d'eau abondants ont un fort potentiel pour générer suffisamment d'électricité pour alimenter tout le pays et même les autres pays qui l'entourent.

Le processus technique de création d'entreprise en Guinée est théoriquement simple. Selon la réglementation guinéenne, le processus est centralisé à l'Agence de promotion des investissements privés (APIP), le centre d'enregistrement des entreprises. Cependant, les investissements les plus importants ont récemment commencé directement par l'intermédiaire du bureau du président. Le nouveau gouvernement est désireux d'attirer les investissements étrangers et a fait des efforts pour améliorer le processus. Les projets réussis ont certainement tendance à être ceux qui établissent des relations solides avec des partenaires locaux potentiels.

República da Guiné-Bissau

Aperçu économique : L'économie de la Guinée-Bissau repose principalement sur l'agriculture de subsistance (exportation de noix de cajou) et l'aide extérieure, qui représente généralement environ 80 % de son budget. Les noix de cajou représentent près de 70 % des emplois et plus de 90 % des exportations. La Guinée-Bissau possède des gisements de ressources minérales inexploitées, qui comprennent des phosphates, de la bauxite et des sables minéraux. Il a récemment commencé l'exploration pétrolière et gazière offshore. Le climat et le sol du pays permettent de cultiver une grande variété de cultures de rente, de fruits, de légumes et de tubercules. Le pays continue de lutter pour freiner l'exploitation forestière illégale et le trafic de stupéfiants en provenance d'Amérique latine. Le PIB réel a augmenté de 4,5% en 2019, après avoir enregistré une croissance annuelle composée de 4,6% du PIB au cours des 5 dernières années. La monnaie de la Guinée-Bissau est le franc CFA arrimé à l'euro. Les principales exportations comprennent la noix de cajou, les arachides, les crevettes, le poisson, le palmiste, le bois, etc. Les principales importations comprennent les produits pétroliers, le matériel de transport, les produits alimentaires, les machines, etc.

Opportunités d'investissement : Le gouvernement de la Guinée-Bissau offre plusieurs incitations pour promouvoir l'investissement, notamment la possibilité d'un allégement fiscal de 50 % pour une période de six ans et le rapatriement des bénéfices sans restriction. La priorité du gouvernement est d'augmenter les investissements étrangers dans les secteurs de l'agriculture et de l'énergie, qui sont les deux principaux moteurs de l'économie. De nombreuses opportunités sont disponibles dans le secteur agricole. La présence d'une vaste étendue de terres non aménagées combinée à la prévalence des techniques agricoles traditionnelles signifie que la modernisation peut avoir un impact important sur la productivité. L'extension de la côte atlantique et la beauté naturelle du pays offrent un potentiel d'investissement dans le tourisme (principalement dans les îles Bijagós).

República da Guiné Equatorial

La Guinée équatoriale est située dans le golfe de Guinée, une zone géographique qui abrite 4,1% des réserves mondiales de pétrole.

Depuis que la Guinée équatoriale a commencé à exploiter ses ressources pétrolières en 1992, le pays a opéré un virage à 360 degrés dans son économie, devenant le quatrième producteur de pétrole d'Afrique subsaharienne après le Nigeria, l'Angola et le Congo-Brazaville.

Ce nouveau statut dans l'économie mondiale permet à la Guinée équatoriale d'être parmi les pays africains qui offrent le plus d'opportunités d'affaires et d'avenir pour les entreprises.

Le pays a ouvert ses portes aux investissements étrangers et de nombreuses entreprises opèrent en Guinée équatoriale.

Cependant, non seulement le pétrole de la Guinée équatoriale est une source de richesse pour le pays ; sa production de gaz est également importante. Le pays est le premier fournisseur de gaz parmi les États membres de la CEMAC.

QUELS SECTEURS SONT LES PLUS FAVORABLES À L'INVESTISSEMENT ?

La Guinée équatoriale est un diamant brut. L'investissement extraordinaire réalisé ces dernières années avec l'émergence de plusieurs villes comme Malabo II, Sipopo, Oyala et Bata II ; l'extension des ports de Malabo et Bata ; la construction de routes à travers le pays et, en général, les investissements importants dans les infrastructures, ont fait naître le besoin d'un service de transport public efficace, le besoin d'entreprises fournissant divers services, le développement d'écoles et de gymnases, etc.

Reino do Lesoto

Selon le Rapport sur l'investissement dans le monde de la CNUCED 2020, les flux d'IDE vers le Lesotho ont totalisé 118 millions de dollars en 2019, soit une légère baisse par rapport à 129 millions de dollars en 2019. Les stocks d'IDE dans le pays ont totalisé 732 millions de dollars en 2019. L'industrie textile a attiré de nombreux investissements et d'autres sont prévu pour les centrales hydroélectriques. Le secteur manufacturier à petite échelle du Lesotho reçoit également des IDE. L'Afrique du Sud et les pays d'Asie du Sud-Est sont les principaux investisseurs. En 2020, en raison de la pandémie de COVID-19, les flux d'IDE vers l'Afrique subsaharienne ont diminué de 11% pour atteindre une valeur estimée à 28 milliards de dollars (CNUCED, Global Investment Trends Monitor).

República da Libéria

Le Libéria offre des opportunités d'investissement dans l'exploitation minière, l'agriculture, la foresterie (bois) et les services financiers. Économie basée sur les produits de base, le Libéria dépend des importations pour plus de la moitié de ses besoins en céréales, y compris le riz, l'aliment de base le plus important du Libéria. La pandémie de COVID-19 a affecté négativement tous les secteurs de l'économie, et le Fonds monétaire international prévoit une croissance négative de 2,5% pour 2020.

Le Libéria aurait besoin d'investissements directs étrangers (IDE) considérables pour réaliser ses objectifs et son potentiel de développement. Cependant, de faibles indicateurs de développement humain, des routes en mauvais état et un manque d'accès Internet fiable dans la plupart du pays entravent l'investissement et le développement.

La majeure partie du Libéria manque d'approvisionnement en énergie, bien que des efforts pour élargir l'accès à l'électricité soient en cours à travers le développement d'un réseau pour la centrale hydroélectrique de Mount Coffee, les projets d'électrification transfrontalière du West Africa Power Pool et d'autres projets énergétiques avec un soutien international. .Le Libéria offre des opportunités d'investissement dans l'exploitation minière, l'agriculture, la foresterie (bois) et les services financiers. Économie basée sur les produits de base, le Libéria dépend des importations pour plus de la moitié de ses besoins en céréales, y compris le riz, l'aliment de base le plus important du Libéria. La pandémie de COVID-19 a affecté négativement tous les secteurs de l'économie, et le Fonds monétaire international prévoit une croissance négative de 2,5% pour 2020.

Le Libéria aurait besoin d'investissements directs étrangers (IDE) considérables pour réaliser ses objectifs et son potentiel de développement. Cependant, de faibles indicateurs de développement humain, des routes en mauvais état et un manque d'accès Internet fiable dans la plupart du pays entravent l'investissement et le développement.

La majeure partie du Libéria manque d'approvisionnement en énergie, bien que des efforts pour élargir l'accès à l'électricité soient en cours à travers le développement d'un réseau pour la centrale hydroélectrique de Mount Coffee, les projets d'électrification transfrontalière du West Africa Power Pool et d'autres projets énergétiques avec un soutien international. .

Líbia

La Libye peut être décrite comme un marché frontalier avec des références incroyables, beaucoup d'optimisme et une ambition motrice. Le pays a également des poches profondes et des opportunités illimitées pour les investisseurs. La Libye a accès à une trésorerie de plus de 200 milliards de dollars et à la capacité de reconstruire son pays. Mais il existe d'énormes possibilités d'investissement dans presque tous les secteurs de l'économie, du commerce de détail à la construction, en passant par la formation et le pétrole.

La trésorerie du pays devrait continuer de croître, la production pétrolière dépassant les attentes. L'infrastructure, cependant, nécessite beaucoup de travail et le pays a besoin de tout reconstruire, des services publics au logement et à l'énergie ainsi que les télécommunications, et il ne fait aucun doute que ces opportunités, ainsi que les investissements, feront des merveilles pour la création d'emplois et l'éducation. .

Le pays se considère comme un catalyseur de stabilisation et s'emploie à former la main-d'œuvre pour répondre aux attentes croissantes de la nation et de ses visiteurs. Ses industries actuelles comprennent le pétrole, les textiles, le ciment, l'artisanat et la transformation des aliments, mais des tentatives sont en cours pour diversifier l'économie en mettant l'accent sur le tourisme, l'agriculture, le gaz naturel, la pêche et l'exploitation minière.

República de Madagáscar

Madagascar est dotée de potentiels miniers, agricoles, énergétiques, halieutiques particulièrement denses et variés, qu'il suffit d'explorer. L'unicité et la richesse de sa biodiversité (le taux de biodiversité est de 90 % (n°1 en Afrique)), et le taux d'endémicité est le plus élevé au monde) sont également un atout pour les investissements dans le tourisme. Les investissements publics et privés devraient être stimulés par le Plan d'urgence 2019/2023 de Madagascar, qui vise à stimuler la croissance économique du pays, renforcer son capital humain et améliorer la gouvernance. Le gouvernement malgache s'appuie sur des partenariats public-privé car plusieurs projets d'infrastructure ambitieux sont mis en œuvre en utilisant ce modèle dans le secteur des télécommunications, le secteur de l'énergie, etc. le tourisme, l'agro-industrie, l'exploitation minière, le textile, les TIC, les énergies renouvelables et les infrastructures.

República do Malawi

Raisons d'investir au Malawi

1- Procédures simplifiées d'établissement des investissements

Le Malawi exploite le One-Stop Service Center via MITC, où les investisseurs obtiennent toutes les exigences de traitement des investissements nécessaires sous un même toit en moins de cinq jours.

2 - Stabilité politique et sécurité

Le Malawi n'a pas d'antécédents de guerre civile et a une démocratie dynamique

3 - Économie libéralisée et engagement politique

Taux d'intérêt déterminés par le marché et taux de change flottant. Appui du gouvernement à la croissance et au développement du secteur privé par le biais de réformes stratégiques et de co-investissements et de projets clés en main.

4 - Marché du travail concurrentiel

Le Malawi est fier de sa main-d'œuvre nombreuse, hautement instruite, qualifiée, travailleuse et apte à être formée, qui parle anglais, formée dans le pays et dans des institutions du monde entier.

5 - Accès préférentiel aux marchés

Le Malawi est signataire de plusieurs accords commerciaux multilatéraux et bilatéraux dans le cadre de sa politique commerciale. Ceux-ci offrent un accès préférentiel aux marchés mondiaux dans le cadre du COMESA, de la SADC, de l'UE et de l'AGOA.

República do Mali

1. LE MALI, VOTRE HUB EN AFRIQUE DE L'OUEST

- 7 pays voisins ;

- A seulement 2h de vol de 10 capitales ouest-africaines ;

- Une monnaie partagée avec 7 autres pays de la région ;

- Accès à plus de 350 millions de consommateurs.

2. UNE LARGE GAMME D'OPPORTUNITÉS D'INVESTISSEMENT

1er producteur de coton en Afrique avec plus d'1 million et 300 balles de fibre blanche ;

2ème troupeau ouest-africain avec plus de 30 millions de têtes ;

3ème producteur d'or en Afrique avec plus de 50 tonnes par an.

3. UN ENVIRONNEMENT ÉCONOMIQUE EN CROISSANCE

- 5% de croissance moyenne depuis 2015 ;

- Taux d'inflation inférieur à 2% ;

- + 104 % de taux de consommation.

4. PROCÉDURES SIMPLIFIÉES ET RÉFORMES APPROPRIÉES

- Immatriculation commerciale dans les 24 heures ;

- 1 guichet unique ;

- 2 ministères dédiés.

Reino de Marrocos

- 3ème pays africain le plus attractif pour les investisseurs étrangers ;

- 2ème économie la plus attractive pour l'investissement en Afrique ;

- 1ère place financière en Afrique ;

- 1ère qualité des infrastructures en Afrique ;

- Le 53ème pays au monde en termes de facilitation des affaires ;

- 1er pays d'Afrique en termes d'indice de risque et de sécurité ;

- 1ère connectivité maritime en Afrique et 24ème mondiale ;

- 1er pays africain le plus attractif pour les énergies renouvelables ;

- à 14 km de l'Europe ;

- 4ème mondial en termes de performance climatique ;

- 1er train à grande vitesse en Afrique avec une vitesse de 350 km/h ;

- Marrakech est la 1ère ville la plus visitée d'Afrique.

República da Maurícia

Les bonnes raisons d'y investir sont nombreuses. Ci-dessous, sept d'entre eux, résumant la puissante attraction de la Suisse dans l'océan Indien.

1. Une fiscalité très avantageuse

Maurice a adopté un taux d'imposition bas pour encourager la création d'entreprises locales et étrangères :

• Pas de droits de succession

• 80 % de crédits d'impôt pour les sociétés offshore

• 15 % d'impôt sur les bénéfices de l'entreprise et les revenus personnels

• 15 % de taxe sur la valeur ajoutée (remboursable)

• Pas d'impôts sur les dividendes

• Pas de frais de douane ni de TVA sur le matériel

2. Stabilité politique et sociale durable

Depuis son indépendance en 1968, Maurice bénéficie d'une réelle stabilité politique. Son gouvernement est élu démocratiquement tous les cinq ans. La structure politique est basée sur le modèle parlementaire britannique, suivant le principe de séparation des pouvoirs législatif, exécutif et judiciaire, sous l'œil vigilant du « quatrième pouvoir », la presse libre.

República Islâmica da Mauritânia

Un environnement politique stable.

Un littoral atlantique de 754 km, un accès direct au Maroc, au Mali, au Sénégal et à l'Algérie et un accès indirect aux pays d'Afrique de l'Ouest, dont le Nigeria avec plus de 120 millions de consommateurs Le libre-échange dans un marché commun - la CEDEAO.

Cadre juridique et incitations fiscales aux investissements.

Proximité européenne.

Ouverture économique.

Des investissements croissants qui témoignent de la confiance des entrepreneurs.

República de Moçambique

L'économie en croissance

Le Mozambique prévoit des investissements dans le secteur de l'énergie (électricité) de plus de 10 milliards de dollars au cours des 10 prochaines années, ainsi que des investissements importants dans le secteur du pétrole et du gaz (usine de GNL d'Anadarko), du graphite (plusieurs concessions minières commencées), du secteur du tourisme - dans tout le pays, le long du littoral étendu - et dans le secteur agricole. Le Fonds monétaire international et le gouvernement du Mozambique prévoient une croissance du PIB de 5,3 % en 2018, avec une inflation inférieure à 10 % selon la Banque centrale du gouverneur. Un rapport de Deloitte 2017 indique que les perspectives économiques du Mozambique sont positives.

Pétrole et gaz

Le Mozambique est le troisième plus grand détenteur de gaz naturel liquéfié (GNL) en Afrique, avec des réserves d'environ 180 000 milliards de pieds cubes. Deux consortiums principaux - l'un dirigé par Anadarko, basé au Texas et l'autre par l'italien ENI - feront en sorte que le Mozambique devienne un exportateur majeur d'ici 2023.

República da Namíbia

La Namibie est souvent décrite comme un Africain optimiste - et avec raison. Il bénéficie non seulement de l'un des environnements les plus agréables, paisibles et politiquement stables du continent, mais également d'une infrastructure qui rivalise avec de nombreux pays développés.

La Namibie regorge de ressources naturelles, y compris un large éventail de gisements minéraux, notamment des diamants et de l'uranium de classe mondiale, du cuivre, du plomb, du zinc, de l'or, des pierres semi-précieuses, des minéraux industriels, du sel et de la fluorine.

La Namibie possède de riches zones de pêche, avec son stock d'espèces démersales et pélagiques, qui placent le pays parmi les 10 plus grandes nations du secteur de la pêche internationale.

Le secteur agricole de la Namibie est également essentiel à l'économie du pays, avec une industrie de la viande rouge florissante et des cultures telles que le maïs, le blé, le millet, les arachides, les haricots et le coton.

Le secteur du tourisme de la Namibie continue d'être une industrie en plein essor.

La Namibie entretient des liens commerciaux préférentiels avec les 190 millions d'habitants de la Communauté de développement de l'Afrique australe (SADC), l'un des 14 États membres.

La Namibie appartient à l'Union douanière d'Afrique australe (SACU), qui offre un accès en franchise de droits et sans contingent aux marchés sud-africains et autres.

República do Níger

L'économie du Niger a traditionnellement été largement basée sur les cultures vivrières et l'élevage. Le Niger est à la fois une terre d'opportunités avec plusieurs atouts :

Le Niger dispose de vastes étendues de terres propices au développement d'entreprises agro-pastorales plus intensives.

Le sous-sol du Niger est riche en ressources minérales telles que l'uranium, le pétrole et le gaz, l'or, le fer, les phosphates, le charbon, le calcaire, le gypse, la cassitérite, etc.

Cela nécessite une diversification importante de l'économie avec le développement d'un secteur privé national et international dynamique dans un cadre réglementaire et institutionnel clair et favorable. Le Niger est aujourd'hui un pays en mutation et offre d'importantes opportunités pour les consultants et prestataires de services, entrepreneurs et fournisseurs, ainsi que pour les investisseurs. Un tel développement contribue à l'insertion des jeunes sur le marché du travail et à la richesse et à la stabilité en général.

República Federal da Nigéria

Le Nigeria est un beau pays africain dans le golfe de Guinée. Il offre d'innombrables sites naturels, une faune abondante, des opportunités économiques et touristiques, et n'est qu'à un vol rapide de plusieurs des principaux centres économiques du monde. Vous y trouverez de tout, des cascades aux forêts tropicales denses, des artefacts de la plus ancienne civilisation connue de l'humanité, des paysages de savane sauvage et des espèces rares d'animaux et de plantes.

Principales raisons pour lesquelles vous devriez investir dans la propriété immobilière nigériane

Vous trouverez ci-dessous les principales raisons pour lesquelles les gens investissent au Nigeria.

1. Accessibilité
2. Terrain
3. Culture
4. Développement économique
5. Abondance des ressources naturelles
6. Temps
7. Grande population
8. Économie de marché libre

República do Quénia

Pourquoi investir au Kenya ? Le Kenya est une destination d'investissement souhaitable pour les raisons suivantes :

Excellente connectivité aux principaux hubs et fuseaux horaires du monde, ce qui facilite le travail avec la plupart des continents. Nairobi est la plaque tournante des transports incontestée de l'Afrique orientale et centrale et la plus grande ville entre Le Caire et Johannesburg. De plus, le port de Mombasa est le plus important port en eau profonde de la région, répondant aux besoins de transport maritime de plus d'une douzaine de pays.

Un vaste réservoir de main-d'œuvre qualifiée et instruite qui a fait du pays le centre industriel, commercial et financier de l'Afrique orientale et centrale.

Une économie totalement libéralisée sans contrôle des changes ni des prix. Il n'y a aucune restriction sur les emprunts nationaux et étrangers par les résidents et les non-résidents.

Le marché boursier le plus développé de la région de l'Afrique de l'Est et du Centre, à savoir la Bourse de Nairobi (NSE). Une base de fabrication relativement bien développée dans la région de l'Afrique de l'Est.

Potentiel d'exploration et d'exploitation des ressources minérales. Les ressources minérales du Kenya, bien que limitées, sont attrayantes et constituent une source potentielle de matériaux précieux tels que le titane. Actuellement, l'exploration pétrolière se poursuit au large des côtes de l'océan Indien et dans d'autres parties du pays.

República Centro-Africana

Opportunités d'investissement : La République centrafricaine s'est engagée dans divers programmes de réforme pour attirer les investissements. Certaines des réformes incluent la réduction du capital minimum nécessaire pour démarrer une entreprise, des incitations fiscales pour les entreprises, une structure de dialogue public-privé, etc. Ces réformes s'ajoutent à la mise en œuvre en cours de l'accord de paix signé par plusieurs belligérants. Certains secteurs offrant des opportunités d'investissement dans le pays comprennent l'exploitation minière, la foresterie, les projets d'infrastructure, le tourisme, l'agriculture (cultures d'exportation telles que le café et le coton), etc.

República Árabe
Saaraui Democrática

Le Maroc revendiquait déjà la souveraineté sur le Sahara occidental depuis l'époque de la colonisation espagnole. Après l'adoption de la Déclaration sur l'octroi de l'indépendance aux pays et aux peuples coloniaux (Résolution 1514 (XV) de l'Assemblée générale du 14 décembre 1960) par l'Assemblée générale des Nations Unies, l'Espagne a tenté d'organiser un référendum sur l'autodétermination au Sahara occidental, en 1974. Avant que cela ne soit possible, le Maroc et la Mauritanie ont persuadé l'Assemblée générale des Nations Unies de demander un avis à la Cour internationale de justice sur la revendication de souveraineté. La CIJ a maintenu que les liens entretenus par les deux pays avec le Sahara occidental ne devraient pas affecter la décolonisation du territoire. La Cour déclare qu'à l'époque de la colonisation espagnole, le Sahara n'était pas « terra nullius » ; il existait des liens juridiques entre le sultan du Maroc et certaines tribus habitant le territoire, ainsi que des droits, dont certains droits fonciers, et qu'il existait des liens juridiques entre le territoire et l'entité mauritanienne. Mais que, cependant, l'existence d'un lien de souveraineté entre le territoire du Sahara occidental, d'une part, et le Royaume du Maroc ou l'entité mauritanienne d'autre part, n'avait pas été établie, de sorte que la Cour n'a pas vérifié l'existence de liens qui, par leur nature, peuvent modifier l'application de la Résolution 1514 et, en particulier, le principe de la libre détermination par l'expression libre et authentique de la volonté des peuples du territoire.

La RASD est reconnue par plus de 80 États et est membre à part entière de l'Union africaine depuis 1984, mais elle n'est pas reconnue par l'ONU, qui considère le Sahara occidental comme l'un des derniers "territoires non autonomes" au monde - une liste dans lequel le territoire a été inclus depuis les années 1960 et la 4e Commission pour la décolonisation.

República Democrática do Congo

La République Démocratique du Congo (RDC) est le deuxième plus grand pays d'Afrique et l'un des plus riches au monde en termes de ressources naturelles. Avec 80 millions d'hectares (197 millions d'acres) de terres arables et 1 100 minéraux et métaux précieux, la RDC dispose des ressources nécessaires pour assurer la prospérité de sa population. Malgré son potentiel, la RDC ne peut souvent pas fournir une sécurité, des infrastructures et des soins médicaux adéquats à ses 84 millions d'habitants, dont 75 % vivent avec moins de 2 dollars par jour.

L'accession de Félix Tshisekedi à la présidence en 2019 et l'engagement de son gouvernement à attirer les investissements internationaux et notamment américains ont fait espérer aux milieux d'affaires plus d'ouverture et de transparence. Le gouvernement de la RDC travaille actuellement avec l'USTR pour récupérer les préférences commerciales préférentielles en vertu de la Loi sur la croissance et les opportunités en Afrique (AGOA). Tshisekedi a créé une unité présidentielle pour diriger la réforme des entreprises et améliorer la 183e position de la RDC sur 190 pays dans le rapport Doing Business 2019 de la Banque mondiale.

República do Congo

Opportunités d'investissement : Le secteur pétrolier continuera d'offrir des opportunités d'investissement. Les réserves d'hydrocarbures sont estimées à 1,6 milliard de barils de pétrole et 90 milliards de mètres cubes de gaz naturel. Le gouvernement a récemment lancé un nouvel avis d'appel d'offres pour des licences d'exploration pour 18 nouveaux blocs afin d'attirer de nouveaux investissements dans le secteur. L'industrie minière commence également à se développer, principalement autour de l'extraction du fer. La construction d'une ligne de chemin de fer entre Mayoko et le port de Pointe-Noire devrait démarrer en 2020 dans le but de faciliter les exportations de minerai de fer. La République du Congo est en train de mettre en œuvre le plan de développement national 2018-22 et les réformes dans le cadre de la ligne de crédit élargie du FMI, qui devraient aider l'État à attirer de nouveaux investisseurs, renforçant ainsi la reprise économique. Le gouvernement a présenté des plans ambitieux pour diversifier l'économie et attirer des investisseurs étrangers pour développer des secteurs clés tels que la foresterie, l'agriculture, la construction, l'écotourisme, les transports, les mines et les services informatiques. Le Congo a beaucoup de terres arables qui ne sont pas exploitées, offrant un potentiel pour l'agriculture mécanisée et les entreprises de transformation alimentaire associées.

República de Ruanda

Croissance rapide

2e économie à la croissance la plus rapide en Afrique (7,5% par an depuis 2007)

La nation qui a le plus évolué dans le développement humain dans le monde

Population jeune et en croissance (~70 % de la population de moins de 30 ans)

Faible risque

5e pays le plus sûr au monde pour marcher la nuit

Ratio d'endettement le plus bas de la région et notations de crédit stables

monnaie stable

Convivial et tendance

2e pour faire des affaires en Afrique 1

1er pour la transparence gouvernementale en Afrique

La majorité des femmes au Parlement et dans un Cabinet paritaire dans le monde (respectivement 61 % et 50 %)

Une plateforme régionale

Fort potentiel de hub africain ; compagnie aérienne africaine hautement connectée

2e classement MICE en Afrique ; +19 notes en 4 ans

Main-d'œuvre instruite et bilingue en croissance (~50 000 diplômés/an)

República Democrática de São Tomé e Príncipe

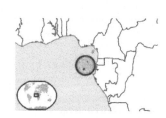

La nation insulaire de São Tomé et Príncipe (STP) prend progressivement des mesures positives pour améliorer son climat d'investissement et faire du pays une destination plus attrayante pour les investissements directs étrangers (IDE). STP est une démocratie multipartite stable et le gouvernement s'efforce de lutter contre la corruption et de créer un environnement commercial ouvert et transparent. Pour faciliter la perception et l'application des taxes, STP a promulgué la loi sur la taxe sur la valeur ajoutée (TVA) (13/2019), qui entrera en vigueur en septembre 2020. Un code du travail moderne (6/2019) promulgué en avril 2019, est visant à rendre les normes du travail plus faciles à comprendre et à mettre en œuvre pour les investisseurs. En juin 2019, STP est devenu le 25e pays africain à ratifier l'Accord de libre-échange continental africain (AfCFTA). La première loi sur les partenariats public-privé (PPP), le nouveau code notarial et le code du registre du commerce sont entrés en vigueur en 2018 ; le règlement du code des investissements adopté en 2017 ; le nouveau Code des investissements et le nouveau Code des avantages et incitations fiscales ont été adoptés en 2016. Ensemble, ces lois et règlements connexes adoptés l'année dernière offrent un cadre juridique plus moderne, attrayant et transparent pour l'investissement étranger. Un programme de seuil national du Millennium Challenge Corporation, mis en œuvre de 2007 à 2011, a modernisé l'administration douanière de STP, réformé ses politiques fiscales et rendu moins coûteux le démarrage d'une nouvelle entreprise. Une loi anti-blanchiment et financement du terrorisme adoptée en 2013 a mis STP en conformité avec les normes internationales. Avec des capitaux nationaux limités, STP continue de dépendre fortement des investissements extérieurs et, à ce titre, s'engage à mener les réformes nécessaires pour améliorer son climat d'investissement.

República das Seicheles

Situé au cœur de l'océan Indien, avec une excellente connectivité aérienne vers les principaux centres du Moyen-Orient, d'Europe, d'Afrique et d'Asie.

La population principale est située en dehors de la ceinture cyclonique.

Fuseau horaire favorable de GMT + 4.

La température varie de 25 à 32 degrés Celsius tout au long de l'année.

Taux d'alphabétisation de 96 % avec une main-d'œuvre de plus en plus instruite et qualifiée.

Environnement politiquement et économiquement stable.

Une économie en croissance avec des opportunités croissantes dans la pêche, l'agriculture, l'immobilier, le tourisme d'aventure, les TIC et l'énergie.

Incitations fiscales pour les investissements dans le secteur du tourisme, de l'agriculture, de l'énergie et de la pêche.

1ère place en Afrique et 27ème dans le monde dans l'Indice de Perception de la Corruption 2019.

2e PIB par habitant le plus élevé en Afrique.

Il offre un centre financier de classe mondiale sans aucune restriction de change.

Classé 3ème sur l'indice Mo Ibrahim de la gouvernance africaine.

1ère place en Afrique sur l'Indice de Développement Humain (2019).

República do Senegal

Une tradition démocratique fortement ancrée

En Afrique, le Sénégal est réputé pour avoir une vie politique apaisée, grâce à la solidité de ses institutions et une forte culture démographique issue d'un long processus historique. Il existe de nombreux partis politiques au Sénégal et une société civile bien organisée qui participe à la vie de la nation. Après le récent changement politique, une nouvelle constitution a été approuvée ; elle donne plus de sens à la citoyenneté et donne de nouveaux droits politiques et sociaux aux Sénégalais et à tous ceux qui vivent dans le pays.

Un réseau de partenariat large et ouvert

Le Sénégal jouit d'une confiance internationale et est un pays dont les voix sont soigneusement entendues et respectées à l'étranger. La nouvelle stratégie de politique étrangère repose sur la consolidation de ces atouts, ainsi que sur un service de proximité et de qualité aux investisseurs étrangers et nationaux, dans les différentes représentations diplomatiques à travers le monde.

Le secteur privé, moteur de l'économie

Ces dernières années, le Sénégal a adopté un vaste programme de privatisation des entreprises publiques impliquées dans les principaux secteurs de l'économie.

República da Serra Leoa

Le pays a obtenu un score global de 163 sur 190 pays dans le rapport Doing Business 2019 de la Banque mondiale, contre 160 en 2018 et 148 en 2017. Bien que le score global du pays (48,74) ait légèrement augmenté (+0,15) en 2019 par rapport à 2018. , la note la plus basse indique une amélioration comparativement plus rapide des scores dans d'autres pays. Le rapport place la Sierra Leone au-dessus du classement du Libéria voisin.

Bien au-dessus de son classement général se trouvaient les classements 2019 de la Sierra Leone dans les catégories « créer une entreprise » (55), où elle se classait bien au-dessus du Ghana (108), du Cameroun (92) et du Nigéria (120) ; et « Protecting Minority Investors » (89), où il se classe au niveau ou au-dessus de nombreux marchés de pays en développement d'Afrique subsaharienne, ainsi que d'autres marchés d'investissement émergents en dehors de la région tels que le Vietnam (89) et les Philippines (132). Les classements les plus bas comprenaient des critères liés à l'infrastructure tels que « obtenir de l'électricité » (178) et « enregistrer la propriété » (167) et « traiter les permis de construire » (182).

Au niveau national, il existe peu de restrictions, contrôles, frais ou taxes spécifiques sur la propriété étrangère des entreprises en Sierra Leone. Les sociétés étrangères peuvent détenir des sociétés sierra-léonaises (y compris pures et simples) sous réserve du respect de certaines formalités d'enregistrement.

República Federal da Somália

La Somalie a été sans gouvernement opérationnel pendant la majeure partie des trois dernières décennies. Le pays a été déchiré par des guerres de clans qui ont détruit les institutions politiques, sociales et économiques. Le gouvernement central s'est effondré en 1991 et après une décennie d'anarchie, les efforts diplomatiques internationaux ont été redynamisés et en 2000, Djibouti a accueilli un processus de conciliation politique qui a conduit à la formation du Gouvernement fédéral de transition (TFG), qui a ensuite dû lutter contre un régime islamique. mouvement. Le reste de ce combat, al-Shabaab, s'avère être la plus grande menace pour une Somalie stable aujourd'hui.

La Somalie est passée d'un gouvernement de transition à un gouvernement de renommée mondiale en septembre 2012, après qu'un nouveau président a été élu dans le pays pour la première fois depuis 1991. Dans un autre transfert de pouvoir pacifique successif, le gouvernement actuel a été élu en 2017 et a poursuivi un politique agressive de réforme fiscale. Malgré des progrès continus, le pays est toujours confronté à de graves problèmes de sécurité et à une incertitude politique. Les dirigeants du gouvernement fédéral et des États membres fédéraux sont en conflit politique constant qui limite les efforts de renforcement de l'État, tandis qu'al-Shabaab reste une menace pour la stabilité et la sécurité.

Reino da Suazilândia

Le Swaziland est classé comme un pays à revenu intermédiaire de la tranche inférieure avec son économie étroitement liée à l'Afrique du Sud.L'Afrique du Sud représente environ 85% des importations et environ 60% des exportations. La croissance économique a ralenti de 2,4% en 2014 à 1,7% en 2015, principalement en raison d'une grave sécheresse et d'un secteur minier plus faible et de faibles perspectives en Afrique du Sud. Les défis sociaux incluent le taux élevé de VIH/SIDA et une répartition inégale des ressources. Dans le cadre de la politique actuelle, le ratio dette publique/PIB pourrait passer de 17,4 % en 2015 à 24 % en 2018, augmentant les risques d'insoutenabilité budgétaire.

Pourquoi investir au Swaziland ?

Régime fiscal favorable aux investisseurs ;

Main-d'œuvre instruite, facilement formable et productive ;

l'accès au marché de l'Union douanière d'Afrique australe de près de 50 millions de personnes ;

Accès au marché de la Communauté de développement de l'Afrique australe (SADC) de plus de 130 millions de personnes.

Accès au Marché commun de l'Afrique orientale et australe (COMESA) - vingt pays africains représentent un marché de plus de 230 millions de personnes et

Bonnes infrastructures

Cependant, malgré ce qui précède, de nombreux investisseurs potentiels hésitent actuellement à investir au Swaziland en raison de problèmes sociaux, économiques, judiciaires et politiques non résolus.

República do Sudão

Domaines d'investissement :

1. AGRICULTURE

La superficie totale des terres arables est d'environ 300 à 400 millions de feddan (un feddan = 4200 m²) et seulement 40 millions de feddan sont cultivés.

Les investissements dans les domaines agricoles sont les bienvenus dans les domaines suivants :

1. Production de blé / 2. Sorgho (Dura) / 3. Graines oléagineuses (sésame, arachide et tournesol). / 4. Fruits (mangue, banane, juava, citron, fraise, ananas (ananans), pamplemousse. / 5. Légumes (tomate, haricots verts, akra, concombre, pomme de terre, oignon, ail, épices, légumes, lentilles). / 6. Apiculture pour la production de miel / 7. Fruits et légumes biologiques (sol alluvial le long des rives du Nil et deltas de Wadi Toker, El Gash etc.)

2. ÉLEVAGE

50 millions de feddan provenant des pâturages, plus les résidus de récolte et les tourteaux rendent le coût de la nourriture très bon marché. 106 millions de têtes de bovins, ovins, caprins et chameaux produisent à peine 3 millions de tonnes de viande. De plus, le Soudan est très riche en faune et il existe des opportunités d'investissement pour les fermes modernes d'autruches, d'antilopes, de crocodiles, etc.

República do Sudão do Sul

Pourquoi investir au Soudan du Sud ?

Les opportunités abondent dans tous les secteurs de l'économie, avec une attention particulière aux secteurs qui puisent dans les vastes ressources naturelles du pays.

Agriculture, terres et eau abondantes avec une demande locale et régionale non satisfaite dans tous les domaines de l'agriculture, 30 millions d'hectares de terres arables avec moins de 5% de culture.

Les gisements miniers, riches en or, en uranium, en fer, en cuivre et en diamants viennent de commencer à être explorés.

Pétrole, le pays est doté de réserves pétrolières qui présentent de nouvelles opportunités d'exploration.

Infrastructures, il existe une forte demande pour reconstruire et construire plus de 2 500 km de routes avec des opportunités pour les opérateurs privés de péage.

Énergie, il existe plusieurs possibilités de production d'énergie à partir du Nil.

Marché intérieur de plus de 10 millions avec une grande communauté internationale de la diaspora intéressée à revenir à de nouvelles opportunités économiques.

República Unida da Tanzânia

Pourquoi investir en Tanzanie

La Tanzanie regorge de richesses naturelles, qui offrent d'énormes opportunités d'investissement aux investisseurs. Il s'agit notamment d'une excellente situation géographique (six pays enclavés comptent sur les ports tanzaniens comme ports d'entrée et de sortie les moins chers) ; arable; attractions touristiques de renommée mondiale (Serengeti, Kilimandjaro, Ngorongoro et les îles aux épices de Zanzibar) ; ressources naturelles; un marché domestique et sous-régional important ; une large base locale d'approvisionnement en matières premières ; des compétences abondantes et bon marché ; garantie de sécurité personnelle; des gens chaleureux et amicaux et une orientation appropriée de la politique du marché.

República Togolesa

1. L'énorme potentiel économique et humain du Togo ;

2. Environnement favorable aux investisseurs ;

3. Une monnaie stable ;

4. Paix, stabilité politique et bonne situation géographique ;

5. L'adhésion aux organisations économiques régionales telles que l'UEMOA et la CEDEAO ;

6. Infrastructures portuaires et aéroportuaires ;

7. Administration moderne ;

8. Disponibilité de main-d'œuvre qualifiée ;

9. Disponibilité des entreprises TIC ;

10. Disponibilité de la fibre optique à l'échelle nationale pour interconnecter les entreprises au niveau local et international.

República Tunisina

Quiconque recherche une opportunité d'investissement unique constatera qu'investir en Tunisie est l'une des meilleures options qu'une personne puisse faire. Ils découvriront qu'il y a plusieurs raisons pour lesquelles ils devraient le faire. Cependant, il faut d'abord connaître un peu la Tunisie.

La Tunisie est une commune située en Méditerranée qui fait également partie de la société africaine et de la société arabe, ce qui signifie qu'elle attire des personnes de cultures différentes et c'est l'une des raisons pour lesquelles ce pays est si populaire pour investir.

affaires tunisie

L'une des principales raisons pour lesquelles les gens considèrent qu'il s'agit d'un excellent investissement réside dans les options d'investissement juridiques souples qui sont présentées. Par exemple, ceux qui investissent en Tunisie constatent qu'ils bénéficient de diverses incitations et allégements fiscaux pour le faire. En outre, ils découvriront que la procédure d'investissement est simple et ne nécessite pas beaucoup de compréhension, mais il existe des tonnes d'investissements auxquels une personne peut participer. La protection que l'on obtient en investissant en Tunisie fait également partie des meilleures protections que l'on puisse trouver n'importe où en termes de protection des fonds que l'on a investis.

República de Uganda

raisons d'investir

1 - Accédez à l'une des régions à la croissance la plus rapide au monde

L'Ouganda et la région de l'Afrique de l'Est ne cessent de croître en termes de population et de PIB.

2 - L'Ouganda est ouvert et sûr pour les investissements étrangers

L'Ouganda est le pays le plus ouvert de la région aux investissements directs étrangers (IDE).

3 - Des coûts salariaux très compétitifs

L'Ouganda offre la main-d'œuvre la moins chère de la région et les coûts de main-d'œuvre devraient augmenter plus lentement que les autres pays de la CAE.

4 - L'Ouganda dispose d'une solide base de ressources naturelles

L'Ouganda possède de nombreux gisements minéraux inexploités et des opportunités touristiques.

5 - L'Ouganda mène l'Afrique dans la réponse COVID-19

Les données de la Lancet Commission COVID-19 ont classé l'Ouganda comme le meilleur pays d'Afrique en termes de suppression de la pandémie de COVID-19

República da Zâmbia

La situation centrale et centrale du pays dans la région, ainsi qu'une combinaison des atouts suivants font de la Zambie un lieu d'investissement idéal :

La paix et un système politique stable.

Environnement économique positif et favorable aux investisseurs.

Garanties et sécurité pour les investisseurs ayant des droits légaux à une indemnisation complète et à la valeur marchande.

Les ressources naturelles abondantes présentent d'excellentes opportunités d'investissement et de commerce.

Secteur privé prospère.

Des incitations à l'investissement attrayantes.

Rapatriement illimité des bénéfices.

Services bancaires, juridiques et d'assurance évolutifs aux normes internationales et boursières.

Accès en franchise d'impôt aux marchés régionaux et plus larges en Afrique, dans l'UE et aux États-Unis.

Bon endroit pour travailler et vivre - climat subtropical, gens sympathiques, principalement anglophones, style de vie en plein air avec réserves naturelles, parcs à gibier, rivières, lacs et cascades.

República do Zimbábue

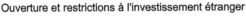

Ouverture et restrictions à l'investissement étranger

Politiques d'investissement direct étranger

Afin d'attirer davantage d'IDE et d'améliorer la compétitivité du pays, le gouvernement a encouragé les partenariats public-privé et a souligné la nécessité d'améliorer le climat d'investissement, de réduire le coût des affaires et de restaurer l'état de droit et le caractère sacré des contrats. La mise en œuvre était cependant limitée.

La loi sur l'indigénisation et l'autonomisation économique du Zimbabwe limite le montant des actions détenues par les étrangers dans les secteurs du diamant et du platine à 49 pour cent, des organisations autochtones spécifiques détenant les 51 pour cent restants. Le gouvernement a indiqué qu'il avait l'intention de supprimer ces restrictions. Il existe également des secteurs plus petits « réservés » aux Zimbabwéens.

La Zimbabwe Investment Authority (ZIA) promeut et facilite à la fois l'investissement étranger direct et l'investissement local. ZIA facilite et traite les demandes d'investissement pour approbation. Le site Web de ZIA est http://www.investzim.com/. Le pays encourage les entreprises à s'enregistrer auprès de la ZIA et le processus prend actuellement environ 90 jours. Le gouvernement a formé une entité rationalisée plus puissante, mais pas encore pleinement fonctionnelle (un «guichet unique») – la Zimbabwe Investment Development Authority (ZIDA).

Bien que le gouvernement se soit engagé à donner la priorité à la rétention des investissements, il n'existe toujours pas de mécanismes ou de structures formels pour maintenir un dialogue permanent avec les investisseurs.

Ce livre est une autre grande réussite de ma vie. C'est un véritable passeport pour moi pour continuer dans ma noble mission de diffuser le potentiel de tout le continent africain, les travaux projetés à l'intérieur et à l'extérieur de l'AGENDA 2063 de l'Union Africaine, réunissant des dirigeants expérimentés, avec des objectifs bien définis.

Comme j'ai eu l'occasion de m'exprimer dans les livres précédents de la Collection África, c'est un très gros travail à faire, réunir les ÂME AFRICAINE, à l'intérieur et à l'extérieur du continent africain.

Plusieurs structures destinées aux investissements en Afrique ont été évoquées ici et devraient être consultées par tous ceux qui comprennent qu'en investissant en Afrique, ils s'acquitteront en quelque sorte d'une dette importante, qui a commencé bien plus tôt, a eu un véritable sceau du mal à la Conférence de Berlin, avec la division du continent africain, mieux détaillée dans le livre CULTURE AFRICAINE, LE RETOUR. Le gâteau de retour.

LA PAUVRETÉ ET LA FAIM sont déjà démodées. Dans le livre ÂME AFRICAINE, une armée d'idées et de pensées, j'ai pu mettre en lumière les paradigmes qui nourrissent encore la pauvreté partout dans le monde, en particulier sur le continent africain.

Enrichir l'ensemble du continent africain sans réduire le fossé entre riches et pauvres, sans créer des structures où chaque citoyen africain a droit à l'alimentation dans l'assiette, à l'école, à la santé, à l'assainissement de base, aux transports, au logement, à l'électricité, à l'eau potable, etc., I Je suis sûr que ça ne changera pas grand-chose.

AUDACE. Nous devons oser changer et les plus riches se libérer de la prison qu'ils se sont construits. Je dis cela au niveau de la richesse personnelle et de la richesse collective.
L'IDH - Indice de développement humain doit être travaillé jusqu'à épuisement par les gouvernements africains. Le moyen le plus rapide, à mon sens, est de faire venir des enseignants, des techniciens spécialisés et de former de jeunes Africains si avides de savoir et de construire leur carrière professionnelle.

OPPORTUNITÉS DE CROISSANCE. Ils doivent appartenir à tout le monde et pas seulement à mes parents et amis. Lorsque nous faisons cela, nous générons de la richesse. Au contact de la jeunesse angolaise, j'ai eu beaucoup de vision de leur potentiel. Beaucoup d'entre eux, la majorité, ne vivent pas à Talatona. Il habite à Cazengão, Calemba 2, Golgo 2, Gameke Rocha Padaria, Futungo de Belas, Cacuaco... Enfin ils sont distribués. Les détecter et créer des structures allant des bourses au financement de projets est essentiel.

LA FIN DE LA CORRUPTION. Cela commence certainement à l'École, dans la formation d'une nouvelle génération d'AFRICAINS DE L'ÂME, qui, en arrivant aux postes publics tant rêvés, se tournent vers leur peuple souffrant, non contre leur peuple souffrant qui finit par arriver, avec le fameux , maintenant c'est à mon tour de voler. Non, plus de vol. Assez de corruption.

J'ai choisi la vie que je mène, et je peux garantir que, dans le monde entier, il y a peu de gens avec le degré de bonheur que j'ai, car comme j'ai eu l'occasion de le mentionner dans des livres passés, j'ai choisi de faire l'histoire , au lieu de faire fortune. Et faites l'histoire qui réduit la pauvreté, élimine les pensées corrompues. Il ne sert à rien d'avoir des conteneurs de dollars maculés de sang. Les marques de sang sont sur les mains, ce qui finit par tacher les billets d'un dollar et ne pas apporter le bonheur.

La Nouvelle Afrique Brésilienne

Celso Salles

educasat
Editora

Je savais que le moment viendrait d'écrire ce livre. Il ne pouvait pas manquer dans la Collection Afrique. Et dès les premières lignes de cette présentation, je laisse le témoignage pertinent de la grande contribution de l'Afrique dans la culture brésilienne, bien connue sous le nom de culture afro-brésilienne.

L'AFRIQUE BRÉSILIENNE est extrêmement complexe, car elle rassemble un ensemble de facteurs difficiles à expliquer et à comprendre. Cinquante-six pour cent de la population brésilienne est composée d'Afro-descendants, de couleur, de cheveux et se mélangeant au blanc. Ce sont des mulâtres, des mulâtres, des noirs et des noirs, des hommes et des femmes en général qui cherchent avant tout une référence, une identification.

Très bien. À la grande réticence de nos ancêtres, NOUS SOMMES ARRIVÉS ET SOMMES ICI. Et maintenant? Que faire?

Mon but dans ce livre est littéralement de SORTIR DU LIEU COMMUN. Des mêmes discussions habituelles, où beaucoup d'entre eux finissent par ne rien prendre nulle part et entamer un processus de réflexion qui peut nous donner des indices sur les meilleurs chemins à suivre.

Imaginons que nous sommes sur une route et, de nulle part, le véhicule que nous utilisons a une panne mécanique et s'arrête. Fatigué, avec la famille dans la voiture. Commence à pleuvoir. Et comme s'il s'agissait d'un vrai miracle, il gare un mécanicien et vient à notre secours. En moins de 5 minutes la voiture se met en route et l'homme dit toujours, ce n'est rien.

Compte tenu de la solution, je doute que vous qui lisez vouliez connaître la couleur du mécanicien. Si c'est blanc, si c'est noir, jaune, rouge. Plutôt l'inverse. Vous serez soulagé, car normalement, dans ces histoires, on se retrouve dans la situation difficile vécue par le personnage.

Je crois que nous avons déjà une première piste à suivre. Face à un Brésil en panique depuis 2018, l'AFRIQUE BRÉSILIENNE doit SE RÉSOUDRE. Remettre le Brésil sur la bonne voie.

L'AFRIQUE BRÉSILIENNE doit s'efforcer de jouer un rôle de premier plan et, une fois qu'elle souffre de tous les maux et effets de l'après-esclavage, la solution aux innombrables problèmes vécus par la nation brésilienne peut résider en elle.

Une chose est sûre, espérer que la solution de nos problèmes vienne du BRÉSIL EUROPÉEN ET NORD-AMÉRICAIN est une grande perte de temps, puisque le BRÉSIL EUROPÉEN ET NORD-AMÉRICAIN, suivent religieusement tous les préceptes normatifs établis par eux depuis des siècles. Dans un grand effort, nous devons commencer un processus de libération des chaînes qui nous lient encore. Mentalement, NOUS POUVONS TOUJOURS ÊTRE ESCLAVES.

Se libérer de ces chaînes doit nécessairement être notre premier grand pas. Se concentrer sur le bien collectif, avec des priorités pour aider les plus faibles, ne peut jamais se démoder. Et dans ce contexte, nous passons à une NOUVELLE AFRIQUE BRÉSILIENNE. Du problème à la solution. Le simple fait d'élire un président noir ne peut absolument rien changer. Dans les années à venir, nous devrons élire non seulement un président mais toute une panoplie de NOUVEAUX POLITICIENS avec des plans de travail, si possible, des personnes non médiatiques, avec peu d'adeptes, mais propriétaires d'idées transformatrices. Les réseaux sociaux sur Internet peuvent transformer des personnes horribles en célébrités et, d'autre part, adoucir la petitesse d'innombrables célébrités. La NOUVELLE AFRIQUE BRÉSILIENNE doit même repenser le concept de célébrité. Il faut sortir de ce véritable piège mental.

L'Union Africaine, comme j'ai pu le détailler dans le livre "55 raisons d'investir en Afrique" a travaillé dur sur l'AGENDA 2063. La NOUVELLE AFRIQUE BRÉSILIENNE peut copier et commencer à élaborer son Agenda qui n'a pas besoin de être pour 2063. Je crois que cela peut être pour beaucoup plus tôt, configurant le début de transformations profondes pour ce siècle et les prochains. Dans les pages suivantes, nous continuerons à mettre des lignes directrices qui peuvent nous encourager dans la création du NEW BRAZILIAN AFRICA AGENDA.

LE DÉBUT DE TOUT DOIT ÊTRE L'ÉDUCATION

Vous voulez laisser un grand atout à vos enfants. Laissez-leur l'ÉDUCATION. Éducation à tous les niveaux. Quiconque veut transformer son peuple doit travailler dur sur l'IDH - Indice de développement humain. La bonne rémunération des enseignants est le premier pas à franchir par un pays sérieux. Les enseignants qui ont le temps de se consacrer à développer le meilleur contenu pour leurs élèves font la différence.

LE MONDE CHANGE TOUT LE TEMPS. LE PROGRAMME DOIT ÊTRE MIS À JOUR.

Créer nos propres modèles d'enseignement en fonction de leurs réalités, sans être lié à des réussites importées, est également d'une importance fondamentale. Ce qui a très bien fonctionné dans une région peut ne pas fonctionner correctement dans une autre. Il y a toujours des vérités pérennes et transitoires. Savoir les identifier est fondamental, car nous savons conserver les vivaces, quoi qu'il arrive, elles seront toujours vraies, et les transitoires sont celles qui doivent être soigneusement analysées et modifiées si nécessaire.

Une autre chose que nous devons repenser beaucoup est le système d'évaluation, des examens aux processus de sélection des étudiants pour l'admission dans les universités fédérales.

Toute ingénierie sélective a été créée sur la base de la puissance financière des familles aux normes élevées, de sorte que les systèmes de sélection imposent un échec obligatoire, pour ceux qui n'ont pas eu cette chance de se préparer au système de division sélective des classes. La plupart des candidats restent en marge de la société, sans accès aux grandes universités, réservées aux riches. Les pauvres deviendront de plus en plus pauvres et les riches de plus en plus riches. Notez que l'aspect couleur n'a pas beaucoup d'importance dans le texte de ce livre. Bien que nous sachions que la majorité pauvre au Brésil vient de l'EX-AFRIQUE BRÉSILIENNE, comme je l'ai dit, dans ce livre, la proposition est de changer leur statut.

LES PRINCIPALES DIFFÉRENCES
DE L'AFRIQUE BRÉSILIENNE

La vision actuelle de l'Afrique BRÉSILIENNE en dehors du Brésil est aussi déformée que la vision des Africains en dehors de l'Afrique. Les médias en général ont joué un rôle extrêmement néfaste dans les deux cas. Que ce soit par intérêt ou par désinformation, les grandes et importantes intelligences ne sont pas célébrées dans les deux Afriques. C'est comme si au Brésil l'Afrique BRÉSILIENNE n'avait que des joueurs de football, des pagodeiros, des danseurs de samba mulâtres et une majorité de bandits et d'assassins. Je me souviens comme si c'était aujourd'hui, quand je suis arrivé au Zimbabwe, avant que nous ne commencions les réunions, les autorités locales liées au tourisme, qui était le sujet à l'étude, sont allées en direct au journaliste et interprète blanc aux yeux verts, qui faisait partie de la délégation brésilienne à la Foire du tourisme du Zimbabwe. Au début, les autorités n'ont pas envisagé qui était qui lors de la réunion, précisément parce que, même en Afrique, la renommée que les Blancs se sont plantés et se plantent leur donne un degré de supériorité, et les Noirs, pour tout ce que font les médias. se cache, finit par n'avoir aucun privilège et peu de respect.

Puisque nous sommes dans le même bateau, que diriez-vous de nous unir au sein de ce que nous pouvons appeler les LUMIÈRES AFRICAINES.

Que ce soit le meilleur nom ne m'importe pas, tant que nous pouvons ÉCLAIRER cette obscurité du manque de pensées renouvelées dans les Afriques du monde entier.

La grande différence entre l'Afrique BRÉSILIENNE et le continent africain est qu'elle s'est appauvrie et dévalorisée en général, au sein d'un pays avec un certain développement, où il y a de meilleures conditions pour bien vivre. L'accès est fortement entravé par toutes les structures, nationales et internationales, qui, par tous les moyens, font tout pour que les choses continuent comme elles sont. Les lieux privilégiés, tenus par quelques-uns, sont protégés par le fer et le feu. Nous avons et nous allons changer cela.

CONDITIONS DE LOGEMENT

Je crois qu'à ce stade du livre, le lecteur commence déjà à réfléchir à ce que sont les composantes de cette AFRIQUE BRÉSILIENNE actuelle. Très vite vous arriverez à la conclusion que les PAUVRES EN GÉNÉRAL sont majoritaires, noirs et blancs. Après l'ÉDUCATION, nous devons travailler sur les REQUALIFICATIONS DE LOGEMENT et la CONSTRUCTION DE ZONES RÉSIDENTIELLES dans les projets urbains qui incluent les écoles, les postes médicaux, l'agriculture de subsistance, les coopératives, la zone de lutte contre la pandémie, la sécurité, l'eau, l'électricité, l'énergie solaire, l'assainissement de base, le sport et les loisirs. Habituellement, ces projets existent déjà et sont liés au pouvoir public dans la plupart des villes brésiliennes, mais nous n'avons pas besoin d'être dépendants à 100 % du gouvernement. Des initiatives populaires, travaillant sous un régime de mobilisation collective peuvent et doivent émerger des pauvres, avec des actions et des solutions petites, moyennes et grandes.

Le vieil adage populaire, la tête qui ne pense pas, le corps souffre est très vrai. En raison d'innombrables problèmes et intérêts, de nombreuses communautés finissent par vivre des décennies de désavantage, attendant des têtes pensantes pro-défavorisées. En pratique, pour être élus, les politiciens ont besoin d'un soutien financier qui est normalement accordé aux candidats qui prient dans les livrets des dirigeants locaux. Et puis, ils sont dans le sophisme et le concret, il ne se passe rien.

Utilisons un autre dicton populaire, laissez le mouvement troublé. Mais déménager où ? Qui dirigera ce processus?

La grande réflexion dans ce chapitre est que NOUS DEVONS VIVRE DANS DES CONDITIONS POUR PROSPÉRER et que pour cela la NOUVELLE AFRIQUE BRÉSILIENNE devra, au fil des décennies et même des siècles, créer de NOUVELLES SITUATIONS pour que cela se produise, compte tenu, comme je l'ai dit, de la travailler sous un régime de mobilisation collective.

FAVELA, RECONSTRUIRE OU REQUALIFIER

Sandra Aparecida Rufino

Depuis les deux dernières décennies du XIXe siècle, en raison de l'expansion de l'industrie du café, le Brésil a connu une augmentation significative de sa population causée par l'arrivée de travailleurs immigrés. Bien qu'ils soient venus avec l'intention de travailler dans les plantations, beaucoup sont restés dans les villes – en particulier à São Paulo – déclenchant une importante expansion démographique à cette période. Cette croissance soudaine entraîne une série de problèmes pour l'environnement urbain, tant au niveau

problèmes sanitaires et de santé publique, tels que le manque de logement, la mobilité et la ségrégation sociale.

La dégradation des conditions de vie en ville, provoquée par l'afflux de travailleurs mal payés ou au chômage, le manque de logements abordables et l'expansion incontrôlée du tissu urbain ont contraint le gouvernement à intervenir pour tenter de contrôler la production et la consommation de logements (BONDUKI, 1998, p. 27).

Une croissance horizontale sans aucune planification a laissé des traces indélébiles sur la conception de la ville : « inondations, glissements de terrain, pollution des ressources en eau, pollution de l'air, imperméabilisation de la surface du sol, déforestation, congestion des logements, récurrence des épidémies, violences, etc ». (MARICATO, 2001 :22). Parallèlement à cette croissance, le problème du logement persiste, avec un déficit d'environ 800 000 unités dans la ville de São Paulo, selon les estimations de l'IBGE, 2016. La question va plus loin. Aujourd'hui, la ville de São Paulo compte plus de 12 millions d'habitants, dont environ 3,5 millions vivent dans des quartiers précaires (IDEM, Ibidem). Près de 30% des citoyens vivent sans les conditions minimales d'habitabilité. Il semble qu'il ne s'agisse pas seulement d'offrir de nouveaux logements à ceux qui n'en ont pas, mais, probablement, de requalifier la structure urbaine d'occupations déjà consolidées, garantissant l'assainissement, la mobilité, la santé et le droit à la propriété, en plus de respectant l'identité collective et individuelle (MARICATO, 2001).

Dans cette œuvre importante de la brésilienne Sandra Aparecida Rufino, nous voyons clairement que les zones les plus précaires des villes sont des œuvres d'il y a des siècles. L'AFRIQUE NOUVELLE BRÉSILIENNE doit faire face à ces défis de front. La résilience est une bonne qualité de l'être humain, mais tout a ses limites. Une bonne partie de ces zones occupées dans les grandes villes ont fini par devenir des lieux de grande dégradation de la vie de la population locale à tous égards. Le romantisme souvent montré dans les films, les feuilletons et les clips, dans la vraie vie est une véritable mer de larmes. L'AFRIQUE NOUVELLE BRÉSILIENNE a besoin de briser cette chaîne qui traîne depuis des siècles et de planifier dans son esprit et celui de ses descendants qu'elle SOIT RECONSTRUIT, OU REQUALIFIE. Je suis peut-être né dans un environnement hautement hostile, mais il n'est écrit nulle part que je dois vivre éternellement dans cet endroit. La sensibilité de ceux qui ne vivent pas dans ces lieux et qui ont le pouvoir de changer est pratiquement nulle. Cela explique la permanence de ces lieux problématiques et même leur aggravation au fil des années avec une plus grande occupation urbaine, comme on peut le voir sur la figure 1. Les banques, les entrepreneurs et leurs entreprises doivent comprendre que cela n'a pas moins de sens TROP DE CONCENTRATION DE REVENUS entre les mains de si peu et de TELLEMENT MISERIA pour affliger la majorité de la population brésilienne. DES CHANGEMENTS ARRIVERONT À LONG TERME, mais les actions de la NOUVELLE AFRIQUE BRÉSILIENNE doivent commencer MAINTENANT.

LES PROJETS DE REQUALIFICATION URBAINE ET LES ENJEUX DE LA GENTRIFICATION : LE CAS DE LA CHINE

Scarlett Miao

Traduction : Romullo Baratto et Camilla Sbeghen

Source : https://www.archdaily.com.br/br/946957/projetos-de-requalificacao-urbana-e-os-desafios-da-gentrificacao-o-caso-da-china

Depuis les années 1990, un grand nombre de villes chinoises sont en pleine rénovation urbaine. Sous l'impulsion de cette reconstruction urbaine facilitée par l'État, des gratte-ciel se construisent rapidement dans les grandes villes afin d'attirer les classes moyennes aisées vers ces lieux entraînant de nombreuses délocalisations et déplacements de la classe ouvrière, ce processus est connu sous le nom de « gentrification ».

Alors que les villes et les quartiers sont complètement embourgeoisés pour répondre aux goûts de la classe moyenne et stimuler la croissance économique, les ressources foncières urbaines sont traitées avec un potentiel économique croissant, laissant peu de place au développement de la vie urbaine. En analysant les pratiques de cinq architectes dans la création d'espaces publics urbains habitables, cet article discutera des défis et opportunités de la revitalisation urbaine en Chine sous la gentrification.

Ce texte s'adresse aux AFRICAINS DE ALMA qui pourront assumer des fonctions publiques avec des pouvoirs pour mettre en œuvre des projets de gentrification dans le concept de la NOUVELLE AFRIQUE BRÉSILIENNE.

La gentrification est le phénomène qui affecte une région ou un quartier en modifiant la dynamique de la composition locale, comme de nouveaux points commerciaux ou la construction de nouveaux bâtiments, valorisant la région et affectant la population locale à faible revenu.

Les effets de la RENAISSANCE CHINOISE à partir des idées de Mao Tse Tung, mentionnés dans le livre AFRICANO DE ALMA, utilisé comme exemple vers la RENAISSANCE AFRICAINE MODERNE, doivent inspirer la NOUVELLE AFRIQUE BRÉSILIENNE car les conditions de logement, en particulier dans les grandes villes, ont besoin de TOURNER SUR TOUT A AMÉLIORER au cours des prochaines décennies.

Quand le sujet est le logement bas de gamme, c'est quelque chose qui au Brésil se heurte aux statuts de la ville qui privilégient principalement les privilégiés de tous les temps. Par conséquent, la pleine attention de la NOUVELLE AFRIQUE BRÉSILIENNE à cette question est fondamentale.

INSTRUMENTS DE REQUALIFICATION

Irrationalités urbaines et requalification des quartiers centraux

Leticia Gadens | Clovis Ultramari | Denis Alcides Rezende

La revitalisation des quartiers centraux (que ce soit dans des pays qui ont depuis longtemps investi des ressources dans le redressement de leurs villes, comme c'est le cas aux USA, à commencer par l'exemple classique de la ville de Baltimore, ou encore dans des pays comme le Brésil, où ces ressources sont contestées avec d'autres demandes prioritaires, en général) peuvent être réalisées de différentes manières, compte tenu des nombreux secteurs concernés et des diverses variables en cause.

Les principales initiatives observées dans l'analyse des cas les plus connus de requalification urbaine sont :

• Réhabilitation de zones abandonnées par des activités économiques qui sont désormais plus productifs ou compétitifs sur le marché international ;

• Restauration du patrimoine historique et architectural, recherche dans le passé un rapprochement d'intérêts difficiles à obtenir dans le présent ;

• Recyclage des bâtiments, des places et des parcs, démontrant une grand souci de l'image de la ville ;

• Traitement esthétique et fonctionnel des façades des bâtiments, mobilier urbain et éléments publicitaires;

• Redéfinir les usages. C'est en effet l'un des plus controversée et même difficile à mettre en œuvre en raison de sa complexité sociale et des intérêts immobiliers qu'elle suscite ;

• Amélioration du niveau de nettoyage et de conservation des espaces publics, imposer de nouvelles normes de service public, fondées sur une image plus entrepreneuriale ;

• Renforcement de l'accessibilité par les transports individuels ou collectifs. nous Dans les cas brésiliens, cette complémentarité projective ne peut pas toujours être observée en raison des coûts impliqués ;

• Organisation d'activités économiques. Une telle action implique des changements dans l'usage des bâtiments et, par conséquent, génère des implications sociales et immobilières difficiles à contrôler.

L'économie solidaire est comprise comme celle qui valorise non pas l'appropriation individuelle des bénéfices, mais l'appropriation collective. Par gentrification, de l'anglais gentrification, on entend le changement de la population locale par de nouveaux résidents avec un plus grand pouvoir d'achat des interventions de requalification urbaine.

LA NOUVELLE AFRIQUE BRÉSILIENNE, dans tous les coins du Brésil, où qu'elle aille, n'aura que des PROBLÈMES. Ce qui se passe depuis des siècles, c'est qu'une génération a laissé le soin à la suivante, beaucoup plus par résilience qu'autre chose. La NOUVELLE AFRIQUE, au sein de ce que j'ai déjà mentionné comme AFRICAN LIGHTENMENT, a le rôle d'initier de nouvelles pensées, idées et actions.

Les médias, pour de l'argent, élisent littéralement des politiciens qui ont derrière eux l'engagement de tout laisser tel quel. Ils promettent, ne livrent pas et apparaissent sur la photo comme les sauveurs de la patrie.

La première chose que la NOUVELLE AFRIQUE BRÉSILIENNE doit faire est d'échapper à la pensée "quand j'y serai, ce sera à mon tour de voler" NON. ASSEZ DE CELA. Il faut y arriver, oui, mais dans le but de SE TOURNER VERS LES POPULATIONS LES MOINS FAVORISES, PAS CONTRE CES POPULATIONS.

Et aussi de beaucoup se préparer à affronter ces structures de pouvoir mises en place par les privilégiés, pour les privilégiés. J'ai dit dans la plupart des livres de la collection África qu'au lieu de faire fortune, nous devons FAIRE L'HISTOIRE, mais une histoire d'amour pour nos voisins et d'une vie meilleure pour chacun. Dans le livre AFRICANO DE ALMA, j'ai mis ce NOUVEAU PARADIGME qui doit conquérir le monde, en contaminant les privilégiés de tous les ordres afin qu'au lieu de faire l'aumône, ils créent des conditions de croissance et de logement décent pour tous.

NOUVELLE AFRIQUE BRÉSILIENNE. S'ÉVEILLER À LA CROISSANCE DÉFINITIVE DU BRÉSIL.

Je ne doute pas que la croissance vertigineuse du Brésil se produira avec le réveil de la NOUVELLE AFRIQUE BRÉSILIENNE. Nous avons un contingent de la majorité de notre population, composé d'afro-descendants qui, ajoutés aux pauvres de toutes couleurs, représentent le grand univers brésilien.

Un vaste univers emprisonné par le néolibéralisme, par de nombreuses Églises, par les grands médias et par le manque de ressources en général.

Depuis 2018, nous assistons à une véritable destruction du Brésil, promue par de nombreux acteurs. Des acteurs qui se cachent dans la politique, le judiciaire, le législatif et l'exécutif.

Nous nous sommes égarés parce que tout le monde, invariablement tout le monde, se bat pour ses intérêts et pour les intérêts de la minorité privilégiée.

Il est très clair que tout changement dans les années à venir ne viendra qu'avec une nouvelle posture de la NOUVELLE AFRIQUE BRÉSILIENNE, comme suit :
PREPAREZ-VOUS À ÊTRE AU POUVOIR ;
2ème QUAND VOUS ARRIVEZ AU POUVOIR, CHANGEZ LES CHOSES ;
3e ÉLABORER DES PLANS GOUVERNEMENTAUX ET DES POLITIQUES PUBLIQUES QUI BÉNÉFICIENT RÉELLEMENT LES PRIVÉS.
L'AFRIQUE NOUVELLE BRÉSILIENNE doit participer à la politique. Pas avec l'idée de gagner des voix pour rester au pouvoir et régler sa vie. Mais avec l'idée de VRAIMENT CHANGER LE BRÉSIL, au profit de cette majorité de la population, littéralement abandonnée.

Puisque tout le monde n'est pas né pour être un joueur de football célèbre et gagner des millions de dollars au fil des ans, préparons nos enfants à devenir avocats, médecins, administrateurs, infirmières, dentistes, ingénieurs. Rappelez-vous ce que j'ai écrit à la page 9 de ce livre, l'histoire du mécanicien qui a changé la vie de la famille coincée sur la route...
LE BRÉSIL DOIT CHANGER
PENSÉE, URGENT.
LA NOUVELLE AFRIQUE BRÉSILIENNE est le BRÉSIL. Le Brésil européen et nord-américain a également besoin de changer. Nous perdons une main-d'œuvre nombreuse qui immigrera très probablement dans les pays riches à faible taux de natalité. Dans le livre « L'importance de la diaspora africaine dans la nouvelle décolonisation de l'Afrique » aux pages 47/54, j'apporte les observations de CARLOS GOMES, un universitaire guinéen, qui fut adjoint de Kofi Annan à l'ONU et est maintenant un professeur à la Nelson Mandela School of Public Governance, à Cape Town. A la page 49, il mentionne : « La transition démographique en Afrique a lieu à un moment où le reste du monde vieillit très rapidement. Cela ne s'est jamais produit auparavant, historiquement.
Notre Brésil a encore une population très jeune et économiquement active, mais il perd une grande partie de cette force productive à cause de la drogue, du trafic et des dérivés du crime. La grande marche du pouvoir brésilien a toujours été celle

de la séparation et de la ségrégation.

Qu'est-ce que l'IDENTITÉ BRÉSIL?

Ceci est une question difficile à répondre. La réponse la plus simple est peut-être : LE BRÉSIL N'A PAS D'IDENTITÉ. LE BRÉSIL A DES IDENTITÉS.

Des identités plus fortes et des identités qui ont vécu en marge pendant des siècles. Quelle est la véritable identité des Afro-Brésiliens avec de meilleures ressources financières ? Je ne citerai pas de noms, mais la grande majorité de ces Afro-Brésiliens n'ont pas d'identité africaine. Ils ne restent que sur le teint, sur les boucles ou sur la calvitie.

L'Afrique a été traitée pendant des siècles comme synonyme de pauvreté et d'échec. Mais c'est le continent le plus riche de la planète terre, consultez le livre "55 raisons d'investir en Afrique". Cette image a été nourrie bec et ongles par ceux qui, sans les richesses de l'Afrique, ne peuvent maintenir leur pouvoir. Dans le livre AFRICANO DE ALMA, Une armée d'idées et de pensées a donné d'innombrables détails.

Le même intérêt à maintenir l'Afrique dans le sillage de la autres continents est l'intérêt de garder l'Afrique BRÉSILIENNE telle qu'elle est. Et ce pouvoir de maintien vient de la pensée : les Africains, les Afro-descendants du monde entier ont besoin de penser qu'ils NE SONT RIEN.

Tout comme je me suis libéré de ces pensées, VOUS POUVEZ AUSSI LIBÉRER. J'ai créé en moi l'IDENTITÉ AFRICAINE, que je place dans cette Collection Afrique, afin que d'autres Africains à travers le monde puissent s'en débarrasser. L'humanité dans son ensemble doit se débarrasser de ces paradigmes de haine et de domination.

Lorsque j'ai créé le Paradigme AFRICAN ALMA, que l'on peut voir en détail dans le livre, je l'ai fait avec la certitude que, si nous sommes dans ce « croc » (situation difficile), nous y entrons par les pensées qui ont été conçues au cours de les siècles. Il y avait d'innombrables et innombrables paradigmes. Et ce sera à travers les NOUVEAUX PARADIGMES que j'ai commencé à créer et qui naîtront d'autres penseurs et militants africains, que nous nous libérerons. J'ai pris la liberté de les placer dans ce que j'ai appelé les LUMIÈRES AFRICAINES.

Une libération qui fera du bien à toute l'humanité. Nous voyons dans les manifestations contre les actes racistes à travers le monde, que la plupart des personnes atteintes de mélanine blanche sont également contre tout racisme.

NOUS DEVONS ATTAQUER LES CAUSES DE

ÉLIMINER UNE FOIS POUR TOUS LES EFFETS

Toutes les formes de racisme ont des causes.

Nous devons éliminer avec véhémence les causes qui causent ces effets néfastes depuis des siècles sous la forme de racisme et de ségrégation. Nous ne pourrons jamais être une NOUVELLE AFRIQUE BRÉSILIENNE si nous ne nous mobilisons pas dans ce sens.

Je me souviens très bien quand Pelé a dit : "à partir du moment où les joueurs africains atteindront un bon niveau dans le football, ils seront vainqueurs pendant de nombreuses années et ils gagneront même la coupe du monde de football.

De par le nombre de joueurs d'origine africaine présents en équipe de France, avec tout le respect et l'affection que j'ai pour la France, son titre mondial avait une grande force venue d'Afrique. La peau était juste. D'autres équipes l'ont vu et auront de plus en plus des joueurs africains naturalisés dans leur effectif.

Ce qui se passe au Brésil et dans le monde, c'est que les NOUVELLES AFRIQUES DANS LE MONDE doivent occuper de plus en plus leurs places de choix et dans divers autres domaines. Pas seulement dans le sport, dans la musique et même dans les films. Même ainsi, ce que nous avons vu est encore très peu. Je peux les considérer comme de véritables reliques.

Dans le domaine des sciences, par exemple, très peu d'Africains du monde entier apparaissent. Et il y a de vraies célébrités scientifiques africaines nées sur le continent et au-delà. Comme vous le savez peut-être, le savoir a ses racines profondes en Egypte, qui comme vous pouvez le voir dans le livre "55 raisons d'investir en Afrique", d'Egypte, a toujours été d'Afrique. Il n'a jamais changé de place.

Honnêtement, je vois, en particulier, beaucoup plus de raisons d'être fier de mon IDENTITÉ AFRICAINE que d'autres d'horizons différents.

Revenant au titre de France, les Africains y sont arrivés grâce aux STRUCTURES CRÉÉES PAR LA FRANCE.

NOUS DEVONS CRÉER DES STRUCTURES QUI
FAIRE ÉMERGER LA NOUVELLE AFRIQUE BRÉSILIENNE

Regardez comme c'est beau. Dans cette vision, en très peu de temps NOUS TRANSFORMONS LE BRÉSIL. Et c'est simple à voir. Si la majorité des afro-descendants et des pauvres ont des structures très bien pensées et mises en œuvre, l'histoire du Brésil va changer et tant mieux. Nous n'aurons plus besoin d'avoir des quotas pour absolument rien, car nous ferons partie du TOUT BRÉSILIEN.

Je me souviens comme si c'était aujourd'hui, en 2006, dans la ville de Vienne, en Autriche, un Brésilien avec de la mélanine blanche m'a demandé pourquoi là où nous allions les Autrichiens me donnaient la priorité, j'étais noir, et il n'avait pas la même attention. Je ne peux pas lui en vouloir car il a été élevé au Brésil, du point de vue de la supériorité blanche.

Les Autrichiens sont fascinés par la culture des autres peuples. Ils vont évidemment prioriser qui peut leur transmettre le plus de connaissances et quelque chose qui ne leur est pas commun. Et la même chose se produit avec d'autres peuples en Europe et dans une grande partie du monde.

LA FORCE DE LA CULTURE AFRO-BRÉSILIENNE DANS LE MONDE

Je commence déjà à m'excuser, car dans mon planning, chaque livre de la Collection Afrique compte en moyenne 120 pages, je dois donc systématiquement ne pas m'attarder sur certains sujets qui, si je ne fais pas attention, dépassent plus de 300 pages .

Parlons un peu de la Capoeira. La vidéo la plus regardée sur ma chaîne Educasat www.youtube.com/educasat est Capoeira Angola - Cobra Mansa - Vienne - Autriche - 2009
(lien vidéo : https://youtu.be/tMssvBLrL-g)
J'ai produit la vidéo le 28 mai 2009 à Vienne, en Autriche. On y voit l'émotion de jeunes femmes autrichiennes avec le contenu qui leur a été transmis par le professeur de capoeiriste et maître brésilien Cobra Mansa, qui a voyagé dans de

nombreux pays du monde, prenant et transmettant ses connaissances.

La culture afro-brésilienne a été un grand ambassadeur du Brésil et même de l'Afrique à l'étranger. A cet égard, NOVA AFRICA BRASILEIRA a déjà joué un rôle très important. Bahia est l'État qui contribue le plus à la culture afro-brésilienne en dehors du Brésil, suivi de Rio de Janeiro. J'ai moi-même appris à connaître de plus près le travail de Carlinhos Brown à Vienne - Autriche, en raison de la quantité de CD d'un collectionneur autrichien auxquels j'ai fini par avoir accès. Un Carlinhos Brown beaucoup plus complet, différent de l'image qu'il projette dans les médias brésiliens lorsque les portes s'ouvrent pour lui.

Je peux même oser dire qu'en dehors du Brésil, L'IDENTITÉ QUI APPRÉCIE LE PLUS LES ÉTRANGERS EST L'IDENTITÉ AFRO-BRÉSILIENNE. Aussi parce que les autres cultures existant dans le pays sont venues de là.

Ici, en territoire africain, j'ai apporté tout le soutien possible, dans ma petitesse, aux cultures africaines. Je veux dire, autant que nous avons une culture afro-brésilienne bien positionnée au niveau international, nous avons besoin de la culture africaine. Les tambours du Sénégal. Danses et capoeira d'Angola. Les langues nigérianes sont bercées par leurs chansons et rythmes locaux, qui, dans de nombreux coins du monde, rivalisent avec la musique américaine, qui a détenu pendant des décennies un grand monopole de la distribution de la musique dans le monde.

SI JE VEUX LE RESPECTER,
JE DOIS LE FAIRE POUR ÊTRE RESPECTÉ.

Comme je l'ai dit à la page 11, l'éducation est le fondement de tout. Nous allons atteindre un stade complet dans notre pays, dès que l'enseignement public sera de qualité égale ou supérieure à l'enseignement privé. Cela doit être une grande bataille pour la NOUVELLE AFRIQUE BRÉSILIENNE. La connaissance fait toute la différence. Imaginez, la plupart des Brésiliens sont très bien éduqués. Aujourd'hui, malheureusement, seuls les privilégiés financièrement ont accès à une éducation de qualité.

Le nombre d'enfants et de jeunes que nous allons promouvoir avec une éducation de qualité sera brutal. Rappeler que la rémunération des enseignants doit être à la hauteur de l'importance de leur travail.

Il est de plus en plus clair que si nous continuons à penser avec la tête des Européens ou même des Nord-Américains, comme nous le pensons, nous n'obtiendrons JAMAIS le respect que nous méritons.

Nous devons vraiment penser à partir de nos réalités. Cette marginalisation systémique qui sévit au Brésil depuis des décennies doit CERTAINEMENT être abolie.

Aujourd'hui, nous assistons à une image très bien définie, où ceux qui ont les ressources financières ont du respect, précisément parce que le capitalisme nous fait penser comme ça. Le degré de réussite d'une personne est évalué par l'argent ou même les actifs dont elle dispose. Et voici la concentration des revenus, la corruption, car tout est permis.

Quand un statut dans la société ou même une vie considérée comme bonne, est supérieur à l'amour que l'on peut avoir pour un enfant, il faut s'arrêter, URGENT et réfléchir.

Au nom de ce statut, tout est permis au Brésil aujourd'hui. NOUS DEVONS CHANGER CELA RADICALEMENT, alors que nous continuons à penser comme ça, nous sommes au début de la fin.
Qu'est-ce que le nombre d'adeptes implique dans l'importance réelle de personnes? Je peux avoir des millions et des millions de followers sur les réseaux sociaux et, vu l'importance de ce que je fais pour construire un Brésil plus juste et plus intelligent, cela ne représente absolument rien.

Nous avons atteint un point dans nos réflexions autour d'une NOUVELLE AFRIQUE BRÉSILIENNE, où savoir exactement ce qui compte est fondamental pour l'émergence de cette NOUVELLE AFRIQUE BRÉSILIENNE.

Sortir nos enfants des ghettos, des banlieues et leur offrir une formation de qualité est la priorité prioritaire.

Des faits récents, tels que la mort tragique de Mc Kevin dans la ville de Rio de Janeiro le 16 mai 2021, doivent être considérés à la lumière de qui sont les plus grands influenceurs de nos adolescents aujourd'hui. En regardant attentivement leurs paroles et leurs messages, on peut clairement voir dans leur mode de vie, après la périphérie, la forte influence, bien plus négative que positive, exercée sur des millions de jeunes et d'adolescents.

Ce dont nous, adultes, devons absolument être conscients, c'est que l'enfant ne dispose pas encore de tous les mécanismes de protection mentale et comportementale que nous avons déjà acquis dans la vie. À l'apogée de la drogue et du crime, ils finissent par être le plus gros vendeur de chansons. Sans parler de la consommation de vêtements de marque, de grosses voitures et autres objets superflus.

Pour continuer à mettre de l'argent et tout ce qu'il peut apporter de bonheur momentané aux non-préparés, encore une fois, je réaffirme que nous sommes clairement sur le chemin de la fin.

Ce que je suis aujourd'hui est le résultat d'exemples que j'ai eus dans ma vie. Dans le livre "L'IMPORTANCE DE LA DIASPORA AFRICAINE DANS LA NOUVELLE DECOLONIZATION DE L'AFRIQUE" je cite trois grands exemples qui m'ont beaucoup aidé dans ma construction : Mgr Hélder Câmara, décédé, Leonardo Boff, Théologien, Ecrivain et Professeur et Père Irala créateur de TLM - Formation au leadership musical et AOPA - Associação Oração pela Arte (opa.arte.br).

Nous sommes à l'âge adulte, un mélange de ce que nous avons été toute notre vie, à commencer par les influences de notre enfance et de notre adolescence.

Les réseaux sociaux sont spécialisés pour rendre les choses faciles, difficiles, qui pour être des réalisations nécessitent beaucoup de travail et de dévouement. Vous avez une demi-douzaine d'abonnés et pensez déjà que vous êtes le dernier cookie de la meute. Et avec ça ça ne pousse pas. Il n'évolue pas.

Le téléphone portable comme on l'appelle en Angola ou le téléphone portable, comme on l'appelle au Brésil, dès qu'il est apparu ils n'étaient pas intelligents, mais je me souviens comme si c'était aujourd'hui, tout ce qui était prévu lorsqu'ils sont devenus intelligents, a fini événement.

L'AVENIR DE TOUT EST ENTRE NOS MAINS

En l'état, nous ne pouvons pas crucifier le téléphone portable. Nous devons nous efforcer d'enseigner comment l'utiliser de la meilleure façon possible.

Vous pouvez passer toute la journée à taper sur Facebook, WhatsApp, regarder des clips vidéo sur Youtube, ou étudier des contenus disponibles gratuitement sur internet qui vous permettront d'évoluer dans votre vie professionnelle.

Il est très courant dans les restaurants de voir des gens taper sur leur téléphone portable au lieu de parler. Le charme face à face perd de plus en plus de place au profit du charme numérique, notamment parce que tout type de relation à distance est beaucoup plus facile. L'épidémie de Covid 19 a encore aggravé cette situation, étant donné l'importance d'éviter les contacts personnels.

D'autre part, l'absence totale de Réseaux Sociaux, adoptée par beaucoup, est tout aussi néfaste. Nous devons rechercher l'équilibre en tout et toujours.

La NOUVELLE AFRIQUE BRÉSILIENNE, qui représente la majorité du peuple brésilien, doit très bien maîtriser cette question et créer des mécanismes pour protéger les enfants, les jeunes et les adolescents.

En Angola, les Brigades d'Etudes ont déjà démarré sous le nom AFRICANOS DE ALMA, au sein du Projet qui porte le même nom. Bien que l'Angola soit sur le continent africain et que pratiquement 100 % de sa population soit de mélanine noire, on peut deviner qu'une NOUVELLE ANGOLA, ainsi qu'une NOUVELLE AFRIQUE BRÉSILIENNE, commencent à être envisagées, à commencer par les ÂME AFRICAINE par ceux qui héritera du pays. Comme j'ai pu le dire dans les pages précédentes, tout commence par l'ÉDUCATION DE BASE. Axé sur l'Éducation, avec des structures très bien implantées, des enseignants bien rémunérés, des échanges internationaux bien alignés, DEVENEZ UN PAYS DU PREMIER MONDE, quel que soit le continent sur lequel vous vous trouvez. Regardez la conférence donnée par le président de l'ACHAMA - Associação Carácter, Abilidade e Atitude Motiva Angola, Mme. Luzolo Lungoji, fille de Maria et João Lungoji, elle de São Tomé et Príncipe et lui d'Angola. Luzolo est à moitié São Tomé et à moitié angolais (https://youtu.be/E3Dly91AuEk). La conférence a eu lieu le 28 mai 2021 au Colégio Kimbanguista 18 de Novembro - Complexo do Golfo - Luanda - Angola. Les ÂME AFRICAINE de mai ont été honorés par Luzolo le 29 mai 2021. Regardez la vidéo (https://youtu.be/XiqC2Kwxnew).

Luzolo, en plus des connaissances exquises qu'il possède, à la suite de ses études et recherches, a utilisé deux livres pour élaborer le contenu de sa conférence, comme le montre la vidéo :
1) Livre : L'importance de la diaspora africaine dans la nouvelle décolonisation de l'Afrique - Auteur Celso Salles
2) Livre : LA NOUVELLE DÉCOLONISATION DE L'AFRIQUE - Auteur Bitombokele Lei Gomes Lunguani
tous deux en vente sur www.amazon.com

En général, toutes les Afriques doivent accorder une attention particulière aux pensées, en créant de nouveaux et importants paradigmes qui peuvent les conduire à une place de choix, en réunissant leurs forces existantes et les nouvelles qui viendront dans les années à venir, le résultat d'un travailler dans tous les secteurs de la vie humaine. IL Y A CE QUE NOUS NE POUVONS PAS FAIRE.

PARCE QUE LE PROBLÈME PRINCIPAL EN AFRIQUE
C'EST LE SYNDROME DU GAGNANT QUI CAPTURE TOUT
Carlos Gomes, dans le livre « L'importance de la diaspora africaine dans la nouvelle décolonisation de l'Afrique », page 48.
Dans son texte, Carlos dit : Et pour que nous puissions respecter la diversité, qui est fondamentale en Afrique à cause de la diversité ethnique, à cause des caractéristiques qui ont à voir avec l'arrivée tardive de la modernité elle-même, nous avons nécessairement besoin de la construction d'un consensus , en

construisant ce que nous appelons nation, pour que les identités soient beaucoup plus nationales et moins ethniques. Et pour cela, nous ne pouvons pas avoir un processus démocratique où il y a même un vote qui peut être capturé par l'identité ethnique. Il doit être plus sophistiqué...

Si nous nous arrêtons pour réfléchir, ce que nous avons au Brésil, c'est une variété de groupes ethniques du monde entier et le plus grand en quantité, mais assez franc en puissance, est précisément l'Afrique BRÉSILIENNE. Avons-nous été gênés ou n'avons-nous jamais travaillé pour cela?

Je suis Brésilien. Je suis né au Brésil. Mais à quel Brésil est-ce que j'appartiens ? La NOUVELLE AFRIQUE BRÉSILIENNE doit nécessairement travailler à la construction d'un consensus pour se renforcer dans la construction de la NATION BRÉSILIENNE.
Continuer à être traité dans un régime d'infériorité et à croire que
est en fait inférieur, la NOUVELLE AFRIQUE BRÉSILIENNE n'arrivera jamais.

TRAVAIL INDIVIDUEL X TRAVAIL D'ÉQUIPE
La NOUVELLE AFRIQUE BRÉSILIENNE doit entrer en force, vers le travail d'équipe. Cela a été la grande différence, qui au fil du temps nous a ralentis. Nous sommes plus attachés au travail individuel.

C'est l'un des thèmes sur lesquels il faut vraiment travailler dans les Brigades d'Etudes NOUVELLE AFRIQUE BRÉSILIENNE. Nous devons discuter entre nous de ce qui nous empêche de travailler en équipe.

Pourquoi, au lieu de soutenir le succès de l'autre, devenons-nous remplis d'envie et, de toutes les manières possibles, disons du mal et blessons celui qui a réussi ? Pourquoi n'est-ce pas si fréquent dans les autres groupes ethniques vivant au Brésil ? Ils travaillent de manière corporative et avec cela, l'un aide l'autre. LE TRAVAIL D'ÉQUIPE FAIT UNE BEAUCOUP DE DIFFÉRENCE.

Dans chaque équipe, il y a toujours des moments forts individuels. Prenons l'exemple d'une équipe de football. Un joueur de grande qualité fait généralement plus parler d'eux dans les médias, gagne beaucoup plus que les autres, justement parce qu'il est mis en avant sur le terrain. Les autres joueurs ont besoin de lui, tout comme il a besoin des autres joueurs. La même chose doit se produire dans tous les autres segments de la vie.

L'INITIATIVE DU MAGAZINE LUIZA

La discussion était grande lorsque Magazine Luiza a placé l'annonce du premier processus de sélection, exclusivement pour l'admission des stagiaires noirs en septembre 2020.

D'une part, certains ont salué l'initiative et ont vu un moyen

de correction des inégalités raciales sur le marché du travail brésilien dans lequel les noirs (noirs et bruns) n'occupent que 30% des postes de direction, alors qu'ils représentent plus de la moitié de la population, selon les données de l'IBGE. D'un autre côté, il y avait ceux qui considéraient l'action comme un crime de racisme.

Certains ont même eu recours au terme de racisme à l'envers.

LA NOUVELLE AFRIQUE BRÉSILIENNE DOIT ENGAGER ET CRÉER DES EMPLOIS

Un grand effort doit être fait dans les décennies à venir vers les diverses entreprises générées par NOUVELLE AFRIQUE BRÉSILIENNE. La formation de coopératives orientées vers l'approvisionnement local et l'exportation doit être de plus en plus des réalités dans les contours de la NOUVELLE AFRIQUE BRÉSILIENNE, avec la création de nouveaux produits. Des franchises abordables peuvent et doivent être acquises par NOVA ÁFRICA BRASILEIRA.

CASA DA FRANQUIA - 100% NOUVELLE AFRIQUE BRÉSILIENNE

Dirigée par Gilson Ferraz Junior, Casa da FRANQUIA a de nombreuses options pour les entreprises NOUVELLE AFRIQUE BRÉSILIENNE. Dans le système de franchise, vous recevez de nombreuses offres formatées par Gilson, avec de grandes chances de succès. Ce sont des entreprises qui ont déjà été testées et manuelles. Des frais de franchise doivent être payés à CASA DA FRANQUIA, qui varient en fonction de la taille de l'entreprise et, mensuellement, des redevances sont versées au franchiseur. Vous pouvez commencer en tant que Franchisé et, à l'avenir, devenir Franchisé Principal, en prenant en charge une zone plus vaste. Ne perdez pas de temps, appelez le +55 19 99613-3110 et parlez à Gilson sur WhatsApp. Vous pouvez être au Brésil, en Afrique ou n'importe où dans le monde. GILSON RÉSOLU.

Un moment très spécial est venu dans ce livre. C'est alors, sans cérémonie, qu'un grand réveil de la NOUVELLE AFRIQUE BRÉSILIENNE commence aux grandes opportunités offertes par le continent africain aux entrepreneurs brésiliens et aux professionnels spécialisés. Je ne doute pas que ce sera le début de bons et nouveaux moments pour le continent africain et pour les Africains de la diaspora en général.

Nous devons amorcer un grand revirement. Dans les livres précédents de la Collection Afrique, je me suis consacré à déconstruire bon nombre des prisons qui nous ont été imposées par des siècles de domination. Dans les pages suivantes, je mettrai quelques détails sur le livre "55 RAISONS D'INVESTIR EN AFRIQUE" afin que les membres de NOUVELLE AFRIQUE BRÉSILIENNE puissent être motivés pour en faire un livre de chevet et contribuer en personne et avec divers investissements afin que le Le continent africain et les Africains de toute la diaspora peuvent être de grandes et nouvelles puissances mondiales.

Les différences doivent être réduites à zéro de toute urgence, car nous sommes tous les otages de la planète Terre, sans aucune possibilité de dépasser la ceinture de Van Hallen pour le moment. Nous devons évoluer en tant qu'humanité et laisser aux générations futures un engagement fort pour réduire les inégalités, éliminer définitivement la faim de la surface de la terre. Nous devons de plus en plus apprendre à respecter les différentes cultures et modes de vie. Même le capitalisme dévorant devra se réinventer à la lumière du maintien des conditions de vie sur la planète. Mettre l'humain avant tout, avec une excellente qualité de vie pour chacun, je pense que c'est un défi bien plus grand que de mettre le pied sur Mars. Affronter nos faiblesses et nos difficultés à penser collectivement est sans aucun doute l'un de nos plus grands défis. UNE NOUVELLE AFRIQUE BRÉSILIENNE doit être pensée et construite à la lumière du développement du Brésil et des autres pays du Tiers Monde, avec la priorité pour les pays du continent africain. Chacun de nous peut faire quelque chose de très bien à cet égard. UNE NOUVELLE AFRIQUE BRÉSILIENNE comprend des personnes préparées et motivées pour améliorer leur qualité de vie. Nous ne pouvons jamais oublier la dette que nous devons payer pour le mal fait au continent africain et les entraves qui sont encore pensées et entretenues pour maintenir la race noire dans le grand obscurantisme qui se trouve encore, quand on pense à la plupart des gens. Tout changement doit commencer par nous-mêmes. Dans nos cœurs et, petit à petit, nous contaminerons positivement toutes les personnes auxquelles nous pourrons accéder. LA COLLECTION AFRIQUE est construite avec cet objectif ferme, celui d'aider la race humaine à penser de manière constructive et évolutive. C'est une goutte dans l'océan, mais cette cause en vaut la peine.

NOUVELLES OFFRES AFRIQUE BRÉSILIENNE :
- Formation de la main-d'œuvre qualifiée africaine ;
- Transfert de technologie dans les domaines de base ;
- Installation de Franchises;
- Sources de production d'énergie électrique,
tels que les mini-moulins des eaux de la rivière ;
- Énergie solaire;
- Équipements et technologies
purification de l'eau;
- Traitement des déchets solides ;
- Techniques de plantation et
Intrants agricoles ;
- Avions pour vols courts.
AUTRES BESOINS
DU TERRITOIRE
AFRICAIN.

LE CONTINENT AFRICAIN PROPOSE :
- Facilitation des visas de travail, de résidence et de citoyenneté, variant selon l'importance de chaque action à développer ;

- Logement dans les meilleures conditions pour l'accomplissement des missions ;

- Véhicules de transport ;

Générateurs d'énergie électrique ;

allocations alimentaires;

- Billets d'avion

quand c'est possible,

en raison de l'importance de

mission à accomplir.

TROP

CONDITIONS POUR

BIEN RECEVOIR LE

NOUVELLE AFRIQUE BRÉSILIENNE.

Le développement des affaires ne peut jamais être limité à la sphère gouvernementale. Aujourd'hui, avec les avantages de la communication, il est très facile de faire des affaires à plusieurs niveaux. Il est essentiel de parvenir à une grande dynamique à cet égard.

Des pages 84 à 87 du livre « L'importance de la diaspora africaine dans la nouvelle décolonisation de l'Afrique » a montré tous les ambassadeurs brésiliens en Afrique, le 14 janvier 2021 et on constate qu'il n'y a même pas un Afro-brésilien parmi eux.

Dans la réalité brésilienne actuelle, il n'y a pas d'autre moyen que de créer les chemins de la NOUVELLE AFRIQUE BRÉSILIENNE.

Le montant des affaires Brésil-Afrique, en particulier, je le considère très petit et je ferai tout ce que je peux pour qu'il y ait une grande expansion. Dans ce livre A NOUVELLE AFRIQUE BRÉSILIENNE, je mets les principales informations et essaie de donner un départ pour que les affaires puissent devenir plus dynamiques.

Les Chambres de Commerce n'incluent pas non plus l'Afrique BRÉSILIENNE. C'est comme si cela n'existait pas et nous parlons de la majorité de la population brésilienne.

Contre les faits, il n'y a pas d'arguments.

LA DÉSINFORMATION QUI ALIMENTE LA PAUVRETÉ

Dans la conférence que j'ai donnée au Brésil, (https://youtu.be/MOlyr8PyZWw - 5 mars 2012. Institut d'éducation et d'enseignement supérieur de Campinas - SP - Brésil) que j'ai nommé BRAND ÁFRICA, destiné à un public universitaire, le la prise de conscience de la véritable INCONNAISSANCE des Brésiliens sur l'Afrique était désespérée. Pourtant, de nos jours, la plupart des Brésiliens, sinon la plupart, lorsqu'ils parlent de l'Afrique, pensent que c'est un pays et non un continent.

Mais comment est-ce possible au 21ème siècle ?

L'un des paradigmes utilisés à l'époque de la colonisation était celui de diviser et de dominer. Le paradigme utilisé aujourd'hui est de DÉSINFORMER POUR CONTINUER À DOMINER.

N'ÉDUCEZ PAS POUR MAÎTRISER

C'est un autre paradigme destructeur de pays. Comment puis-je développer mon pays si je n'ai pas une main-d'œuvre préparée, instruite et formée. La création d'emplois est directement liée à la formation de main-d'œuvre spécialisée. L'IDH - Indice de développement humain doit être travaillé jusqu'à épuisement.

Qu'on le veuille ou non, cela doit être la première grande étape : LA FORMATION. FORMATION TECHNIQUE DE PREFERENCE.

L'enseignement universitaire n'est pas toujours celui qui contribue le plus au développement d'un pays.

ÉDUCATION : MOINS D'AFFAIRES ET PLUS DE VOCATION

Internet a, d'une certaine manière, beaucoup contribué à l'expansion des connaissances à l'échelle mondiale. Ce qui manque, c'est la MOTIVATION pour la plupart des gens à devenir AUTO-ENSEIGNANTS.

La soif de savoir est aussi grande que la soif de nourriture. La création de structures gratuites pour un accès Internet rapide doit être une priorité pour les gouvernements africains. FORMATION, FORMATION, FORMATION. Les talents sont nombreux et divers. Une fois les structures d'accès à l'information créées, un pas de géant vers l'évolution du pays est franchi.

Il y a plusieurs Afriques dans le monde, ainsi que la brésilienne. Réveiller intelligemment ces Afriques est une tâche très importante et une mission pour nous tous. Le monde africain a beaucoup à gagner et la lutte contre la pauvreté perd du terrain au profit de l'INCITATION AU DEVELOPPEMENT du tiers monde. Avec le DÉVELOPPEMENT des couches les moins favorisées, la pauvreté s'en va. Quand on pense à lutter contre la pauvreté, on est tenté de distribuer de la nourriture. Quand on pense à encourager le développement, on est obligé d'investir dans le transfert de technologie. Dans les pages suivantes, nous ferons un bref tour d'horizon d'autres Afriques dans le monde. Viens avec moi.

JE VEUX PARTIR ET JE VEUX QUE VOUS VENEZ

Avec ces deux vœux, nous avons tout pour changer l'histoire de l'Afrique et de ses descendants, où la NOUVELLE AFRIQUE BRÉSILIENNE rassemble le plus grand contingent de la planète entière.

Une partie doit créer les conditions pour partir et l'autre partie doit créer les meilleures conditions pour recevoir.

La première étape est la motivation. La seconde est la connaissance et la troisième étape est de travailler à la matérialisation. De la page 40 à la page 92 vous avez des informations importantes sur les 52 républiques et les 03 monarchies présentes sur le territoire africain qui, systématiquement, ont été littéralement cachées pendant des siècles par des intérêts internes et externes au continent africain.

La logique de la croissance économique n'est pas si compliquée. Lorsque vous disposez d'une gamme plus large de produits et de services de qualité, le marché fait le reste. Les prix baissent. La qualité des produits augmente considérablement et la consommation entraîne l'émergence d'industries génératrices d'emplois. Lorsque nous regardons les informations sur la richesse en Afrique et voyons son contingent de population, nous voyons à quel point le marché africain est puissant.

Il y a 20 ans, alors que je commentais avec les personnes les plus proches, mes intentions d'évoluer dans la connaissance de l'Afrique et d'augmenter le plus possible le Networking, j'étais considéré par beaucoup comme fou. De nos jours, les mêmes personnes pensent très différemment.

Et je peux vous assurer, en lisant ce livre, que l'Afrique est le CONTINENT DES OPPORTUNITES. Tous ceux qui viennent en pensant aux rues à double sens récolteront plus de fruits. Tous ceux qui insistent sur le point de vue extractiviste, où un seul côté a tous les avantages, perdront de la place au profit des non-extractifs.

Nous devons générer de la richesse sur le territoire africain. Des richesses qui profitent aux Africains et améliorent leur qualité de vie. Tous les gouvernements en Afrique sont ouverts aux petits, moyens et grands investisseurs. La plupart des structures créées en matière d'investissements étrangers reposent sur des indices qui font de certains pays un véritable paradis pour les PDG de la plupart des entreprises. Dans chaque livre de la Collection Afrique, j'ai mis une série de visions et d'informations d'une importance capitale. La NOUVELLE AFRIQUE BRÉSILIENNE va, au fil du temps, se libérer des coiffes qui planent encore sur ses yeux et enfin prendre conscience de sa grande importance dans la croissance du territoire brésilien et aussi du territoire africain.

Nous, Afro-descendants, devons nous efforcer de gagner en notoriété dans des domaines vitaux liés à la science dans son ensemble. Tant au Brésil qu'en Afrique, nous avons une biodiversité incroyable que nous devons explorer de manière scientifique, générant des médicaments, de la nourriture et surtout de l'énergie propre et renouvelable.

Autant nos réserves de pétrole et autres richesses minérales sont les plus importantes de la planète, autant nous ne pouvons pas en vivre éternellement. Nous devons devenir autonomes dans la plupart de nos besoins.

La bouillie prête à manger doit, au fil du temps, être remplacée par de nouveaux et importants moyens de production. Toute sorte d'installation alimente la PARESSE et elle a été le grand destructeur des processus de développement des peuples du tiers monde.

Voyez qu'il vaut la peine de créer des moyens productifs car ils nous donneront toujours de l'autonomie et réduiront les importations et laisseront nos balances commerciales dans le meilleur équilibre possible.

La CORRUPTION a, au fil du temps, rongé les pays du tiers monde, car elle alimente les moyens faciles d'obtenir de la richesse, dans la pensée de « tout ce qu'il faut » et « le bonheur que procurent les biens matériels ».

Nous devons nourrir l'esprit du NATIONALISME au-dessus des intérêts personnels. Une nation riche pour tout le monde, pas seulement une caste privilégiée. Nous devons penser NOUVEAU et révolutionnaire à bien des égards.

Les sentiments de supériorité et d'infériorité doivent être repensés au fil du temps. Aucun peuple n'est si doué dans sa supériorité qu'il ne peut vivre seul sur la face de la terre. D'un autre côté, aucun peuple ni même race n'est si remarquable dans son infériorité qu'il n'a rien à apporter à l'humanité.
Le savoir est né en territoire africain. En Egypte. Et, croyez-moi, il y a encore beaucoup plus de connaissances à démêler. En reliant les contraires, nous aurons de nombreuses réponses à de nombreuses questions de la science en général.

En raison de mon âge et des connaissances que j'ai acquises tout au long de ma vie, je finis par être très sollicité pour effectuer des travaux qui, avec un bon encadrement, peuvent être effectués par de jeunes Africains. Et c'est ce que j'ai fait tout au long de mon séjour en territoire africain. Je fais une chose fondamentale pour me garder, pendant que j'essaie de former autant de jeunes que possible, en ouvrant des portes pour leur croissance et leurs réalisations.

Maintenant, si je peux le faire, d'autres personnes et structures peuvent le faire aussi. Cela doit se répandre dans l'ensemble de l'Afrique.
Nous devons nous libérer de la racine de l'égoïsme qui prévaut dans le capitalisme et ne pas avoir peur de travailler sur un nouveau paradigme qui est la SOLIDARITÉ. Je vais risquer le SOLIDARISME ici.

Les leçons que Covid 19 a données au monde, quand pour s'isoler, il est nécessaire de fournir des subventions à la population, nous invitent à de nouveaux moments où, avec une plus grande division des richesses, à la fois interne et mondiale, cela peut être un excellent moyen en avant, suivi.

Autant nous ne voulons pas accepter, en particulier ceux qui occupent des places privilégiées, notre époque doit être marquée par le CHANGEMENT DE PARADIGMES, très bien mentionné dans le livre ÂME AFRICAINE - Une armée d'idées et de pensées.
Le plus grand et flagrant les différences. le plus difficile

sont les moyens d'obtenir un minimum pour une survie décente, plus grands seront les problèmes sociaux et, qui en découlent, les vols, les vols, les parasites et même les pandémies s'intensifieront.

Avons-nous mieux vécu dans le passé ? Vivons-nous mieux maintenant? Comment vivrons-nous dans le futur ? Ce sont des questions auxquelles il faut désormais répondre. Nous devons augmenter notre capacité à voir la même chose sous des angles différents.

Les défis que j'ai eus dans ma jeunesse sont différents aujourd'hui. Nous sommes plus connectés à distance qu'en présence physique. C'est notoire. Même parce que dans la relation numérique, les chocs sont plus faibles et on peut s'en sortir. Ce qui ne se passe pas dans la relation face à face.

En Afrique, je vois des comportements beaucoup plus sains, que j'ai vécus au Brésil il y a 50 ans et que, de nos jours, nous ne pourrons plus jamais les avoir, tant au Brésil que dans d'autres parties du monde.

Les difficultés ont fini par protéger les Africains d'une série d'effets néfastes que dans le reste du monde, nous avons déjà dans notre vie quotidienne. Quand j'ai l'occasion de parler ici, je vois que la pensée qui leur a été donnée que le bonheur vit loin, même parce que je viens de si loin, n'est pas du tout correcte.

Une croissance qui permet aux Africains de profiter d'une qualité de vie sur leur propre terre, sans perdre la force de leurs origines et de leurs traditions, est selon moi le grand défi à relever. Ce qu'Emmanuel Macron pourrait bien continuer à faire en reconnaissance du geste de Mamoudou Gassama (Pages 100/101), c'est de créer des conditions innombrables et meilleures pour le développement du Mali, au profit de millions d'habitants de la République du Mali qui, bien sûr, n'auront pas besoin la nationalité française.

Dans la coexistence que j'ai eue avec les Africains au Brésil et en Europe, je pouvais sentir le malheur plus près d'eux que le bonheur qui leur était promis d'une vie heureuse hors d'Afrique.

Après tout, O VIT LE BONHEUR ?
Nous arrivons en passagers dans les voitures d'autrefois, fruit de bonnes et de mauvaises pensées, et nous n'avons pas grand-chose à voir avec ce qui a déjà été fait. Cependant, le présent et l'avenir nous appartiennent. Nous pouvons continuer une série de paradigmes dont nous avons hérité, en prétendant que cela n'a rien à voir avec nous, mais nous pouvons agir d'une manière beaucoup plus saine et, avec courage, changer nos pensées autant que possible vers un monde meilleur pour vivre.

.

Dans le livre "L'importance de la diaspora africaine dans la nouvelle décolonisation de l'Afrique" on peut voir des considérations importantes sur la fin de la faim sur la planète. Je dis très franchement que, de la manière dont nous avons agi en tant qu'humanité, même dans 1000 ans, nous ne pourrons pas mettre fin à la faim.

Nous avons besoin de NOUVELLES PENSÉES et ACTIONS sur une planète avec de vieilles idées. Si All Street parvient à comprendre que, aussi fort et important soit-il, il ne possède pas la planète et commence à s'ouvrir à des IDÉES NOUVELLES ET IMPORTANTES, je ne doute pas que nous aurons un monde beaucoup plus harmonieux, avec des dirigeants qui sont mieux préparés et concentrés sur le bien-être social de ses peuples.

La complexité du monde d'aujourd'hui est assez grande. La connaissance superficielle l'est aussi. La technologie apporte des informations à grande vitesse et le capital financier est transféré en quelques secondes.

Un monde plus équilibré, à mon avis, sera la grande sortie de notre humanité dans les décennies et les siècles à venir. Une chose est juste. Nous devons relever ce défi ardu.

Et encore une fois, nous revenons à l'ÉDUCATION en tant que force motrice d'un avenir moins inégal et plus sain pour la race humaine.

Si nous parvenons à mettre dans l'esprit et le cœur de cette nouvelle génération que nous serons plus riches, moins nous aurons de différences entre les peuples, nous pouvons être très optimistes pour l'avenir.

Une chose est très certaine. Comme nous sommes, nous ne pouvons pas continuer.

Nous sommes confrontés à de grands défis. Mais les générations qui nous ont précédés y ont aussi fait face. Nous sommes même arrivés au développement d'armes nucléaires, à fort pouvoir destructeur. Nous pourrions ne pas être en vie aujourd'hui.

La GRANDE NOUVELLE AFRIQUE BRÉSILIENNE doit être hautement compétente pour, au lieu d'observer une évolution croissante des ventes d'armes, avec le soutien de dirigeants faibles d'esprit et d'une forte corruption, former des esprits brillants, concentrés sur le développement brésilien.

Si nous sommes sur la ligne de mire, avec nos enfants qui meurent de balles et de plus en plus de balles dites perdues, mais très ciblées, nous devons être les premiers à nous mobiliser pour matérialiser notre NOUVELLE AFRIQUE BRÉSILIENNE.

Au lieu de chaînes, des ÉCOLES.
Au lieu d'armes, MATÉRIEL SCOLAIRE.
Au lieu de drogues, LIVRES.
A la place des miliciens, des ENSEIGNANTS.
Au lieu de collines, LOGEMENTS EN COPROPRIÉTÉ.
A la place de la faim, BONS PLATS.
Au lieu de confrontations, SPORTS.
Au lieu d'émissions policières, ÉCOLES GRATUITES EN LIGNE.
A la place des ordures, ASSAINISSEMENT DE BASE ET AGRICULTURE.
A la place des politiciens pourris, NOBLE ACTIVISTES SOCIAUX.
(Je laisse ici mon sincère hommage à la sociologue Marielle Franco).

Veuillez garder à l'esprit les échanges que NOVA AFRICA BRASILEIRA doit encourager et promouvoir pour que le Brésil puisse, contre tout et contre tous, être un exemple de pays à suivre.

Nous savons très bien ce que nous devons changer. Nous avons juste besoin de courage et d'engagement pour faire les changements. Ce n'est pas facile? ÇA N'A JAMAIS ÉTÉ FACILE ET IL NE SERA JAMAIS FACILE.

LE SOLIDARISME EST LÀ

En fait, il existe déjà dans le monde et travaille sous couverture. Dans la dédicace de ce livre, j'ai tenu à rendre hommage à Médecins Sans Frontières. A l'image de l'ONG MSF, il existe de nombreuses autres initiatives qui travaillent dur depuis des années pour gérer et réduire au maximum les innombrables afflictions vécues par les êtres humains à travers la planète.

Si ces organisations ont été créées par des êtres humains, nous pouvons conclure que la racine du bien et du mal est en nous. Et pourquoi avons-nous opté pour le mal à grande échelle ? Nous suivons toujours les paradigmes qui nous ont été transmis et actuellement amplifiés dans nos esprits, transformant beaucoup de bêtises en noblesse.

Encore une fois, j'insiste sur le fait que notre grand combat est dans nos têtes. Nous avons un besoin urgent d'élargir le sentiment de famille. On ne peut pas rester coincé avec le lien du sang et l'idée que, désormais, tout est permis, tant que mes frères de sang ont tout, bien plus que ce dont ils ont besoin.

Nous avons créé des lois et encore des lois, et ces lois, pour beaucoup dépassées, dépassées, finissent par être le refuge de gens de la pire espèce. Une certaine action n'est pas juste du tout, mais elle est protégée par la loi. Souvent, il est difficile de vendre l'installation.

Le bon sens et le consensus sont fondamentaux pour nous réinventer, suivre les meilleurs chemins, offrir le meilleur à chacun.

UNE HUMANITÉ PLUS RÉFLÉCHISSANTE

Vous voulez un sentiment plus stupide que le racisme? Combien de temps notre humanité vivra-t-elle avec cette grande idiotie ? En fait, nous fuyons les reflets. Aussi parce qu'ils nous amènent toujours à changer. Si nous nous attaquons à Reflections, beaucoup de choses changeront. De nombreuses vérités qui ont mutilé l'âme humaine commenceront à se déconstruire et beaucoup perdront leur terrain.

Le 14 décembre 2020, j'ai participé à la Programa Janela Aberta de TPA 1 - Télévision publique d'Angola, dirigée par le présentateur Borges Macula à l'époque et le sujet à l'ordre du jour était le pardon.

Un prêtre, un pasteur et moi. Apparemment, j'étais resté sur le programme, car lorsqu'il s'agit de pardon, le prêtre et le pasteur sont tous deux des autorités. C'est alors que j'ai poussé la discussion vers le pardon collectif. Au fond, qui devrait demander pardon pour l'esclavage des peuples africains ?

Regardez le programme en entier : https://youtu.be/2ybuswYdTXU

En fait, la RÉFLEXION va de pair avec la SAGESSE. C'est le mot magique qui nous a manqué aujourd'hui. Je suis sur la gauche réfléchissante. Une gauche qui se laisse analyser. Et avec l'auto-analyse vient invariablement l'amélioration.

Aussi puissants et riches que nous soyons, nous ne faisons que passer. Dieu merci. Notre génération est en train de disparaître à partir du moment où nous sommes nés.

Qu'allons-nous laisser à nos enfants ? De l'argent? Propriétés? Des actions en bourse ? La réponse à cette question peut initier de grandes réflexions dans nos esprits, avec un pouvoir de changement important.

L'AFRIQUE NOUVELLE BRÉSILIENNE doit continuer sous la lumière de nombreuses réflexions. Un ou plusieurs Noirs au pouvoir peuvent ne rien signifier pour la NOUVELLE AFRIQUE BRÉSILIENNE. Le pouvoir doit être exercé au sein de nouvelles lignes de gouvernance importantes. Peu importe qu'elle soit noire ou blanche, pourvu que la vision soit différente et prenne en compte cette immense force de travail, de consommation que représente la NOUVELLE AFRIQUE BRÉSILIENNE. En ouvrant les portes et les fenêtres à ce grand contingent de personnes, en les préparant à l'étude, au développement et au travail, NOVA AFRICA BRASILEIRA commencera un moment important et nouveau dans l'histoire du Brésil.

MOINS D'IGNORANCE,
PLUS D'ÉTUDES, DE RECHERCHE ET DE TRAVAIL.

Lorsque nous regardons la grande population brésilienne, nous voyons clairement le grand besoin de développer des programmes et plus de programmes, municipaux, étatiques et fédéraux, afin de faire évoluer notre population. Pourquoi un pays si grand et si riche ne peut-il pas être si prospère ?

Nous devons invariablement penser aux forces externes et internes qui, ensemble et très bien articulées, veulent nous perpétuer en tant que grand marché de consommation, otages des produits fabriqués à l'étranger.

Le capitalisme financier a laissé un grand trou dans les systèmes productifs de notre pays, qui peut et doit être occupé par la NOUVELLE AFRIQUE BRÉSILIENNE.

je vais entreprendre. Je créerai des petites, moyennes et grandes industries. Je gagnerai moins qu'en investissant sur le marché financier, mais je GÉNÉRERA DES EMPLOIS. Je fournirai le bien social. JE VAIS RECONSTRUIRE MON BRÉSIL. JE VAIS FAIRE DE VOUS UNE PREMIÈRE NATION MONDIALE.

FINITION

Un autre contenu important disponible sous forme de livre, où nous avons pu faire un tour important à travers les réalités les plus différentes. UNE NOUVELLE AFRIQUE BRÉSILIENNE qui, dans un contexte plus global, rassemble les Afriques du monde entier. Plus grand et plus petit. Le tout avec des possibilités infinies pour apporter une grande contribution à la déconstruction d'innombrables paradigmes qui ont détruit tout un peuple plein de cultures et d'enseignements au cours des siècles.

Nous avons et comment nous devons évoluer en tant qu'humanité. Il n'est plus possible de rester figé dans des pensées sans le moindre bon sens, dépassé dans ses essences. Le REVEIL du continent Africain ainsi que des Africains à travers le monde s'intensifiera de plus en plus pour le bien et la croissance de toute l'humanité. Notre génération a la grande responsabilité d'être le principal protagoniste du changement. Les DIFFÉRENCES en se rétrécissant apporteront paix et prospérité à la planète entière. "Assez que certains doivent vomir pour manger plus et que des millions meurent de faim en un an. Plus d'esclaves d'hier, plus de maîtres d'esclaves demain. PLUS D'ESCLAVES. Un monde sans maître et sans esclaves, un monde de frères. DE FRÈRES. VRAIMENT. " - Invocation à Mariama - Dom Hélder Câmara.

Je crois fermement que nous ne pouvons pas construire un avenir qui ne soit pas sombre si nous continuons à utiliser de mauvaises idées conçues dans un passé de disputes, construites avec d'innombrables mensonges, toujours défendues comme des vérités jusqu'à aujourd'hui. Et en parlant de mensonges, nous avons longtemps été guidés par eux. Ils ne sont pas nés à l'époque d'Internet. Ils se sont seulement développés et ont gagné en vitesse dans leur transmission.

ENGAGEMENT POUR LA VÉRITÉ

De plus en plus, cet engagement devient notre grand défi, car en l'assumant, nous éclairerons l'avenir des nouvelles générations qui hériteront d'une planète meilleure que celle que nous avons trouvée, leur offrant une plus grande longévité et une meilleure qualité de vie pour tous. Puisse ce NOUVEAU paradigme de l'AFRIQUE BRÉSILIENNE nous conduire vers une NOUVELLE HUMANITÉ.

LES SECRETS DE LA CONTINUITÉ DE LA CONNAISSANCE EN AFRIQUE.

MANDOMBE

DE L'AFRIQUE AU MONDE

Celso Salles

UNE GRANDE RÉVÉLATION

Mon objectif principal en écrivant et en publiant ce livre est de MOTIVER les gens du monde entier et de toutes races à connaître une base de ce qu'est l'écriture africaine MANDOMBE, qui dans la langue africaine Kikongo signifie « CE QUI APPARTIENT AU NOIR ». Mon premier contact avec MANDOMBE a eu lieu au Brésil en 2015, lorsque j'ai reçu la visite de l'écrivain Bitombokele Lei Gomes Lunguani et, immédiatement, nous avons commencé la production des premières vidéos où l'écrivain Bitombokele a présenté le MANDOMBE. Les enregistrements ont été réalisés de manière improvisée, où j'ai transformé mon humble appartement à l'époque, à Praça dos Expedicionarios, que j'ai nommé Praça Simon Kimbangu, située dans la ville de Bauru, à l'intérieur de l'État de São Paulo, Brésil, dans une salle vidéo -classe. Une série de supports pédagogiques est en cours de préparation par Bitombokele et Equipe, dans le but de faciliter l'apprentissage de l'écriture MANDOMBE.

Dans ce livre, avec le soutien de ce que nous avons déjà publié sur la Plateforme Digitale : www.mandombeuniversity.online, j'espère pouvoir répondre aux principales questions qui se posent habituellement lorsque les gens entendent le nom sonore MANDOMBE.

Pour arriver à MANDOMBE il faudra remonter un peu dans l'histoire de l'Afrique, au moment de l'émergence de Simon Kimbangu, sa trajectoire de vie dans les aspects humains et divins de sa personnalité. Le fait que je ne sois pas né en Afrique, encore moins dans le kimbanguisme, donne au livre, selon moi, un caractère investigatif et sans prétention lorsqu'il s'agit de la religion kimbanguiste. Cependant, dès le début, je précise la grande importance de l'interconnexion de la science et de la religion dans les études de MANDOMBE, car c'est une Révélation de Simon Kimbangu que nous apprendrons dans les prochaines pages de ce livre, faite pour le catholique de l'époque, nommé Wabeladio Payi.

DE SIMON KIMBANGU, A TRAVERS LA RACE NOIRE, POUR LE BIEN DE TOUTE L'HUMANITE.

Il y a une phrase à laquelle je prête une grande attention : " LA COINCIDENCE

EST LA MOYENNE QUE DIEU A TROUVÉ POUR RESTER DANS L'ANONIMITÉ ". Beaucoup l'attribuent à Albert Einstein et d'autres à l'écrivain, poète, journaliste et critique littéraire français Théophile Gautier.

Naissance : 31 août 1811 - Tarbes

Décès : 23 octobre 1872 (61 ans) - Paris

La vérité est que, depuis ma naissance (28/05/201959), comme raconté dans le livre Celso Salles, Biographie en noir et blanc, jusqu'à aujourd'hui (17/07/2021), date à laquelle je commence à écrire ce livre que j'ai nommé MANDOMBE - DE L'AFRIQUE AU MONDE - UN GRAND APPEL, je suis le principal témoin des incroyables et innombrables coïncidences, année après année, qui m'amènent à croire en cet APPEL qui est le mien. D'après ce que j'ai ressenti dans les inspirations de Simon Kimbangu, chacun de nous a une mission à accomplir. Quelle, ou même, quelle sera votre mission, je ne peux malheureusement pas le dire. Vous devrez le découvrir par vous-même, au cas où ce que je transmets dans ce livre puisse vous enchanter, comme il m'a enchanté.

LA GRANDE DIFFICULTE DES DESCENDANTS AFRICAINS ET AFRICAINS A RECONNAÎTRE, ÉTUDIER ET MÊME ACCEPTER LES CONTRIBUTIONS MAJEURES DE L'AFRIQUE.

Au cours de ces pratiquement 10 années de vie en territoire africain, qui s'achèveront en septembre 2021, lorsque j'ai foulé pour la première fois le sol africain, à Luanda en Angola et, pour la deuxième fois, le mois suivant à Harare, capitale du Zimbabwe, à l'invitation est entièrement parrainé par le ministère du tourisme du Zimbabwe, j'ai réalisé la grande influence de la pensée principalement européenne dans l'esprit des Africains.

Rien de bien différent de ce que nous vivons encore au Brésil aujourd'hui, dans une situation encore plus compliquée, car cela s'ajoute à l'impérialisme américain qui, après Bolsonaro, j'ai confiance que cela changera car un Brésil libre est beaucoup plus intéressant non seulement pour le Nord Américains mais pour le monde entier et surtout pour le Brésil lui-même.

Nous avons de grandes personnalités, des penseurs africains, ainsi que des afro-brésiliens, mais nous sommes coincés avec des pensées et des enseignements qu'aujourd'hui, sans trop de difficultés, nous voyons qu'il faut réviser.

Prenons l'exemple de Simon Kimbangu lui-même. Je suis triste qu'en tant qu'Afro-brésilien, j'aie déjà la connaissance que j'ai de Simon Kimbangu, son plan humain et divin, alors que la plupart des Africains avec qui j'ai des contacts, en plus de ne pas en avoir conscience, soulèvent encore d'innombrables doutes, bien plus préjugé que basé sur la recherche.

Les 28 et 29 mai de cette année 2021 a eu lieu la conférence/webinaire sur les mouvements socioculturels au Kongo : 100 ans après l'arrestation de Simon Kimbangu.

Les réflexions ont porté sur l'héritage de Simon Kimbangu dans les sciences humaines, politiques et religieuses à travers le monde.

Il a eu lieu entre 9h00 et 16h00, heure de New York.

Il a eu la participation de :

- Pr. Émérite. Wyatt MACGAFFEY (Université de Haverford)

- Professeur émérite. John JANZEN (Université du Kansas)

- Pr. Ramon SARRO (Université d'Oxford)

- Pr. John THORNTON (Université de Boston)

Qu'on le veuille ou non, les dominantes d'il y a 100 ans, qui sont toujours les mêmes dominantes d'aujourd'hui (2021), la figure de Papa Simon Kimbangu a laissé des enseignements importants, de véritables héritages, qu'il faut étudier à la lumière de la science et de la religion, en touchant au côté spirituel si fondamental à l'évolution de la science elle-même, comme vous pourrez en témoigner à la naissance de MANDOMBE. De nombreuses "clés" qu'il nous reste encore à découvrir, passent par des "révélations importantes" qui, à mon avis seulement, n'ont pas encore été faites, à cause du cœur humain et de la mauvaise orientation de l'humanité. Tant que le centre de l'humanité continuera d'être la domination et les guerres, pour valoir la force du plus fort, je le répète, à mon avis, nous allons être bien en deçà de ce que nous pourrions déjà être.

DOCUMENTAIRE SIMON KIMBANGU

Avec l'écrivain Bitombokele Lei Gomes Lunguani, nous avons produit en mars 2016 à Bauru, São Paulo Brésil, le DOCUMENTAIRE SIMON KIMBANGU, qui peut être visionné
En portugais : https://youtu.be/45o7jCXvcxY
En français : https://youtu.be/Db3-7LPy2CY

MANDOMBE est un système de pensée africain qui fournit des normes épistémologiques qui permettent et facilitent le développement culturel et scientifique du continent africain.

Cela fait 60 ans que l'Afrique est devenue indépendante.
Quel est l'équilibre fait?

Le solde reste négatif. L'indice de développement du continent africain reste très faible.

Il y a un problème très grave qu'il faut régler. Par conséquent, avant même d'approfondir l'étude du MANDOMBE dans ce cours et les suivants, nous devons étudier cette blessure qui afflige le continent africain.

MANDOMBE présente un nouveau paradigme concernant les études universitaires.

Dans quelles circonstances MANDOMBE est-il né ?

RESTAURATION SOCIALE :

C'est une revue du système social en Afrique. Ce qui pousse un peuple à revoir son système social est étudié. De nombreux pays ont déjà fait l'expérience d'entreprendre une restauration sociale.

L'un des grands exemples à suivre est le cas de la CHINE qui entreprend sa restauration sociale à partir de 1963, dirigée par Mao Tsé-toung qu'il appelle la Révolution CULTURELLE CHINOISE. Avant 1963, la Chine était l'un des pays les plus pauvres du monde.

(Quand la Chine s'éveillera...: ... Le monde tremblera)
en vente sur Amazon : https://www.amazon.fr/Quand-Chine-s%C3%A9veillera-monde-tremblera/dp/2213006717
Auteur : Alain Peyrefitte

L'un des grands exemples à suivre est le cas de la CHINE qui entreprend sa restauration sociale à partir de 1963, dirigée par Mao Tsé-toung, qu'il appelle la Révolution CULTURELLE CHINOIS. Avant 1963, la Chine était l'un des pays les plus pauvres du monde.

Alain Peyrefitte (26 août 1925 - 27 novembre 1999) était un universitaire et homme politique français. Fonctions gouvernementales :

- Secrétaire d'Etat à l'Information : avril - septembre 1962.
- Ministre des rapatriés : septembre - novembre 1962.
- Ministre de l'Information : 1962-1966.
- Ministre de la Recherche Scientifique et des Questions Atomiques et de l'Espace : 1966-1967.
- Ministre de l'Éducation : 1967-1968.
- Ministre de la Réforme administrative : 1973-1974.
- Ministre de la Culture et de l'Environnement : mars à mai 1974.
- Gardien des sceaux, Ministre de la Justice : 1977-1981.

Dans son livre : Quand la Chine éveille le monde tremblera, Alain cherche à rendre compte de ce qu'il a vu en Chine en juillet 1973. Le nom même du livre DIT TOUT et, en 2021, nous avons effectivement vécu ce qu'il a prophétisé. Moi, Celso Salles, je suis né en 1959 et, encore très jeune, j'ai été témoin de l'appel à l'époque « MIRACLE JAPONAIS » et j'ai suivi tout le déroulement de la RÉVOLUTION CULTURELLE CHINOISE, voyant d'innombrables entrepreneurs changer pratiquement leurs lignes de production en Chine, pour augmenter la compétitivité de leurs produits sur le marché brésilien et international.

De nombreux effets que nous vivons aujourd'hui sont de causes récentes. Les plus jeunes ont besoin de chercher sur Internet ou même dans des livres, mais une grande partie de ce que nous disons, nous vivons efficacement.

Lorsque Bitombokele dans sa première classe à MANDOMBE donne naissance à la Révolution culturelle chinoise, il le fait avec une grande sagesse, car c'est exactement ce que le continent africain doit faire, évidemment, dans ses propres caractéristiques.

AGENDA 2063 de l'Union Africaine Je peux considérer dans mon analyse comme une étape importante vers cette RESTAURATION SOCIALE AFRICAINE très bien placée par Bitombokele dans sa première promotion à MANDOMBE.

Le contenu des cours a été écrit par l'écrivain et professeur angolais Bitombokele Lei Gomes Lunguani. Chaque fois que je mettrai un avis, je le ferai dans ces tableaux avec un fond gris, afin qu'il soit très bien spécifié où en tant qu'auteur du livre, je place ma vision et où se trouve le contenu extrait des cours publiés par l'UNIVERSITÉ MANDOMBE sur la plateforme numérique www.mandombeuniversity.en ligne.

À dessein, j'ai essayé de ne sélectionner que quelques extraits des cours de Bitombokele à l'Université de Mandombe, cependant, dans les liens placés au début de chaque cours, vous aurez accès au contenu complet de chaque cours en PORTUGAIS (PR) et en français (FR). Il s'agit d'un premier livre parlant du MANDOMBE que j'ai tenu à intégrer dans la COLLECTION AFRIQUE, précisément à cause de la grande importance du MANDOMBE dans un contexte général.

Vous pouvez étudier le MANDOMBE gratuitement, car le contenu est ouvert sur le lien : bit.ly/mandombebeguinner .
Si vous souhaitez suivre des cours avec l'aide de moniteurs, il vous suffit de vous inscrire via le lien : bit.ly/mandombeworld.

A partir du deuxième cours, le professeur Bitombokele commence toujours par le salut suivant, en langue Kikongo :
- MASONO MANDOMBE MA MBOTE, ce qui signifie : NOTRE ÉCRITURE EST MERVEILLEUSE.
dont la réponse est

- MATONDO KUA NZAMBI, qui signifie : REMERCIONS DIEU.

C'est un code établi par Wabeladio Payi, qui crée un scénario d'identification parmi les praticiens MANDOMBE.

Dans ce cours 2, nous parlons de la référence historique de l'homme noir. Le Sommet et la Chute de l'Afrique. Il commence par présenter des entités importantes de l'histoire de l'Afrique.

L'une des premières entités
en vedette est HERODOT.

Hérodote était un écrivain et géographe grec considéré comme le premier historien. Vers 425 avant JC, Hérodote publia son magnum opus : un long récit des guerres gréco-persanes qu'il appela « Les histoires ». (Le mot grec « histoire » signifie « enquête ».) Avant Hérodote, aucun écrivain n'avait jamais fait une étude aussi systématique et approfondie du passé ni tenté d'expliquer la cause et l'effet de ses événements. Après Hérodote, l'analyse historique est devenue un élément indispensable de la vie intellectuelle et politique. Les érudits ont suivi les traces d'Hérodote pendant 2500 ans. Il peut être considéré comme un père de l'histoire parce qu'il a établi les normes de systématisation de l'histoire.

L'Egypte pharaonique, où ses habitants avaient les cheveux bouclés et la peau noire, fut la première patrie du savoir. Les Noirs africains sont à la base du savoir.

Très brièvement, les Grecs sont ensuite allés étudier en Égypte, comme c'est le cas de Pythagore, qui a passé 23 ans en Égypte et a ensuite contextualisé tout ce qu'il a appris en Égypte, dans le code grec. Il portait la connaissance de l'Egypte dans le manteau authentiquement grec. Pythagore a dit, je ne suis pas sage, les vrais sages sont en Egypte. Je suis juste un ami de la sagesse. Quelqu'un qui a approché les vrais sages qui sont en Egypte-Afrique.

Après la direction grecque vient la direction romaine, que dans la fusion nous connaissons sous le nom de civilisation gréco-romaine.

Fondamentalement, c'est le triangle de la connaissance : De l'Egypte à la Grèce et de la Grèce à Rome.

Une autre entité très importante pour les études africaines était Cheikh Anta Diop (29 décembre 1923 - 7 février 1986) était un historien, anthropologue, physicien et homme politique sénégalais qui a étudié les origines de la race humaine et de la culture africaine précoloniale. de ce qui a été mal enseigné, dans une tentative de supprimer le protagonisme africain concernant le berceau de la connaissance de l'humanité.

Les travaux de Diop ont soulevé des questions sur les préjugés culturels dans la recherche scientifique. L'Université Cheikh Anta Diop (anciennement connue sous le nom d'Université de Dakar) à Dakar, au Sénégal porte son nom.

Diop a soutenu ses arguments avec des références à des auteurs anciens tels que Hérodote et Strabon. Par exemple, quand Hérodote a voulu faire valoir que les Colchiens étaient apparentés aux Égyptiens, il a dit que les Colchiens étaient « noirs, avec des cheveux bouclés ». Diop a utilisé les déclarations de ces écrivains pour illustrer sa théorie selon laquelle les anciens Égyptiens avaient les mêmes traits physiques que les Noirs africains modernes (couleur de la peau, type de cheveux). Son interprétation des données anthropologiques (comme le rôle du matriarcat) et des données archéologiques l'a amené à conclure que la culture égyptienne était une culture d'Afrique noire. En linguistique, il croyait particulièrement que la langue wolof de l'Afrique de l'Ouest contemporaine est liée à l'égyptien ancien.

L'ECRITURE SEPARE LA PRE-HISTOIRE DE L'HISTOIRE.

Tout ce qui précède l'avènement de l'écriture est PRÉ-HISTOIRE.

Une autre entité importante mise en évidence dans la conférence 2 est Théophile Obenga (né en 1936 en République du Congo), professeur émérite au Centre d'études africaines de l'Université d'État de San Francisco. Il est un défenseur politiquement actif du panafricanisme et de l'afro-siècle. Obenga est égyptologue, linguiste et historien.

Théophile Obenga a étudié une grande variété de matières et a obtenu un large éventail de diplômes. Leurs diplômes comprennent :

Master en Philosophie (Université de Bordeaux, France)

M.Ed. (Université de Pittsburgh, États-Unis)

M.A. en histoire (Université de Paris, Sorbonne)

Études approfondies en histoire, linguistique et égyptologie (Université de Genève, Suisse); en Préhistoire (Institut de Paléontologie Humaine, Paris) et en Linguistique, philologie et égyptologie (Université de Paris, Sorbonne et Collège de France)

Théophile Obenga est titulaire d'un doctorat en lettres, lettres et sciences humaines de l'Université de Montpellier, France. Il est membre de l'Association française des égyptologues (Société Française d'Egyptologie) et de la Société Africaine de Culture (Présence Africaine). Il a contribué dans le cadre du programme de l'Organisation des Nations Unies pour l'éducation scientifique et la culture (UNESCO), à la rédaction de l'Histoire générale de l'Afrique et de l'Histoire scientifique et culturelle de l'humanité. Il a été, jusqu'à fin 1991, directeur général du Centre international des civilisations bantoues (CICIBA) à Libreville au Gabon et directeur et rédacteur en chef du magazine Ankh. Du 28 janvier au 3 février 1974, au Caire, en Egypte, Théophile Obenga a accompagné Cheikh Anta Diop en tant que représentant de l'Afrique (il y avait aussi plusieurs professeurs d'Egypte et du Soudan) au colloque de l'UNESCO sur « Le peuplement de l'Egypte ancienne et le décryptage du Écriture méroïtique".

LA CRISE DANS LE CONTEXTE AFRICAIN.

LE CONCEPT DU MOT CRISE - Étymologie

Le mot grec krisis était utilisé par les médecins antiques avec un sens particulier. Quand le patient, après avoir été médicamenté, entrait en crise, c'était signe qu'il y aurait une issue : la guérison ou la mort. La crise signifie la séparation. C'est le temps de la SÉPARATION d'un état à un autre. De l'état de gloire à l'état de chute. Le passage d'un état à un autre s'appelle une crise.

La crise peut être considérée comme le moment où l'équilibre d'un système est remis en cause. Quelque chose qui était stable passe d'un instant à l'autre dans un état de déséquilibre.

Une CRISE peut être un changement biologique, social ou psychologique.

Dans ce changement, il doit y avoir un effort supplémentaire pour garder l'équilibre. Au sein de la crise, nous vivons essentiellement dans deux états : celui d'équilibre et celui de déséquilibre. Beaucoup de gens finissent par ne pas supporter l'état de crise, lorsque le changement est défavorable, précisément parce qu'ils ne sont pas capables de se maintenir dans un état d'équilibre mental.

LA LOGIQUE UNIVERSELLE DE LA CRISE

Considérant la crise comme un chaos, un désordre, il y a toujours un ordre caché de stabilité qu'il faut découvrir pour identifier et profiter des opportunités qu'elle offre.

C'est précisément à ce moment que les grands leaders sont identifiés. Les gens formidables. Vos visions et vos actions.

Au sein de la CRISE AFRICAINE, nous sommes absolument certains que l'Afrique doit trouver des moyens de surmonter cette crise.

MANDOMBE et MANDOMBE UNIVERSITY veulent être des outils importants pour contribuer aux efforts supplémentaires nécessaires à l'Africain pour surmonter la crise et converger vers des moments nouveaux et importants de son histoire, retournant à l'âge d'or de l'Égypte ancienne.

CRÉATION DE MÉCANISMES POUR METTRE EN UVRE LE PROCESSUS D'EFFORT SUPPLÉMENTAIRE EN AFRIQUE.

Mécanismes qui agissent sur les dimensions :

- IDÉOLOGIQUE
- ORGANISATIONNEL
- SCIENTIFIQUE
- TECHNOLOGIQUE

LA PARTIE PRATIQUE DU MANDOMBE
LES PRINCIPAUX CONCEPTS DE LA PARTIE TECHNIQUE DU MANDOMBE.

Étude du mandombe comme instrument
de la Renaissance Africaine Moderne.

En langue africaine KIKONGO

MANDOMBE = MA + NDOMBE

MA (qui appartient à)
NDOMBE (Noir)

MANZAMBI - Ensemble de toutes les connaissances qui appartiennent à Dieu (Théologie).

MAKINVUAMA - Toutes les connaissances liées à la richesse (Economie).

MAKIMBANGU - La branche de la théologie qui étudie la nature Kimbangu.

MASONO - L'ensemble de tous les aspects liés à l'écriture.

LE MANDOMBE EST CE QUI APPARTIENT AU NOIR, fait par le noir, pour le noir et pour le bien de l'humanité.

La langue africaine KIKONGO est utilisée dans la transmission du savoir du MANDOMBE, comme on le verra dans les prochains cours. En étudiant le MANDOMBE vous apprendrez beaucoup de la langue Kikongo et comprendrez mieux ce que le Pape Simon Kimbangu a dit dans son discours du 10 septembre 1921 :

"Cependant, je vous exhorte à ne pas mépriser vos langues. Il faut que vous les appreniez de plus en plus à vos enfants et petits-enfants"

ÉTUDE DU MANDOMBE COMME INSTRUMENT DE LA PENSÉE AFRICAINE MODERNE

NOTIONS

SINGINI - Point de départ d'une transition en MANDOMBE. (Au talon)

MVUALA - C'est un symbole de pouvoir - CANNE - BASTION

- Notion de MANDOMBE ;

- Notion de KIMBANGUSME.

PÉLÉKETE   PAKUNDUNGU

ÉTUDE DE KISIMBA, KONDE ET ZITA

KISIMBA - C'est ce qui soutient ou assure quelque chose. Dans MANDOMBE, c'est la figure géométrique qui se connecte à MWALA, qui permet de montrer la position dans laquelle se trouve KISIMBA.

KONDE - C'est le réseau. C'est une grille illimitée qui constitue la source à partir de laquelle le chercheur MANDOMBE va chercher KISIMBA.

ZITA - Le nœud ou le point de connexion. C'est l'image qui représente la connexion ou la combinaison de KISIMBA et MWALA.

Les langues africaines sont des langues monosyllabiques. Dans l'écriture MANDOMBE, le concept ZITA est utilisé.

ÉTUDE DE CONCEPT KIMBANGU

Le mot Kimbangu doit être compris sous deux angles.

1er) Kimbangi (Attestation) + Mbangi (Témoin), ainsi, Kimbangu est le témoin oculaire, titulaire d'une preuve ou d'un certificat palpable, pour justifier sa présence au moment de l'événement, en présentant des preuves.

2ème) Mbangu (Panier fait d'empièchements qui sert à ranger des objets précieux ou même à servir de la nourriture) + M'bangundi (Mot de passe ou détenteur du code secret)

Kimbangu est le révélateur des secrets cachés dans le panier scellé, qui représente les secrets de la nature, des trois éléments fondamentaux de l'univers, de la nature : L'absolu, l'homme et la nature.

KIMBANGU possède le code PIN de l'UNIVERS.

Le MANDOMBE inspiré par Simon Kimbangu est l'une des premières de ses révélations, où, à travers le mur de blocs, le MANDOMBE a été developpé.

Comment fonctionne la structure pédagogique MANDOMBE ?

Dans ce cours nous verrons exactement cela, à travers les concepts recherchés dans la nature et dans la culture africaine, en MANDOMBE représenté par la langue KIKONGO. Le contexte linguistique KIKONGO est responsable de l'encodage MANDOMBE. C'est un grand centre de recherche scientifique.
KANGU DIA MANDOMBE : Alliance qui regroupe tous ceux qui ont déjà appris le MANDOMBE, ceux qui font des recherches et ceux qui apprennent le MANDOMBE.
KANGU - Alliance
SAMA KIA MANDOMBE : Titre donné au détenteur de la sagesse du MANDOMBE.
SAMA - Structure de terre que les fourmis construisent dans les villages, dans les bois. Ce sont des fourmis comestibles dans la cuisine africaine. Ces fourmis ont une organisation spectaculaire. Ils construisent des châteaux en terre où ils

effectuent une gestion alimentaire spectaculaire.

KEKETE : L'assistant MANDOMBE, qui fait partie de l'équipe SAMA KIA MANDOMBE.

N`SANDA : C'est un arbre utilisé par les Africains plus âgés pour résoudre les problèmes du Village. C'est la plateforme où se transmet le savoir de MANDOMBE.

NKUA MAZAY : Détenteur du savoir.

NKUA DUENGA : Détenteur de la sagesse.

MFUMUA N´SANDA : Responsable du Centre de Transmission des Connaissances.

KINZU : C'est un pot en argile que les personnes âgées avaient l'habitude de cuisiner. Il représente la contribution que chaque NKUA DUENGA apporte au maintien de la Structure MANDOMBE.

L'HISTOIRE SYSTÉMATISÉE DU MANDOMBE

LA PHASE PROPHÉTIQUE

Dans la domination d'un peuple, 3 techniques sont essentiellement utilisées :

1) Voler ou adultérer l'histoire des gens. Ces personnes sont perdues, sans référence, sans directives de comportement. Et cette déformation de l'histoire, c'est ce qui se transmet dans les écoles. C'est ce qui est transmis dans les programmes universitaires classiques. C'est ce qui se passe en Afrique. L'ignorance qui existe encore en Afrique sur la personne de Simon Kimbangu sert d'exemple et CACHE LA VRAIE HISTOIRE AFRICAINE.

2) Insérer dans l'esprit des peuples à dominer, la haine de soi. Brisez tout ce qui est estime de soi. Faire croire aux peuples dominés qu'ils ne valent rien. Ils ne représentent absolument rien.

3) La chute de l'âme culturelle des peuples. Faire dévaloriser les Africains tout ce qui est culture qui leur appartient : les langues, les écrits, les arts. Tout ce qui

appartient au peuple africain doit être dévalorisé. La pensée, la façon de manger, la façon de faire les choses. Tout échoue.

MANDOMBE vient sauver la VRAIE HISTOIRE et l'estime de soi du peuple africain. L'histoire de l'Afrique encore racontée aujourd'hui a été blanchie.

Nous allons maintenant analyser deux documents importants qui sont très importants pour comprendre la phase prophétique de l'Histoire Systématisée de MANDOMBE :

1) LA PROPHÉTIE D'ISAIAS 19 : 14 - 20

Dans ces versets, le prophète Isaïe prophétise la chute de l'Égypte et la venue d'un sauveur pour sauver l'homme noir.

14 L'Éternel a répandu parmi lui un esprit pervers; et ils firent égarer l'Egypte dans tout leur travail, comme un ivrogne quand il s'agite dans son vomi. 15 Et l'Egypte n'utilisera aucun travail que la tête, la queue, la branche ou le roseau puissent faire. 16 En ce temps-là, les Égyptiens seront comme des femmes, et ils trembleront et craindront à cause du mouvement de la main de l'Éternel des armées, qui se dressera contre eux. 17 Et le pays de Juda sera un étonnement pour le Egypte; tous ceux à qui cela sera annoncé seront étonnés, à cause du dessein de l'Éternel des armées, qui a décidé contre eux. 18 En ce temps-là, il y aura cinq villes dans le pays d'Égypte qui parleront la langue de Canaan et prêteront serment à l'Éternel des armées; et l'une s'appellera : City of Destruction. 19 En ce temps-là, l'Éternel aura un autel au milieu du pays d'Égypte, et une colonne s'adressera à l'Éternel à sa frontière. 20 Et ce sera un signe et un témoignage à l'Éternel des armées dans le pays d'Égypte, car ils crieront à l'Éternel à cause de leurs oppresseurs, et il leur enverra un sauveur et un protecteur, qui les délivrera.

2) La prophétie de Simon Kimbangu sur la gloire et la renaissance des négroïdes. Voir pages 13, 14 et 15.

Indépendance:
SPIRITUEL
POLITIQUE
SCIENTIFIQUE

LA PHASE D'APPEL OU DE VOCATION

David Wabeladio Payi est né à Ngombe Lutete le 15 janvier 1957 dans une famille de dix enfants. Mécanicien de formation, il n'a jamais exercé son métier. Très tôt en 1978 après une vision spirituelle, il passe des journées entières dans sa chambre et se consacre plus tard à ses recherches scientifiques, ses efforts et sa persévérance sont enfin récompensés. A 21 ans, Simon Kimbangu lui confie une mission au nom de la Race Noire et de toute l'humanité, une assistance métaphysique d'investigation qui l'amène à découvrir le théorème de MANDOMBE dans le mur de blocs.

LA PHASE D'APPEL OU DE VOCATION

LE PÈLERINAGE CLANDESTIN DE WABELADIO

Dans:

Kinshasa, République Démocratique du Kongo

Latitude : -4.320836 -4° 19' 15.010" N

Longueur : 15.29866 15° 17' 55.176" E

Zone : (Afrique/Kinshasa)

Pour:

Mbanza-Ngungu, Kongo-Central, République Démocratique du Kongo

Latitude : -5.252099 -5° 15' 7.556"

Longitude : 14 86913 14° 52' 8 868"

Zone : (Afrique/Kinshasa)

L'entourage de Kinshasa en arrivant à Mbanza-Ngungu s'est rendu chez Mafuila Garcia, l'oncle de Wabeladio, frère aîné de la mère de Wabeladio.C'était un grand commerçant à l'époque, très influent, avec de nombreuses ressources il faisait vivre toute la famille, toutes les études de Wabeladio. il avait le pouvoir dans la famille. Oncle Mafuila Garcia voulait savoir alors ce qui se passait. Wabelário a alors commencé à raconter toute l'histoire. La voix qu'il écoutait, les conseils qu'il avait reçus. Allez à Nkamba, priez... Mon oncle s'est rendu compte qu'il s'agissait de situations au-delà de l'entendement humain. Il a ensuite dit : mais nous sommes catholiques, cela n'a rien à voir avec notre profil spirituel, celui-ci étant Nkamba. C'est alors que l'oncle a dit que Wabeládio souffrait alors de paludisme cérébral. Il leur a recommandé de retourner à Kinshasa afin que Wabeladio puisse recevoir des soins médicaux.

C'est alors que Wabeladio décide de faire un pèlerinage clandestin et invite deux de ses cousins : Nkodi Mwafila, 17 ans, un des fils de son oncle Mwafila Garcia et Miguel Mwafila, 16 ans, le frère de Nkodi. Il les a persuadés de l'accompagner en disant que Nkamba n'était pas loin. Ils n'ont pris qu'une lampe de poche et la Bible. C'est à ce moment-là qu'ils sont arrivés à la montagne Ngongo. Au pied de la montagne, il y a un petit ruisseau où ils ont bu de l'eau et, pendant qu'ils se reposaient, le premier miracle se produira. Il y en avait un plus âgé qui sortait d'une forêt dense pour rejoindre la route principale. Wabeladio s'est rendu compte qu'il n'était pas normal qu'un homme plus âgé sorte de cette forêt dense. C'est alors que l'aînée a dit : ne t'inquiète pas, je serai là où est ton destin. Et tandis qu'il poursuivait son pèlerinage, Wabeladio entendit des voix comme des anges venus du ciel. Il regarda en arrière et le plus vieux était parti. Le premier hymne que Wabeladio a entendu était un hymne kimbanguiste bien connu, mais Wabeladio à cette époque n'avait aucune connaissance du kimbanguisme. Il n'y avait pas de culture Kimbanguiste. L'hymne que Wabeladio avait entendu disait : Alléluia, Alléluia au Saint des Saints. Ne sois pas triste. Alléluia, alléluia au Saint des Saints. C'était un message de consolation, qui donna à Wabeladio le courage de continuer son pèlerinage. C'était une assistance spirituelle. Le plus vieux qu'ils rencontrèrent fut en fait Simon Kimbangu qui se manifesta à eux. Les hymnes l'accompagnaient même lorsqu'ils arrivaient dans l'un des villages où ils vivraient d'autres histoires. Les cousins n'ont pas écouté les hymnes. Le deuxième hymne disait : Alléluia, la gloire de Dieu se manifestera maintenant. Hymnes en Kikongo. La famille de Mbanza-Ngungu à cette époque s'inquiétait de la disparition de Wabelaio et de ses cousins. Ils ont imaginé qu'ils pourraient jouer dans un coin. Ils n'avaient aucune idée du pèlerinage de Wabeladio et de ses cousins.

ARRIVÉE AU VILLAGE DE KIMONGO

Vers 18 heures, déjà fatigué, Wabeladio décide de dire une prière. Le jeune cousin, au lieu de prier, commença à voir la nature autour de lui et c'est alors qu'il eut une vision de nombreuses étoiles agglutinées. Il interrompit la prière de Wabeladio qui dit : Dieu a exaucé nos prières. Continuons comme il y avait des lumières.

Arrivés au village de Lumueno, ils frappèrent à la première porte. Ils ont été accueillis par une personne bien connue, qui travaillait pour leur oncle Mafuila Garcia, qui leur a réservé un accueil chaleureux avec de la nourriture, des boissons et un espace pour dormir. Beaucoup plus tard dans la nuit, ils ont commencé à entendre des voix considérées comme malveillantes à l'extérieur de l'annexe où ils se sont rencontrés et ont décidé de partir.

Quelques mètres après avoir quitté les villages, Wabeladio sentit la terre trembler comme s'il s'agissait d'un tremblement de terre. Il se mit à crier que la terre tremblait. Les cousins ne ressentaient rien. À un moment donné, Wabeladio était collé au sol. Je ne pouvais plus marcher. Les cousins ont essayé de se détacher de la terre, mais ce n'était pas possible. C'est alors qu'une grosse pluie est tombée et ils étaient tous très mouillés.

Wabeladio a été collé au sol pendant plus de 4 heures. Jusqu'à 6 heures du matin quand il a essayé de décoller ses pieds du sol et qu'il n'y avait plus de résistance. La lampe qu'ils avaient emportée avec eux était également collée au sol.

Ils ont alors décidé d'interrompre le pèlerinage et de retourner à Mbanza-Ngungu, mais lorsqu'ils sont passés à nouveau par le village de Lumueno, les riverains se sont rendu compte que ces jeunes étaient des personnes spéciales et les ont emmenés chez le pasteur kimbanguiste qui les a accueillis. Ensuite, la femme du pasteur a eu de sérieux problèmes avec la présence de Wabeladio, à cause de la présence spirituelle de Simon Kimbangu à Wabeladio qui s'est heurtée aux forces du mal présentes dans sa femme. Enfin, accompagnés d'un entourage

Kimbanguiste du Village, ils se sont rendus à Nkamba.

A Nkamba, Wabeladio eut de nouvelles visions que les Kimbanguistes locaux identifièrent que c'était Simon Kimbangu qui l'avait amené et recommandèrent à Wabeladio de se conformer à ce qui lui avait été demandé par Simon Kimbangu.

Toute cette histoire plus en détail est racontée par Bitombokele dans les vidéos en portugais et en français de cette leçon 12.

LA RÉVÉLATION

Après que Wabeladio se soit rendu à Nkamba, se soit baigné dans les eaux de Nkamba, ait prié pour recevoir la mission qui lui serait confiée, la famille s'était dispersée à travers le bas Congo à la recherche des trois jeunes hommes disparus, il a finalement été emmené par sa mère à leur patrie Ngombe Lutete puis à Mbanza-Ngungu.

A cette époque, l'oncle Mafuila Garcia était très en colère et c'est alors que Wabeladio commença à connaître de grands tourments.

Il a d'abord été emmené dans un kimbandeiro (une entité en Afrique qui aurait le pouvoir de détecter les sorciers ou quiconque a pris un sort).

Après que le kimbandeiro ait failli tuer Wabeladio en le battant si fort, il a abandonné. Wabeladio a ensuite été emmené au centre metida, a effectué tous les tests et rien n'a été trouvé d'anormal à Wabeladio.

Finalement Wabeladio a été référé à l'Église Kimbanguiste où il a fini par avoir des contacts avec le Chef Spirituel et Représentant Légal de l'Église Kimbanguiste de l'époque, Son Éminence Diangienda Joseph, au Centre d'Accueil de Kinshasa.

Dès que Wabeladio eut fini de raconter toute l'histoire à Son Éminence Diangienda

Joseph, il fit appeler un pasteur et lui demanda d'écouter les hymnes que Wabeladio entendit pendant le pèlerinage. Le pasteur a écouté et a dit : Ce sont des hymnes de promesse.

Son Eminence Diangienda Joseph lui expliqua que le fait qu'il soit resté scotché au sol pendant 4 heures signifiait que son père Simon Kimbangu lui confierait une mission à remplir sur cette terre et qu'aucun être humain au monde ne pourrait lui dire ce que sa mission serait... Lui, Wabeladio, devrait beaucoup prier et se concentrer pour pouvoir recevoir les révélations de Simon Kimangu.

Il a fallu 8 mois de prière et de jeûne.

Après cette période Wabeladio sentit une grande force trembler en lui. C'est alors que son sens de l'observation s'élevait à un degré supérieur. C'est alors qu'il a commencé à voir quelque chose d'extraordinaire dans le mur de sa maison qui n'était pas encore plâtré. Plus proprement dit, dans le BLOCK WALL. Il a vu ce que nous ne pouvions pas voir. Il a vu que les lignes horizontales et verticales, formées par les blocs qui se chevauchent, sont la combinaison de deux éléments géométriques, qui ressemblent aux chiffres 5 et 2. Il est parti après 8 mois pour observer le mur de BLOC des autres maisons. Il a constaté que c'était la même réalité dans tous les murs de blocs. Il est arrivé à la conclusion que la réalité du mur de blocs était universelle. Il a raconté sa révélation, mais personne n'a rien ressenti de spectaculaire dans ce qu'il a dit. La nuit, Wabeladio fit un rêve où une mouche dessinait sur tout son corps les chiffres 5 et 2. Les deux éléments étaient gravés dans son esprit.

Et la même nuit dans un rêve, Simon Kimbangu apparaît et lui montre un certificat avec le titre :

CERTIFICAT D'ACTIVITÉ MATÉRIELLE

avec les dictons :

BASÉ SUR LES DEUX ÉLÉMENTS OBSERVÉS SUR LE MUR DE BLOC, NEGRO FERA TOUT IL VEUT DANS L'ACTIVITÉ MATÉRIEL.

A partir de ce moment, Wabeladio se lance dans l'investigation, la recherche, pendant 17 ans, c'est l'époque où il conçoit un système de pensée que nous approfondirons dans les cours suivants.

Simon Kimbangu nous a donné la CLE, appelée MANDOMBE. Ouvrir les innombrables portes de la connaissance dépend de chacun de nous. Tout comme Wabeladio, nous devons rechercher et utiliser le MANDOMBE dans nos domaines d'activité, comme AFRICANOS DE ALMA en faveur de la race noire et de toute l'humanité.

Tirez le meilleur parti des connaissances de ce livre en regardant inlassablement chaque leçon vidéo.

Celso Salles
Auteur

ÉTUDE DU MUR DE BLOC

PERSPECTIVE EGYPTOLOGIQUE

LE MUR DE BLOCS est l'élément de base de la structure organisationnelle que nous appelons SPISTEMOLOGIA MANDOMBE.

Commençons par analyser différents types de murs en blocs.

POINTS DE VUE. La façon de voir. La façon de penser.

On distingue 3 perspectives de murs en blocs :

1) égyptologique ;
2) géométrique ;

3) Mandombe

Perspective égyptologique.

C'est l'ensemble de toutes les méthodes, de toutes les méthodologies, de toutes les procédures de production et d'acquisition de connaissances que les anciens Égyptiens ont mis en œuvre afin de développer la technologie de la construction civile. Et cette technologie de construction civile qu'ils ont léguée à l'humanité, a servi aujourd'hui de procédé pour élever les murs de blocs que nos maçons (professionnels de la construction) ont fait. Cela a une logique. Car les blocs sont toujours formés de la même manière et dans toutes les constructions. C'est la partie que nous allons découvrir, car cela vient de la tradition de l'Egypte ancienne, qui à ce moment même a encore des symboles géométriques, des symboles de l'ingénierie de construction de nos ancêtres égyptiens. Les soi-disant pyramides.

Les pyramides sont des symboles de l'intelligibilité de l'épistémologie égyptienne antique. Et ce système était si sophistiqué et l'est encore jusqu'à ce moment même, qu'il a laissé des travaux gigantesques qui font l'admiration de l'humanité, principalement dans le monde scientifique, dans l'ingénierie en général. Pendant de nombreuses années, l'une des plus grandes sources de ressources en Égypte a été le tourisme. Beaucoup se demandent comment les Égyptiens ont réussi à construire les pyramides avec les technologies de l'époque.

La logique épistémologique du mur de blocs dans la perspective égyptologique consiste à superposer des blocs gigantesques. Chaque bloc pesait en moyenne 10 à 20 tonnes et était transporté sur d'énormes distances de la zone de production au chantier de construction.

C'est le cas de la Pyramide de Gizeh. Il a été construit en 20 ans. 2 millions de pierres ont été utilisées dans sa construction. Chaque travail a utilisé environ 100 000 travailleurs sur une période de 20 ans.

Nous pouvons voir que toutes les lignes verticales sont dans la même direction. Au milieu du bloc se trouve le centre de gravité du bloc. Cette réalité représente le secret de la résistance du mur de blocs. Dans la logique de MANDOMBE, nous avons pu justifier scientifiquement et technologiquement cette structure de construction. Il est construit de cette façon pour respecter l'angle de 90 degrés. Il s'agit d'un angle de stabilité qui permet au mur de blocs de se tenir droit et de résister aux intempéries. Dans les prochains cours, nous remarquerons qu'il existe une interconnexion entre les perspectives de l'Egypte et du MANDOMBE.

Là où s'arrêtait le savoir des Égyptiens, c'est là que Simon Kimbangu a commencé à nous révéler le savoir qui va révolutionner l'humanité, qui est le mur de blocs. Simon Kimbangu a révélé tous les secrets du mur de blocs pour dynamiser la nouvelle civilisation africaine.

ÉTUDE DU MUR DE BLOC
PERSPECTIVE GÉOMÉTRIQUE

C'est une classe liée à la géométrie et aux mathématiques. MANDOMBE en général, comme on le verra au cours des prochains cours, aide beaucoup à comprendre les réalités mathématiques.

Commençons par parler de géométrie descriptive.

La perspective géométrique est aussi égyptienne.

Commençons par le concept de géométrie. Le MANDOMBE dans son essence est une connaissance géométrique. La géométrie nous accompagnera dans tous nos processus d'acquisition de connaissances MANDOMBE. Dans la définition étymologique, la géométrie est un mot d'origine grecque. Le latin nous offre aussi les mêmes caractéristiques morphologiques. Dans la composition du mot géométrie nous avons : géo = terre et métrique = mesure.

La géométrie est l'art de mesurer la terre. Le Nil a joué un rôle très important dans l'Egypte ancienne. Son exploration a provoqué une grande évolution technologique en Egypte. C'est le plus long fleuve d'Afrique. L'embouchure du Nil est en fait l'Egypte. Concernant les saisons climatiques, il y avait des moments où le Nil était plein et dans d'autres ses eaux diminuaient. Les anciens Égyptiens cultivaient le long du Nil. Sur les rives du Nil, les agriculteurs travaillaient avec diverses cultures. Chaque agriculteur avait son morceau de terre. Ils savaient qu'à tout moment le niveau de l'eau pouvait monter et envahir les zones de plantation. Cela arrivait chaque année. En conséquence, les parcelles de terrain ont été réduites. Ce travail de mesure de la taille des terres s'appelait la géométrie.

A travers les lignes, ils ont pris les cordes, tendu les cordes et tout le travail de mesure a été effectué par les experts pour rétablir la légalité, évitant les désaccords et les différends. La géométrie est la partie des mathématiques qui étudie les propriétés et les mesures des figures, des plans ou de l'espace. C'est la géométrie descriptive.

La Nature de MANDOMBE est vraiment une géométrie descriptive. Celui qui écrit MANDOMBE applique la géométrie descriptive. Un enfant de 10 ans qui apprend le MANDOMBE est automatiquement un enfant très avancé en géométrie descriptive. Il vous sera beaucoup plus facile d'apprendre certains concepts mathématiques complexes.

LA PERSPECTIVE MANDOMBE DE L'ETUDE DU MUR

DE BLOCOS est essentiellement le contenu du Livre 8, MANDOMBE, qui propose également 27 leçons vidéo en portugais et en français pour ceux qui souhaitent approfondir leurs connaissances du théorème de MANDOMBE.

George Floyd

C'est avec une grande joie que je termine cet important livre de la Collection África, exactement le jour anniversaire de la naissance de mon plus jeune fils, Lucas Salles. En ce jour du 26 juillet 2021, alors qu'il fête ses 21 ans. Une date très symbolique, car toutes les connaissances qui ont été mises dans ce livre ne dépendent pas de la foi de ceux qui le lisent pour se développer. Je veux le dédier à Lucas et à toute la génération Salles qui continuera avec lui, ses enfants et petits-enfants, ainsi qu'à Leandro Salles, mon fils aîné (27 ans).

D'après ce que j'ai appris du grand maître Bitombokele Lei Gomes Lunguani, que je considère particulièrement, avec Pai Seba à qui j'ai initialement dédié ce livre 8, les héritiers de Davi Wabeladio. Lui, dans plusieurs narrations, dont une de ses classes dans ce livre, souligne que Simon Kimangu est très fidèle à tous ceux qui contribuent à son travail. Wabeladio lui-même, comme le dit Bitombokele, a été choisi pour les œuvres de son ancêtre du même nom, lors de l'arrestation de Simon Kimbangu.

J'ai traversé ces 6 années de contact et de recherche avec les Kimbanguistes, écoutant d'innombrables histoires de personnes âgées qui ont subi des persécutions, des années après la mort de Simon Kimbangu. De nombreux Kimbanguistes ont été persécutés et tués.

Ce sont des histoires que les « propriétaires d'histoires » n'aiment pas raconter. Soit parce qu'ils ne le savent pas, soit parce que c'est une histoire très triste et honteuse.

Dans ce contexte, je n'ai aucun doute qu'un de mes ancêtres a dû faire quelque chose de très bien dans le travail de Simon Kimbangu, car avoir été sollicité au Brésil pour réaliser ce travail est vraiment un grand miracle. Je sais plus que quiconque que c'est quelque chose d'humainement impossible.

Pour tout ce que nous suivons aujourd'hui, nous, en tant qu'humanité, devons changer nos chemins le plus rapidement possible. Ce que nous avons vu dans les administrations Trump et Bolsonaro est une cause de HONTE POUR NOTRE GÉNÉRATION.

Au Brésil, au moment où j'écris ce livre, des centaines ou des milliers de Brésiliens meurent du Covid 19, victimisés par les intérêts financiers de « faux Brésiliens » qui échangent la vie de leurs frères.

Tout comme Pakundungu et Pelekete se complètent, de nombreux opposés ont besoin l'un de l'autre. Une harmonie en noir et blanc, vous n'avez pas non plus besoin d'être très intelligent pour voir que c'est tout ce dont nous avons besoin en tant qu'humanité.

La révélation de MANDOMBE n'était pas un hasard. Vous qui terminez la lecture de ce livre et j'espère que vous étudiez avec amour les vidéos enregistrées par Bitombokele, vous êtes un sage. Et en tant que sage, il a certainement une grande et noble mission ainsi que d'innombrables actions qui contribueront grandement à un NOUVEAU ET IMPORTANT COURS DE L'HUMANITÉ.

PENDANT QUE NOUS DANSONS
CULTURELLEMENT

Celso Salles

Le neuvième livre de la Collection Afrique nous conduit invariablement à une analyse et à une réflexion de ce que nous, en tant que race noire, à l'intérieur et à l'extérieur du continent africain, avons fait pour créer des conditions de vie nouvelles et définitivement meilleures, laissant le conditionnement auquel nous étions soumis, en nous libérant des innombrables carcans qui nous sont imposés depuis plus de 4 siècles. Comme j'ai déjà eu l'occasion de le mentionner dans le texte du livre "Africano de Alma - Une armée d'idées et de pensées", un changement profond peut être considéré comme MISSION IMPOSSIBLE. A court terme, oui, c'est vraiment une mission impossible. Mais quand on pense à long terme, il n'y a rien d'aussi spectaculaire à apporter des changements.

Ce livre "PENDANT QUE NOUS DANSONS CULTURELLEMENT" est presque une continuation du livre "African Soul - An Army of Ideas and Thoughts".

L'idée du titre du livre est venue d'une conversation que j'ai eue avec le sociologue afro-brésilien Tadeu Kaçula, quand je lui ai dit que, pendant que les noirs dansent, les blancs pensent. C'est alors que Tadeu, dans sa veine poétique, a complété... "Alors que les Noirs dansent culturellement, ils dansent économiquement." Comme il s'agit d'une phrase compréhensible uniquement à la manière brésilienne, j'ai profité de la construction verbale de Kaçula pour générer le titre de ce neuvième livre de la Collection África, pour exprimer de manière intelligible son importance en portugais, anglais, français, allemand et espagnol. former les nouvelles générations d'Africains et d'Afro-descendants dans des contextes et des paramètres nouveaux et importants.

Encore une fois, on ne peut pas entamer ce type de conversation sans parler d'ÉDUCATION ou de RÉÉDUCATION, qui n'est rien de plus qu'adopter de NOUVEAUX MODES DE PENSÉE à partir de notre réalité. Je peux l'appeler une nouvelle Révolution de la PENSÉE AFRICAINE qui, dans le passé, avait besoin d'être divisée et dominée afin que l'ensemble du processus d'esclavage et de colonisation puisse être rendu possible.

Le 2 novembre 2009, j'ai eu l'occasion de visiter St. Antönien dans les Alpes suisses. Sankt Antönien est une commune de Suisse, dans le canton des Grisons, d'environ 331 habitants. Elle s'étend sur une superficie de 52,28 km², avec une densité de population de 6 habitants/km².

Altitude : 1 459 m

Superficie : 52,28 km²

A Saint Antonien

Si j'étais seulement resté à Zurich, je serais rentré au Brésil avec une idée très proche de "la vie d'un feuilleton ou d'un film", qui est l'image qu'on nous vend, toujours liée aux célébrités et aux personnages célèbres. en général.

Cependant, j'ai eu l'occasion d'aller à Sankt Antönien, où j'ai clairement vu une autre réalité. Une vie beaucoup plus difficile, où vaincre le froid intense, avec des températures en dessous de zéro est une question de survie. Ils profitent des ressources naturelles et en coupant du bois, ils rendent financièrement viable l'utilisation de générateurs d'énergie électrique.

Supposer qu'il n'y a de vie facile nulle part, pour un Brésilien ou même un Africain qui s'imagine vivre en Europe avec « la vie d'un feuilleton ou d'un film » peut changer d'avis. La vie dans ces lieux, de facilité, n'a rien.

Normalement, on ne met jamais le bonheur là où on est, et il est indéniable que la vie sous les tropiques, ou la vie tropicale, ne nous oblige pas à avoir toute la planification qui est fondamentale dans d'autres régions du monde, qui finissent par développer automatiquement leur personnes.

Dans ces endroits, le froid tue. Vaincre le froid. Dans les différentes Afriques du monde, c'est la pauvreté qui tue. NOUS DEVONS VAINCRE LA PAUVRETÉ.

NOTRE ART AFRICAIN, DANS LE MONDE ENTIER, EST NOTRE PLUS GRAND PATRIMOINE, MAIS NOUS NE POUVONS PAS EN VIVRE.

Nous devons occuper des places privilégiées, obtenues par la capacité. Pour cela, nous devons être préparés et concourir à armes égales. Nous devons être conscients qu'un lieu m'appartient non pas parce que j'y suis né, mais à cause de la manière compétente dont je m'affirme dans cet espace.

COMMENT VAINCONS-NOUS LA PAUVRETÉ ?

Alors que nous dansons culturellement, la pauvreté se répand parmi nous.

Tous les pays et tous les gouvernements ont l'obligation de prendre soin de leur population, en leur offrant les conditions minimales qui leur permettent la dignité de vie :

- Assainissement;
- Eau potable;
- Accueil;
- Éducation;
- Santé;
- Nourriture;
- Sécurité;
- Électricité...

En pratique ce que l'on observe c'est que les conditions ne sont guère les mêmes pour tout le monde et puis tout y passe. Les médias sont achetés, des milices armées sont créées, des conflits sont fomentés, des gouvernements sont déstabilisés.

La corruption est le moteur où les corrupteurs et les corrupteurs finissent par être de véritables tumeurs malignes, qui tuent des millions de personnes chaque année dans le monde.

C'est le monde dans lequel nous vivons. Et comment s'en sortir, profite aux classes qui sont au pouvoir depuis des siècles et dispose des principaux mécanismes capables d'amener le changement.

Il n'y a pas de formule magique pour éradiquer la pauvreté de la surface de la terre.

En tant que dominateur, je dois comprendre que le soleil brille pour tout le monde et que tout le monde a droit à une vie décente.

Moi, bien que dominé, j'ai besoin de me préparer très diligemment pour conquérir ma place au soleil.

COMMENT CONQUÉRIR VOTRE PLACE AU SOLEIL ?

A commencer par l'éducation. Mon père, M. Manoel Ferreira Salles, était chef de gare et avec le peu de salaire qu'il avait, il faisait de son mieux pour que rien ne manque à la maison, élevant ses trois enfants, Ivany, Manoel Roberto et Celso Salles avec beaucoup de dignité.

J'ai étudié dans des écoles publiques. J'ai fait des études primaires à l'Escola João Maringoni da Bela Vista et ensuite secondaire à l'Escola Morais Pacheco.

Consciente de la fragilité de l'enseignement public à l'époque, à l'âge de 14 ans, j'ai commencé à travailler et à payer mes études depuis le Collège, en m'inscrivant au CTI - Colégio Técnico Industrial de Bauru - SP - Brésil. J'ai pris cette décision essentiellement à l'âge de 16 ans, déjà basée sur ma façon de penser à l'époque.

Ce n'était pas facile. Je me levais très tôt pour faire le service militaire, puis j'allais travailler et la nuit j'étudiais le cours de technicien en électronique.

À la fin, je suis allé étudier à la Faculté des sciences économiques de l'ITE - Toledo Institution of Education à Bauru, d'abord dans la discipline de l'administration des affaires et plus tard en économie, où il manquait un semestre pour terminer le cours.

Mes enfants, Leandro Amorim Salles et Lucas Amorim Salles, ont eu de meilleures conditions, grâce aux meilleures ressources que j'ai pu créer pour les éduquer.

Conquérir une place au soleil n'est facile pour personne. Il faut beaucoup de combats. Cela doit être un effort constant. Quittez toujours le lieu commun.

Alors qu'au Brésil, une famille regarde des feuilletons, en Autriche, la famille se réunit et discute du journal du jour.

Plusieurs fois, j'ai vu des adolescents dans des bus à Vienne, garer leurs skateboards et passer tout le voyage à lire des livres, sans compter qu'il n'y a pas de collectionneurs dans les bus. Vous arrivez et tamponnez votre ticket sur l'appareil pour cela. Avec cette posture, l'Autrichien élimine la corruption dans l'embryon de son peuple car il doit faire preuve d'honnêteté au quotidien.

L'accès aux transports en commun n'a pas de tourniquet. Le contrôle est effectué par des contrôleurs en civil qui entrent dans le métro, les tramways ou les bus, et demandent un ticket. Toute personne trouvée lors d'un contrôle sans titre de transport valable doit payer 103€ en liquide, en plus d'être très... très gênée. En plus d'éduquer la population, cela réduit les coûts de main-d'œuvre dans les transports, qui peuvent être utilisés de manière plus productive dans le pays.

De même, sur les trajets qu'il effectuait en train, de Vienne à Zurich, qui duraient en moyenne 10 heures, il était courant de voir des familles étudier avec leur plus jeune pendant tout le voyage.

Voyez que ce comportement a été transmis de père en fils pendant des siècles. Et c'est ce que nous devons faire. Le point de départ du changement doit être dans l'esprit de chacun d'entre nous, puis dans la famille, puis à l'école, au travail et dans la société dans son ensemble.

COMMENCEZ PAR TROUVER VOTRE POTENTIEL DE CHANGEMENT.

Chacun de nous, compte tenu de son lieu de résidence, de son âge, de ses connaissances, de son influence, peut et doit jouer un rôle important dans le changement. Certaines professions, comme enseignant, sociologue, philosophe, écrivain, chacune dans leur rôle a beaucoup de force de changement. Le mot simplement prononcé, selon qui l'entend, devient fort. Numérisé, d'autre part, atteint un plus grand nombre de personnes et n'a pas de limites à sa portée. L'écrit a une plus grande longévité. Il faut beaucoup plus de temps pour atteindre un large public, mais il a une pénétration énorme dans l'âme du lecteur. Tous, absolument tous sont très importants.

QUANTITÉ X QUALITÉ

Actuellement, en 2021, lorsqu'une certaine personne a des milliers ou des millions d'abonnés sur ses réseaux sociaux, elle se sent déjà comme un être humain privilégié. Le marché capitaliste les rémunère pour présenter leurs produits et services et avec cela, des ressources financières apparaissent. Cependant, si nous approfondissons la raison de toute cette popularité, dans la plupart des cas, nous sommes très déçus par la futilité de beaucoup de ces célébrités et de leurs publications. Ils seront oubliés au fil du temps, car ils transmettent des contenus médiatiques, avec une importance très relative et temporaire.

Nous ne pouvons pas le mettre en règle, mais normalement, un contenu d'une importance immense n'a généralement pas autant de visionnage ou d'audience. Les algorithmes (procédures précises, non ambiguës, standardisées, efficaces et correctes) n'ont pas encore réussi à atteindre la qualité de ce qui est dit et utilisent les clics et les vues pour faire passer un certain message à un plus grand nombre de personnes.

La qualité des mots détermine leur longévité. On peut le voir dans plusieurs livres, dans ce que leurs auteurs ont dit il y a des siècles et qui restent des paramètres importants. Ce sont des mots qui ne mourront jamais, précisément à cause de leur qualité.

PAROLES DE VIE ÉTERNELLE

Ce sont les transformateurs. Ils sont les acteurs du changement. Le monde numérique s'est considérablement développé, mais à mon avis, il a déjà atteint son plafond. Le plafond des mots numériques est Fake News, ou Liar News. La rapidité avec laquelle ces nouvelles mensongères surfent sur Internet et la façon dont elles sont conçues conduisent beaucoup de gens à tromper. Il existe d'innombrables mensonges transmis comme des vérités, qui génèrent une audience et causent des inconvénients d'une grande puissance destructrice. Trump et Bolsonaro peuvent en être un exemple.

Le temps agit comme un antidote, car chaque mensonge a une date d'expiration qui ne résiste pas au temps.

Vous voulez un autre énorme mensonge qui peut être considéré comme un mensonge du siècle ? L'arrivée de l'homme sur la Lune Un mensonge en série, avec plusieurs voyages qui n'ont jamais eu lieu, autrement dit : NOUS N'A JAMAIS MIS LE PIED SUR LA LUNE. Avec la technologie et les connaissances d'aujourd'hui (2021), il est très facile de le prouver.

Toutes les preuves générées à l'époque avec des vidéos et des photos, au fil du temps, se sont transformées en preuves contraires qui prouvent exactement le fait que l'homme n'est pas allé sur la lune.

L'ENGAGEMENT ULTIME POUR LA VÉRITÉ.

La vérité est ce qui dépasse le temps. De nombreuses vérités, scientifiques ou non, ont été dites dans le passé, beaucoup d'entre elles n'ont pas été acceptées, qui au fil du temps ont prouvé leur authenticité.

Nous pouvons réfléchir un peu sur les PREVISIONS. J'ai vu naître l'ordinateur, puis Internet, le téléphone portable et enfin le smartphone. De nombreuses prédictions faites à la naissance du téléphone portable se sont produites. Ce qu'on appelait la PORTABILITÉ de l'information à l'époque n'est rien de plus que ce qui se passe aujourd'hui.

Au fond, chaque nouvelle invention occupe une partie des places des technologies précédentes.

Dans le domaine des sciences humaines, ce n'est pas différent. Cependant, il est plus difficile à découvrir ou à interpréter. Les évolutions sont silencieuses.

Le racisme lui-même est bien moindre qu'il ne l'était il y a 50 ans, quand j'avais 12 ans. Il existe toujours et est très destructeur. Cela devient plus caché ou subliminal. Parfois apparaissent des Bolsonaros qui placent un raciste dans la Fondation Zumbi dos Palmares, dans le but de détruire la Fondation si brillamment représentée dans le passé. La même chose a été faite avec TOUS LES MINISTÈRES BRÉSILIENS, dans leur empressement à mettre fin à la République et à transformer le Brésil en une véritable anarchie.

Et voilà ma prédiction, basée sur ce que j'ai vécu et étudié. Pour le bien de la race humaine, le racisme doit être éradiqué de la surface de la terre le plus tôt possible, car en tant que moteur de séparation, il entrave l'évolution de la race humaine sous tous ses aspects.

J'ai déjà eu l'occasion de mentionner dans les 8 autres livres de la Collection Afrique écrits jusqu'à présent, la grande bénédiction que j'ai reçue de Dieu de pouvoir être en lien direct avec le continent africain depuis 2011. Je vois à quel point l'humanité dans son ensemble a besoin du savoir qui existe ici.

Le MANDOMBE lui-même, contenu dans le livre 8 de cette Collection Afrique, apporte de nombreuses révélations qui envahissent le domaine de la métaphysique et qui peuvent être étudiées par les scientifiques du monde entier dans le domaine de la géométrie descriptive. C'est une nouvelle connaissance pour le bien de l'humanité. Les premiers intéressés par le MANDOMBE furent les Russes qui ont déjà pris contact avec le maître Bitombokele Lei Gomes Lunguani. Je crois que bientôt, même la Chine sera intéressée. L'Angola, principalement, a fait un grand effort pour évoluer dans la connaissance de toutes les possibilités que MANDOMBE peut offrir dans le domaine de la science en général.

Nul besoin d'être très intelligent pour garder à l'esprit que les PRÉJUGÉS À L'ÉGARD DU NOIR, qu'ont de nombreux pays, dont mon cher Brésil, vous empêcheront de rechercher ou même d'étudier le MANDOMBE. Pour eux, c'est COMME SI DIEU AVAIT DE LA COULEUR. Je peux affirmer catégoriquement qu'il n'a pas et souffle ses révélations à chaque peuple.

NOUS DEVONS ÉLARGIR NOTRE CONCENTRATION ET NOUVELLES GÉNÉRATIONS. NOUS NE POUVONS VIVRE QUE DE LA CULTURE ET DU FOOTBALL.

Dans le monde afro, nous pouvons identifier des objectifs enracinés chez la plupart des jeunes et des adolescents.

- Je veux être footballeur et gagner des millions et des millions de dollars (Comme s'il était possible d'avoir des millions de joueurs et que tout le monde gagne des millions de dollars) :

- Je veux être un modèle photographique et avoir une vie riche ;

- Je veux être un chanteur célèbre...

- Je veux être un chanteur célèbre...

On entend très rarement :

- Je veux être scientifique ;

- Je veux être un grand économiste ;

- Je veux être docteur;

- Je veux devenir ingénieur;

- Je veux être philosophe ;

- Je veux être anthropologue ;

- Je veux être mathématicien ;

- Je veux être astronome ;

- Je veux être un expert en MANDOMBE

- Etc.

QUI EST LA FLAMME ?

C'est le nôtre. Nous devons occuper des ESPACES NOUVEAUX ET IMPORTANTS. Pour cela, nous devons créer des STRUCTURES DE CONNAISSANCE, qui ne dépendent pas de celles existantes.

CENTRES DE RECHERCHE avec Internet gratuit, financés par les gouvernements et l'initiative privée, où les enfants pauvres ont la possibilité d'acquérir des connaissances gratuitement.

Imaginez combien d'esprits brillants nous perdons soit à cause des préjugés contre les PAUVRES, soit à cause d'un manque absolu de vision et d'intérêt. Allons-nous continuer comme ça ? Assumons notre incompétence en tant que génération des 20e et 21e siècles. Supposons que nous ne soyons pas responsables de millions de morts annuellement, EN RAISON DE LA FAIM que comme j'ai pu l'écrire dans le tome 3 de la Collection Afrique - L'IMPORTANCE DE LA DIASPORA AFRICAINE DANS LA NOUVELLE DECOLONISATION DE L'AFRIQUE, N'EST RIEN QUE LE SALAIRE DE LA PAUVRETÉ.

C'est triste, mais tout ce qui ne tue pas les riches n'est pas combattu. La lutte contre le COVID-19 prouve que quand vous le voulez et quand vous en avez besoin, chaque maladie est éradiquée. Pourquoi pas le paludisme ? Pourquoi pas les maladies liées à la faim ? Précisément parce qu'ils ne tuent pas les riches.

Eh bien, le temps est venu pour nous de changer cela, vous ne pensez pas ?

Toujours en ce qui concerne le Paludisme, ce n'est plus le moustique transmetteur qui tue, mais l'INDIFFÉRENCE de l'humanité.

Les domaines de responsabilité sociale des différentes entreprises, à de très rares exceptions près, ont des fonds minuscules, avec des gestionnaires et des responsables éloignés de ceux qui ont besoin d'aide.

Dans certaines ambassades, les budgets des projets sociaux sont débloqués en dollars, mais à un taux bien inférieur à la valeur en dollars du marché.

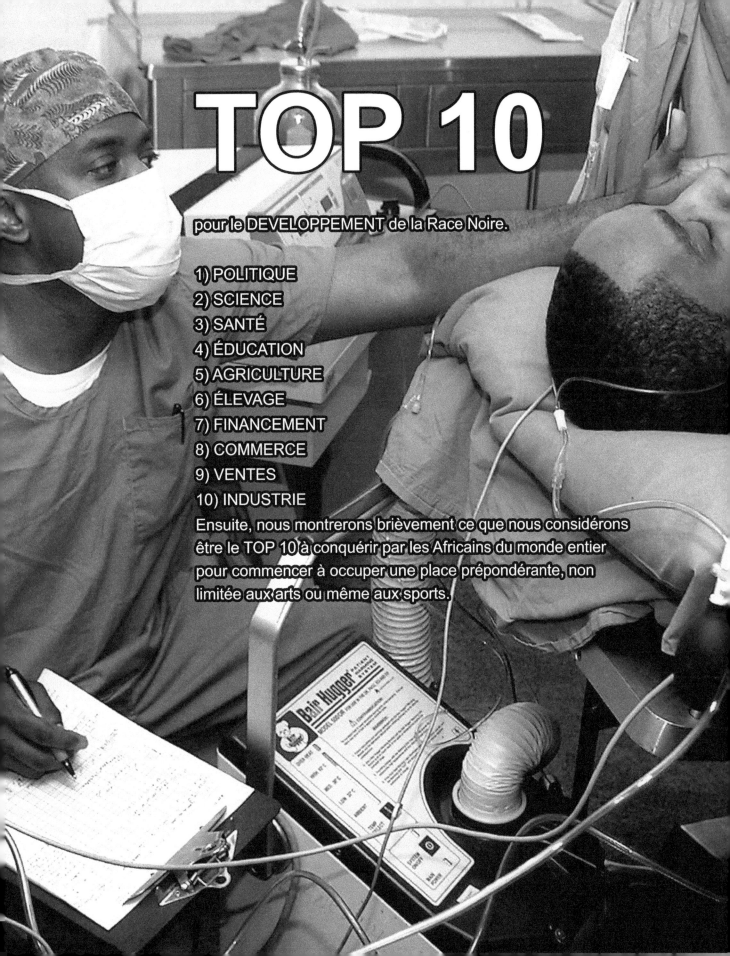

TOP 10

pour le DEVELOPPEMENT de la Race Noire.

1) POLITIQUE
2) SCIENCE
3) SANTÉ
4) ÉDUCATION
5) AGRICULTURE
6) ÉLEVAGE
7) FINANCEMENT
8) COMMERCE
9) VENTES
10) INDUSTRIE

Ensuite, nous montrerons brièvement ce que nous considérons être le TOP 10 à conquérir par les Africains du monde entier pour commencer à occuper une place prépondérante, non limitée aux arts ou même aux sports.

POLITIQUE

Dans ce que nous considérons comme le TOP 10 de ce dont la race noire a besoin pour occuper des espaces plus pertinents à travers le monde, nous pouvons placer la politique comme l'un des principaux objectifs. Ils ne nous laissent pas participer à la Politique ou nous nous retirons, précisément parce que nous n'avons pas une idée précise de l'importance d'avoir des représentants capables de défendre nos intérêts. Compte tenu du nombre de Noirs dans les classes les plus pauvres de la population, ce devrait être exactement le contraire.

Il existe de nombreuses excuses que nous finissons par trouver pour justifier notre absence des partis politiques. Mais le fait est que nous devons beaucoup évoluer à cet égard.

Sans l'ombre d'un doute, nos ancêtres ne se sont pas souciés de planter cette ambition politique dans l'esprit de leurs successeurs. Nous avons alors le devoir de préparer les nouvelles générations afin qu'elles soient prêtes à occuper le maximum de postes politiques qui permettent au législatif, au judiciaire et à l'exécutif de créer des lois et des projets publics qui permettent :

- Enseignement public de meilleure qualité ;

- Sécurité publique;

- Des logements abordables et de qualité à faible coût;

- Génération d'emplois ;

- Assainissement;

- Nourriture;

- Distribution de Médicaments

Quoi qu'il en soit, tous les besoins des pauvres noirs.

LE DÉVELOPPEMENT DE PROJETS

L'une des conditions de base pour l'évolution des classes défavorisées, de manière très pratique, est qu'elles apprennent à créer des projets. Un parti politique, peu importe sa taille ou pire, doit avoir plusieurs projets publics et toujours travailler sur l'aspect de la création de politiques publiques qui peuvent, après avoir été mises en œuvre, continuer d'exister, quel que soit le parti au pouvoir.

Comme le professeur d'histoire brésilienne Juliana Bezerra le décrit très bien dans son article publié sur le portail todomateria.com.br, la politique est l'activité exercée par les citoyens lorsqu'ils exercent leurs droits dans les affaires publiques à travers leur opinion et leur vote.

Le mot politique trouve son origine dans le mot grec « polis » qui signifie « ville ». En ce sens, il a déterminé l'action entreprise par les cités-États grecques pour normaliser la coexistence entre ses habitants et les cités-États voisines.

Définition

La politique recherche un consensus pour une coexistence pacifique au sein de la communauté. Elle est donc nécessaire parce que nous vivons en société et que tous ses membres ne pensent pas de la même manière.

La politique exercée au sein d'un même État est appelée politique intérieure et entre différents États, elle est appelée politique étrangère.

L'un des premiers à expliquer le concept de politique fut le philosophe Aristote. Dans son livre "Politics", il définit cela comme un moyen d'atteindre le bonheur des citoyens. Pour cela, le gouvernement doit être juste et les lois obéies.

Mais, pour qu'un Etat soit bien organisé politiquement, il ne suffit pas qu'il ait de bonnes lois, s'il ne veille pas à leur exécution. Le respect des lois existantes est la première partie d'un bon ordre; la seconde est la valeur intrinsèque des lois auxquelles on est soumis. En effet, on peut obéir à de mauvaises lois, ce qui se produit de deux manières : soit parce que les circonstances n'en permettent pas de meilleures, soit parce qu'elles sont simplement bonnes en elles-mêmes, ne correspondant pas aux circonstances.

Au XIXe siècle, alors que le monde industrialisé se consolidait, le sociologue Max Weber définissait :

La politique est l'aspiration à accéder au pouvoir au sein d'un même État parmi les différents groupes d'hommes qui le composent.

Les membres d'une même société peuvent faire de la politique lorsqu'ils veulent des améliorations dans la société civile. Aujourd'hui, dans les démocraties occidentales, les citoyens peuvent participer à la politique à travers des associations, des syndicats, des partis, des manifestations et même individuellement.

On voit alors que la politique va bien plus loin qu'un parti politique, des professionnels et des institutions.

Précisément pour toute son importance, nous de la race noire et des pauvres en général, nous ne pouvons pas laisser la politique continuer à s'exercer sur la base de promesses qui ne sont jamais tenues, généralement faites dans les périodes précédant les élections et toujours par une minorité ayant clairement intérêt à bénéficier du pouvoir égoïste.

Le pouvoir en général demande beaucoup de responsabilités. Beaucoup de préparation. Une grande connaissance des besoins réels de la population.

En cette année 2021, j'espère que cela s'améliorera dans les années à venir, nous avons réalisé à quel point la politique dans le monde en général est malade. Des groupes qui se rassemblent, à tous les niveaux, veulent user du pouvoir pour imposer leur volonté, ayant pour moteur le pouvoir financier de la minorité déjà spécialisée dans la tromperie.

L'entrée des médias et des réseaux sociaux sur Internet rend encore plus complexe le choix du meilleur candidat, du meilleur parti qui, basé sur des Fake News, embrouille encore plus l'esprit des électeurs.

Plus un peuple est éduqué et politisé, meilleures seront ses dirigeants et la qualité de vie de ce peuple. Investir dans l'éducation est la grande voie à suivre. Voter pour un candidat parce qu'il appartient à la même religion que je professe est une grave erreur. Le chef religieux commande et je vote parce qu'il l'a fait ? C'est totalement faux. Je dois voter en fonction des propositions du candidat ou du parti.

LA RECHERCHE DES MEILLEURES INFORMATIONS

Avec la quantité écrasante d'informations qui bombardent l'esprit des électeurs, nous devons faire quelque chose de relativement simple. Recevoir des informations et les croiser avec d'autres informations, voir les collisions et ce qui est commun dans les différentes sources d'informations. Nous devons garder à l'esprit que l'information peut ne pas être vraie.

La paresse en lecture doit être surmontée. Être dépendant uniquement d'Internet, de la radio, de la télévision, des cultes religieux, des magazines et des journaux EST SEUL la grande erreur qui a été commise dans d'innombrables sociétés.

FUYEZ L'ALIÉNATION

La personne aliénée est plongée dans une pensée et est retirée ou indifférente à son environnement. Le côté INVESTIGATION doit faire partie de chaque être humain. Développer la capacité de rechercher les mêmes informations à partir de plusieurs sources.

FUYEZ L'ARROGANCE

Aussi vrai que j'aie, je risque de me tromper. Par conséquent, être arrogant dans vos convictions est toujours une erreur qui doit être évitée. Entendre les côtés opposés et essayer de les comprendre peut vous libérer d'innombrables désagréments futurs. Les "crapauds" sont des experts pour dire ce que nous voulons entendre et également des experts pour cacher ce que nous devons entendre. Dans mes conversations avec d'innombrables jeunes angolais, j'ai cherché à les guider vers l'étude de sujets que les gens disent ne pas faire d'argent, mais qui sont fondamentaux pour une meilleure compréhension politique, comme la sociologie, la philosophie, l'histoire, la psychologie. La plupart d'entre eux sont liés au domaine humain.

Si mon seul objectif, ou ce que je mets dans la tête de mes enfants et amis, est purement de gagner de l'argent, je pense que nous devons RÉFLEXION et changer dès que possible.

L'idée de VALE TUDO est très liée à l'objectif de GAGNER DE L'ARGENT. Là, nous alimentons la corruption et d'autres maux.

Comme on peut le voir ces jours-ci (2021) la plupart des politiciens sont dans leur carrière exactement avec l'objectif de gagner de l'argent et même de faire fortune.

Rares sont ceux qui ont l'ambition de FAIRE L'HISTOIRE. Ce sont des incontournables, qui marqueront leur nom dans l'histoire et amélioreront considérablement la qualité de vie de leur peuple.

Moi, en particulier, je vois l'argent comme une forme d'énergie. Une énergie nécessaire pour réaliser les rêves.

AMÉLIORER LA QUALITÉ DE NOS RÊVES.

Si mes rêves sont juste d'avoir :
- Voitures de luxe ;
- Latones et plus Latones (des femmes et plus de femmes) ;
- Des maisons et encore des maisons ;
- Effectuez d'innombrables voyages coûteux dans les paradis de la terre.

Je découvrirai peut-être bien plus tard que ces rêves à eux seuls ne peuvent pas faire de moi une personne heureuse. Même parce que, je pourrais être entouré de nombreux faux "amis".

J'ai un ami qui dit : Vous voulez savoir qui sont vos vrais amis ? RESTEZ PAUVRE.

Voyez que j'insiste avec insistance sur le fait que, en particulier dans les positions politiques, nos rêves doivent être différents :
- Augmenter le nombre d'emplois :
- Attirer les investisseurs ;
- Améliorer les conditions de vie de mon peuple ;
- Combattre et réduire à zéro tous les types de corruption ;

- Assurer une transparence maximale dans la gestion des biens publics ;
- Réduire le taux de mortalité infantile...

LE NEGRO ET LES PAUVRES EN PUISSANCE DOIVENT EXACTEMENT ENTRAINER L'ERADICATION DU PARADIGME : JE SUIS EN POLITIQUE DE M'ENRICHIR.

Êtes-vous prêt à exercer le pouvoir ?

Voici une réponse difficile. Tous les types de gestion des personnes sont très compliqués. Gérer un pays n'est pas chose facile. Comme il ne pourra pas être partout, s'entourer de conseillers bien préparés et bien intentionnés est essentiel, car de nombreuses décisions devront être prises et, avec de fausses informations, tout un gouvernement peut être renversé.

Voyez à quel point l'ÉDUCATION ET LA FORMATION sont importantes, car vous ne pouvez pas former des leaders du jour au lendemain.

La préparation interne et externe est d'une importance primordiale, car vous devez comprendre toutes les forces qui affectent votre gestion. Forces positives et forces négatives.

Des mesures à court terme, ou même basées sur le gain de voix, peuvent également être préjudiciables, car l'administration de médicaments amers peut être tout ce que vous devez faire.

VISION À MOYEN ET LONG TERME.

Surtout les plus jeunes, même poussés par la vitesse des technologies d'aujourd'hui, ont du mal à attendre les choses. Toutes les mesures que vous prendrez ou non en gestion publique ne seront pas rentables à court terme et les critiques seront naturellement virulentes.

REVOIR LES LITURGIES DES OFFICES

De nombreux postes créés par le passé prenaient certaines configurations qu'il était urgent de réviser. L'un d'eux est l'ambassadeur.

Du rendez-vous, au et surtout au rendez-vous, ils doivent tenir compte de la construction de voies qui permettent le va-et-vient des richesses. Dans le livre 3 de la Collection Afrique "L'importance de la diaspora africaine dans la nouvelle décolonisation de l'Afrique" j'ai attiré l'attention sur l'inexistence même d'un ambassadeur brésilien noir en Afrique. C'est quelque chose de grave, alors que la majorité du peuple brésilien est précisément afro-brésilienne.

Dans le livre ÂME AFRICAINE, je place les principaux paradigmes qui au fil des siècles ont placé les Noirs dans ce véritable obscurantisme.

En termes politiques, les noirs et les pauvres sont vraiment mauvais. Si nous ne changeons pas cela, nous allons aggraver des siècles et des siècles de malheur.

Nous devons commencer ce processus de changement de chacun de nous. Ne pas rejeter la faute sur les autres, qui malgré la fermeture de toutes les tailles possibles, ne sont pas les seuls à blâmer.

Cette véritable aliénation dans laquelle nous vivons, où nous occupons peu ou presque rien des secteurs stratégiques du développement des pays où nous sommes, doit être brisée et nous agitons, de nos pensées, d'innombrables actions en quête de connaissance, de préparation et occupation dans un grand style de lieux importants sur la scène mondiale.

Dans notre histoire récente, nous devons citer BARACK OBAMA comme un excellent exemple à suivre. Il n'a pas occupé la Maison Blanche au hasard. Elle s'est préparée à cela et, d'après ce que j'ai suivi dans sa Fondation, elle prépare de nouveaux jeunes, de toutes les couleurs, afin qu'ils puissent avoir des performances futures et importantes dans les postes qu'ils occuperont dans les années à venir.

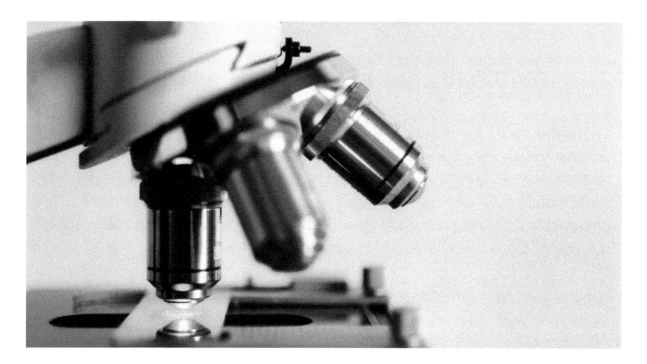

SCIENCE

Nous devons réveiller la nouvelle génération de Noirs et de pauvres sur l'importance de la science, qui est fondamentale pour transformer la vie des gens dans le monde.

Intérêt, recherche, recherche et études constantes.

UN PEUPLE SANS SCIENCE EST UN PEUPLE SANS AVENIR.

La science peut et doit se faire dans les pays en développement, car l'absence de communauté est l'une des raisons du retard.

Une partie du secret est de savoir quelles sciences cultiver et soutenir. Pour l'instant, écartons les sciences qui nécessitent un lourd investissement dans l'instrumentation scientifique, comme la physique nucléaire, l'astrophysique et les neurosciences.

Tous les sujets ont une composante théorique, qui ne nécessite que cerveau, crayon et papier, ainsi que des séminaires et des congrès, où les idées peuvent être échangées.

Par exemple, un groupe de mathématiciens désireux de se rencontrer une fois par semaine peut se réunir n'importe où pour discuter de leurs propres idées et de celles de collègues étrangers.

Comme le dit très bien l'Argentin Mario Bunge dans son article « Can science be done in the Third World ? Publié sur le portail universalracionalista.org, la principale difficulté rencontrée par les scientifiques indépendants est la rareté ou l'absence de conseillers capables de suggérer des problèmes et de superviser Ce problème est très grave, donc l'indépendance ne peut fonctionner que pendant un temps limité.

À son tour, cette conclusion nous rappelle qu'il n'y a pas de science sans gouvernement favorable. En particulier, les gouvernements néolibéraux font rage contre la science fondamentale [désintéressée] parce qu'ils l'accusent de ne pas contribuer au PIB. Ils ignorent que l'ingénierie repose sur les sciences exactes, la médecine sur la biologie et les sciences sociales appliquées sur les sciences humaines fondamentales.

En conclusion, la science théorique peut et doit être réalisée pendant la période de développement, mais cette tâche est beaucoup plus difficile que les plus simples. Cela nécessite une vocation et une volonté notoirement extraordinaires. C'est comme le test d'étanchéité pour trouver des sorcières : celui qui flotte est ensorcelé. Aidons ceux qui osent flotter ! Sorciers du Tiers-Monde, unissez-vous en séminaires !

Mario Bunge (1919-2020) était un physicien et philosophe scientifique, étant l'un des penseurs hispanophones les plus cités de l'histoire, selon la revue Science. Il était membre honoraire de l'univers rationaliste. Il a obtenu son doctorat en physique mathématique à l'Université de La Plata, a reçu environ 21 doctorats honorifiques et a étudié la physique nucléaire à l'Observatoire astronomique de Cordoue.

SCIENCES SOCIALES

Un ensemble de sujets qui étudient l'Homme à travers ses relations avec la société et la culture.

Les questions liées à l'Homme dans la société ont commencé à mériter l'attention des savants et ont pris un caractère scientifique à partir du XVIIIe siècle. De cette époque datent les premières études sur l'action de l'Homme au sein de la société, ainsi que sur ses relations avec ses semblables. En ce siècle, l'économie politique est née.

Cependant, c'est au XIXe siècle qu'apparaissent la plupart des disciplines qui appartiennent au domaine des sciences sociales, telles que l'anthropologie, la sociologie et les sciences politiques. Celles-ci ont été, dans leur genèse, profondément influencées par les théories sur la société des philosophes de l'époque, notamment par Comte, Marx et Spencer.

Au XXe siècle, les Sciences Sociales ont connu un large développement, ne se limitant plus à des travaux de grande envergure scientifique, pour démocratiser et décentraliser les écoles supérieures et secondaires, devenant un objet d'étude par les étudiants.

L'éventail des disciplines appartenant aux sciences sociales s'est également élargi, y compris, en plus de celles déjà mentionnées, la psychologie, l'ethnologie et la géographie humaine. Bien que sujet à discussion, il est également courant d'intégrer l'Histoire, la Philosophie et même les Sciences juridiques dans les Sciences sociales et humaines.

Les travaux menés dans le cadre des Sciences sociales obéissent à une méthodologie propre, basée sur des données qualitatives et quantitatives. Les principaux moyens utilisés pour les obtenir sont : l'enquête, l'entretien, le questionnaire, l'analyse documentaire, l'observation directe, l'observation participante et les statistiques.

Aujourd'hui, l'évolution technologique accélérée a donné un incrément très valable à l'avancement des Sciences Sociales, en permettant de développer et de compléter des études empiriques par des moyens quantitatifs, donnant ainsi lieu à de véritables théories scientifiques sur le comportement de l'Homme en tant qu'acteur social.

Dans le domaine des sciences sociales, nous avons beaucoup à apporter dans un contexte général. Comme nous vivons, pour la plupart, en marge de la société évoluée, nous devons devenir de VRAIS SCIENTIFIQUES SOCIAUX afin de pouvoir dicter de nouvelles règles et influencer les changements.

Dans le continent africain berceau, on constate que beaucoup sont copiés de l'Europe et même des États-Unis. Le problème est que, en ce qui concerne les sciences sociales, cette copie apporte beaucoup plus de mal que de bien, étant donné l'énorme différence.

Dans mon domaine de recherche qui s'achève cette année 2021, exactement 21 ans de travail, dont 10 en Afrique, je peux vous assurer qu'à bien des égards sociaux, l'Afrique est en meilleure santé que le reste du monde.

Ils ont toujours un NOYAU DE FAMILLE très fort, alors que dans une grande partie du monde, nous l'avons déjà perdu. Je crois que l'Afrique n'a pas eu le temps de le perdre.

Pour cette raison, il est nécessaire d'évoluer en Sciences Sociales à partir de l'Afrique elle-même, à partir de ses paramètres, sans copier personne. LA PROMOTION DU BIEN-ÊTRE SOCIAL en masse devient l'un des principaux objectifs des études de faisabilité.

Le sociologue en Afrique a un rôle extrêmement important car c'est à lui de formuler de nouveaux concepts et paramètres véritablement africains, qui sont ensuite enseignés dans les écoles. Je crois que c'est l'une des premières et importantes étapes vers la DÉCOLONISATION MENTALE en Afrique.

Le sociologue a besoin de beaucoup pour influencer la politique afin que les nouveaux dirigeants puissent suivre d'autres paramètres de gouvernance, réduisant la pauvreté et la différence entre les classes sociales.

Des villes plus propres avec des transports en commun évolués deviennent plus prioritaires que l'importation de voitures de luxe et démontrent un certain statut qui provient plus d'actes de corruption que de richesses acquises par des moyens productifs.

PLUS DE MARIELES ET MOINS DE BOLSONAROS

Au Brésil, l'un des principaux représentants du Tiers Monde, les sociologues doivent contribuer à générer PLUS DE MARIELES, avec des objectifs sociaux définis au service de l'autonomisation des femmes, des pauvres, des noirs et de la minorité en général, afin que nous ayons un société plus plurielle et plus évoluée.

LES 50 TYPES DE SCIENCES

Source : https://simplicable.com/new/science

La science est la recherche systématique et objective de connaissances fondées sur des prédictions falsifiables (qui peuvent être contredites par une observation), qui peut être testé par l'expérience ou l'observation. Bien que la science cherche la vérité, elle est toujours ouverte aux défis basés sur des faits vérifiables. Une théorie ou une loi scientifique peut être largement acceptée et vérifiée pour être vraie à toutes fins pratiques. Cependant, elle n'est jamais considérée comme définitive et permanente, de sorte qu'elle peut être remise en cause par de nouvelles découvertes. Voici les branches de la science avec des exemples de chacune.

science formelle

Les sciences formelles sont des systèmes de connaissances basés sur des concepts abstraits représentés par des symboles qui sont largement applicables à d'autres sciences. Ils s'appuient souvent sur des preuves que ces systèmes sont corrects en interne avec un degré élevé de certitude.

L'informatique

Math

Science des systèmes

Logique

Statistiques

sciences naturelles

Les sciences naturelles sont l'utilisation de la science pour comprendre le monde physique. Comme ces sciences traitent de phénomènes physiques et observables, elles sont considérées comme des sciences dures, où le niveau de preuve est trop élevé pour qu'une théorie soit acceptée. Le respect de la méthode scientifique est relativement élevé dans les sciences naturelles, l'examen par les pairs et la reproductibilité étant requis pour l'acceptation d'une théorie.

- Astronomie
- Biochimie
- Chimie
- Géographie
- La science des matériaux
- Paléontologie
- Zoologie
- Sciences de l'atmosphère
- La biologie
- Sciences de la Terre
- Géologie
- Océanographie
- La physique

Sciences appliquées

L'utilisation de la science pour résoudre des problèmes dans le monde réel. Il s'agit de découvrir des savoir-faire et d'élaborer des plans d'action à partir des connaissances fondamentales créées par les sciences de la nature et de la forme. Par exemple, un architecte qui utilise la physique, les mathématiques et la science des matériaux pour déterminer la charge de vent que la façade d'un bâtiment peut tolérer.

- Ingénierie aéronautique
- Mathématiques appliquées
- Architecture
- Ingénieur chimiste
- Informatique et ingénierie
- Sciences de l'environnement

- Sciences de la santé

- Génie mécanique

- Pharmacologie

- Sciences spatiales

- Médecine vétérinaire

- Science agricole

- Physique appliquée

- Bio-ingénierie

- Travaux publics

- Ingénierie électrique

- Sciences médico-légales

- Ingénieur industriel

- Médicament

- Physiothérapie

- Sciences spatiales

Sciences sociales

Les sciences sociales sont l'étude des sociétés et des individus. Ceci est considéré comme une science douce où les théories peuvent être basées sur une logique informelle, des mesures imprécises ou des études qui manquent de rigueur scientifique. Dans des domaines tels que la psychologie, il est courant que des études conformes à la méthode scientifique ne soient pas vérifiées par des études ultérieures.

- Anthropologie

- Sciences cognitives

- Économie

- Bibliothéconomie

- Science politique

- Sociologie

- Archéologie

- Sciences de la communication

- Géographie humaine

- Linguistique

- Psychologie

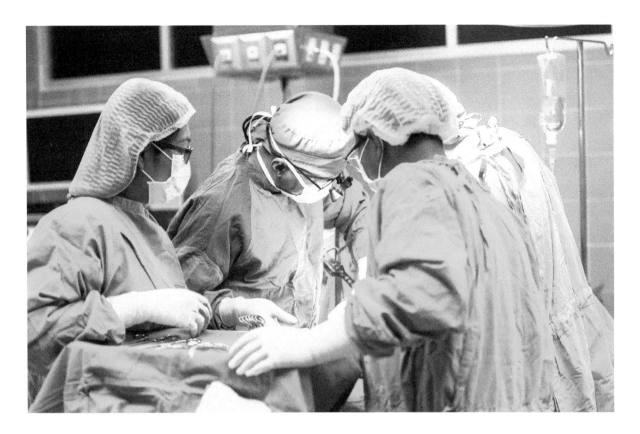

SANTÉ

Source : https://p.dw.com/p/3ANvz

Je ne pouvais pas recommencer ce sujet important dans le livre, sans commencer par l'initiative cubaine, sans parler des missions internationales cubaines qui continuent toujours à fournir des services de santé dans plus de 60 pays à travers le monde. Environ 50 000 professionnels de la santé cubains travaillent à l'étranger, souvent dans des zones difficiles d'accès et vulnérables. Comment un pays relativement petit comme Cuba est-il parvenu à former suffisamment de professionnels non seulement pour répondre aux besoins du secteur de la santé de l'île, mais aussi pour les envoyer dans des missions internationales ?

L'histoire des « blouses blanches » de Cuba

La première mission médicale internationale a quitté Cuba le 23 mai 1963. Une cinquantaine de professionnels de la santé se sont rendus en tant que volontaires en Algérie, un pays qui avait obtenu son indépendance de la France l'année précédente.

Avant l'indépendance, la plupart des médecins du pays étaient français. Dans l'Algérie d'après-guerre, pays en reconstruction, il y avait un manque de professionnels de la santé. C'est Fidel Castro, le président cubain, qui a appelé les volontaires à se rendre en Algérie. « Aujourd'hui, nous pouvons en envoyer 50. Qui sait combien dans huit ou dix ans, pour que nous puissions aider nos peuples frères. Parce que chaque année, nous aurons plus de médecins », a déclaré Castro dans un discours.

À cette époque, Cuba aussi commençait à reconstruire son système de santé. Pendant trois ans, l'Université de La Havane avait été fermée par décision du dictateur cubain Fulgencio Batista. Il a rouvert en 1959, après la victoire de la Révolution cubaine par Castro.

Sur les quelque six mille médecins qui sont restés dans le pays après la révolution, plusieurs sont devenus professeurs d'université et se sont consacrés à l'enseignement et à la formation des professionnels de la santé.

De nombreux collèges forment des médecins à Cuba

Aujourd'hui, 13 universités, 25 facultés de sciences médicales, quatre facultés de médecine dentaire et d'autres facultés, écoles et branches d'entre elles forment des professionnels de la santé à Cuba, selon l'information du ministère de la Santé du pays.

Selon le ministère, Cuba a terminé 2017 avec près de 92 100 médecins, y compris ceux travaillant dans des missions à l'étranger. Selon les données de l'Organisation mondiale de la santé, Cuba est l'un des pays ayant le taux de médecins par habitant le plus élevé au monde, avec 670 médecins pour 100 000 habitants. Presque deux fois plus que l'Allemagne avec seulement 380 médecins pour 100 000 habitants ou le Portugal (343) et bien plus que dans les pays africains comme São Tomé et Príncipe (49), Cap Vert (30), Angola (17 médecins), Guinée-Bissau (7) Mozambique (4).

Les volontaires à l'étranger travaillent souvent dans des endroits que les médecins locaux n'atteignent pas ou ne veulent pas atteindre. Comme l'a souligné le ministère cubain des Affaires étrangères, les médecins cubains au Brésil travaillaient « dans les zones rurales, en Amazonie, dans les communautés indigènes et dans les zones à risque, où il n'y avait pas d'autres médecins ». Au total, plus de 8 300 professionnels cubains ont travaillé dans le programme « Mais Médicos » au Brésil.

La santé, principal produit d'exportation de Cuba

Mais les services médicaux cubains à l'étranger sont également la principale source de revenus économiques pour l'île de Cuba, dépassant les revenus du tourisme. Cité par plusieurs publications internationales, l'ex-ministre de l'Économie de Cuba, José Luís Rodríguez, avait déclaré que l'exportation de services professionnels rapportait à l'île environ 11,5 milliards de dollars par an.

Les médecins cubains au Brésil ne recevaient que 30% du salaire du programme «Mais Médicos» et le reste, comme l'a déclaré le ministère cubain des Affaires étrangères, était investi dans le développement de services universels dans le système de santé cubain.

Dans le même temps, le ministère de la Santé de Cuba versait 100 % du salaire cubain (ce qui correspond à moins de 70 dollars par mois) aux employés du programme. Le ministère a justifié la somme, car ce sont les volontaires eux-mêmes qui "librement et par choix personnel décident de partager les salaires comme moyen de renforcer le système de santé cubain". A Cuba, le système de santé et le système d'éducation sont gratuits - et pour ce faire, ils doivent être financés.

La fin du programme « Mais Médicos » au Brésil pourrait être un coup dur pour l'économie cubaine. D'autre part : si le travail des médecins cubains au Brésil était vraiment une incitation si importante pour l'économie de l'île, pourquoi le gouvernement cubain a-t-il décidé de retirer ses professionnels ? Toujours via Twitter, le président cubain Miguel Díaz-Canel a déclaré : « Les principes ne se négocient pas, ils se défendent ».

D'après ce que je sais des zones d'accès difficile, tant au Brésil qu'en Afrique, pouvoir suivre de près le travail des médecins cubains a été et a été une grande satisfaction pour moi. En fait, en dehors de la politique, des intérêts internationaux, il existe un monde bien meilleur que ce que la moyenne (médias) révèle.

En faveur de la BBC, pas de Londres, mais de la BBC - Cuban White Bats, nous avons deux grandes et importantes questions :

1er) Pays avec des médecins, mais la plupart d'entre eux, avec peu ou pas d'intérêt pour travailler dans des zones reculées ;

2e) Pays sans assez de médecins et encore en train de former des médecins à moyen et long terme.

En Angola, en 2012, comme je le mentionne dans mon livre Celso Salles - Biographie en noir et blanc, j'ai vu le beau travail effectué par des médecins cubains à Caculama, une petite ville de la province de Malange. Le gouvernement a construit un magnifique siège pour abriter les médecins cubains qui travaillaient dans un hôpital également construit par le gouvernement angolais.

Une place en Afrique, sans aucune possibilité de loisirs, de nourriture et d'électricité fournie par des groupes électrogènes et même alors seulement pour quelques heures de la journée, n'attirerait guère le profil de tous les médecins du monde entier. Même si le médecin acceptait de travailler à Caculama, je pense que la famille du médecin ne s'y habituerait guère.

C'est très facile d'écrire des critiques et plus de critiques de la BBC, sans être ou même connaître les domaines dans lesquels ils travaillent dans le monde.

La dernière chose qu'un patient dans des régions éloignées veut savoir, c'est la nationalité du médecin.

Sur ce sujet très important, nous devons regarder à l'intérieur de nous-mêmes, médecins ou non, et nous demander, où allons-nous mal en tant qu'humanité ?

- En tant que gouvernement : nous ne créons pas les structures appropriées pour servir tous nos citoyens, sur un pied d'égalité, où qu'ils se trouvent ;

- En tant que Médecins : Nous oublions nos serments et nous nous laissons emporter par les charmes des grands centres et par le statut que la profession nous donne socialement ;

- Comme l'humanité en général : Nous ne facturons ni l'un ni l'autre. Ni gouvernement ni médecins.

PENSÉE ET ACTION SOLIDAIRE

Ici en Angola, j'ai eu l'opportunité de soutenir un beau projet EXPO SAÚDE, réalisé par l'Associação COROA DA VIDA. Entièrement payés par les médecins, ils desservent des quartiers de Luanda où la population a peu de ressources en matière de santé.

Comme je l'ai écrit dans tous les livres de la Collection Afrique, nous, en tant qu'humanité, sommes dans une mauvaise passe et nous devons changer le cours des choses pour que, dans tous les secteurs et en particulier dans ceux qui sont vitaux pour la vie humaine, nous placions LE PRINCIPES AU-DESSUS DE TOUTE AFFAIRE.

Nous avons tous besoin de survivre, mais certains ont besoin d'aide. Les gouvernements ont été créés pour prendre soin des gens, pas pour tuer ou laisser mourir leur peuple.

Moi, en particulier, je rêve des siècles à venir où nos prochaines générations pourront être fières d'appartenir à la race humaine.

Dans notre génération, TOUT EST DEVENU BUSINESS. J'ai été en contact avec d'innombrables jeunes dans diverses parties du monde qui rêvent d'obtenir un diplôme dans le domaine médical, mais les obstacles financiers sont tous. Seule une classe de privilégiés parvient à obtenir un diplôme en médecine, et la plupart de ces diplômés sont issus de vies très confortables et raffinées, qui iront difficilement aux quatre coins de leur pays pour s'occuper des pauvres, qui n'auront pas les ressources pour eux.

Je ne vois qu'une seule issue : SOUTENIR ET COPIER CUBA au lieu de protéger les médecins nationaux déjà riches. Après tout, ce qui compte, c'est de prendre soin des gens et de ne pas protéger le marché de ceux qui privilégient le maintien d'une vie pleine d'avantages et de reconnaissance sociale.

De notre côté, nous devons planter dans l'esprit et le cœur de nos enfants noirs et pauvres, pour qu'ils ne se limitent pas à vivre de leurs dons artistiques et footballistiques, mais qu'ils fassent tout pour devenir médecins, sculptés par les douleurs de la pauvreté. , qui peuvent-ils aller vers les pauvres et les nécessiteux et prendre soin d'eux.

En tant que parents, enseignants et aînés en général, nous avons beaucoup d'influence sur les plus jeunes. Nous devons utiliser ce pouvoir pour les infecter afin de rechercher de nouveaux rêves importants.

Les livres de la Collection Afrique circulent dans le monde entier et mon grand rêve est de planter ces merveilleuses nouvelles graines dans l'esprit et le cœur des gens du monde entier, quelles que soient leurs croyances, leurs couleurs et leurs races. Si nous sommes tous sous le même soleil, dans la même mère nature, nous avons la preuve que nous sommes tous de la même race, la race humaine.

Nous devons nécessairement revenir au Sujet politique de ce livre et nous en tenir au fait que ceux qui occupent les pouvoirs dans le monde sont les classes dirigeantes qui restent dans des lieux privilégiés et qui, génération après génération, conduisent le monde à un véritable et silencieux holocauste. , avec des millions de morts chaque année.

Comme les médias dominent également, l'appel à l'aide des plus démunis est un cri silencieux, sans le moindre écho ni réverbération.

Abandonnons ? JAMAIS.

Nous devons être durs et travailler mille fois plus. Si nous héritons de mauvaises pensées et d'autres mauvaises pensées, nous devons créer des pensées nouvelles et importantes qui guident nos nouvelles générations, partout dans le monde.

$$F: I \to \mathbb{R}, \quad x \mapsto \int_a^x f(t)\,dt$$
$$\int_a^b f(x)\,dx = F(b) - F(a)$$

ÉDUCATION

Sur le plan éducatif, compte tenu de la grande masse des noirs et des pauvres dans le monde, je peux dire que nous allons de mal en pis. Rares sont ceux qui ont accès à l'éducation et dans certains endroits, nous n'avons même pas d'éducation. L'image ne pourrait pas être plus négative. Et c'est pourquoi ça me fascine tant : NOUS AVONS TOUT À FAIRE. Nous n'avons nulle part où aller plus loin. Nous sommes au fond du PUITS.

NOUS DEVONS NOUS RÉINVENTER À PARTIR DE RIEN.

Si nous nous arrêtons pour réfléchir, nous n'avons que la possibilité de monter. Tomber plus loin, impossible.

Bien sûr, cela change beaucoup d'un pays à l'autre, cependant, dans l'ensemble, notre INDICE DE DÉVELOPPEMENT HUMAIN est extrêmement faible.

Dans le livre A NOVA AFRICA BRASILEIRA j'ai mis des réflexions importantes afin d'initier un grand changement pour l'amélioration de l'IDH en Afrique brésilienne, sur le continent africain et dans le monde en général.

Nous attendons tous l'arrivée d'un grand sauveur pour nous conduire sur ces nouveaux chemins. Je suis arrivé à la conclusion que ce grand sauveur, NOUS SOMMES NOUS-MÊMES. Notre volonté de changer. Notre sortie du conformisme et la réalisation d'innombrables actions vers l'Education et la Formation de Masse des Noirs et des pauvres.

Dans les années 90 du 20ème siècle, quand je travaillais dans la zone commerciale de la plus grande brasserie du Brésil à l'époque, Cervejaria Brahma, mon directeur commercial, Wilson Tomao, disait : Salles, quand un problème est détecté, c'est 50% résolu.

Un autre grand ami, Sérvio Túlio Coube, à l'époque président de Tilibra - La plus grande industrie de cahiers et d'agendas au Brésil, m'a dit : Salles, tout ne peut pas être changé, mais rien ne peut être changé jusqu'à ce que vous l'affrontez. Et le même Serbe m'a dit : Il vaut mieux faire approximativement aujourd'hui que exactement jamais. En termes généraux, ces 3 pensées importantes ont été la base de mon important voyage.

Si nous pouvions créer une chronologie pour chaque pays ou peuple, nous verrions facilement que certains sont déjà dans ce que l'on pourrait appeler le futur et que beaucoup d'autres sont loin derrière dans le temps. Lorsque vous voyagez à travers plusieurs pays, cela peut être clairement vu. Et tout se complique encore quand on voit que personne ne reste immobile. Celui qui est devant a besoin de courir car il sait que celui qui vient derrière a pour objectif de l'atteindre. Vrai ou faux, cela a été la dynamique de l'humanité.

Si l'on songe à entamer notre grande course, noire et pauvre, pour rattraper et même dépasser ceux qui nous précèdent, on peut tout de suite se décourager. Donc, si nous commençons d'abord, reconnaissons la distance qui nous sépare et peu de temps après nous commençons une véritable étude de nos forces et faiblesses, nous pouvons arriver à la conclusion que nos forces sont beaucoup plus grandes que nous le pensions et nous avons une chance de les dépasser. qui sont à nos côtés.

Dans le livre A NOVA AFRICA BRASILEIRA, je mets sans crainte d'être heureux l'importance d'amener sur le continent africain des professionnels spécialisés dans la formation de main d'œuvre technique dans divers secteurs. Il ne sert à rien de continuer à former des gens qui n'auront nulle part où travailler après avoir obtenu leur diplôme. Nous continuerons à dépendre d'une main-d'œuvre extérieure spécialisée.

Beaucoup plus vite que nous ne pouvons l'imaginer, nous pourrons faire naître de nombreuses industries qui nous feront réduire notre dépendance au pétrole, ainsi qu'aux minéraux précieux qui ne sont plus utilisés uniquement pour la beauté et commenceront à composer d'innombrables autres utilisations importantes.

Toute croissance doit être précédée d'une ou plusieurs réflexions et ensuite de mesures pratiques.

Il n'y a rien de compliqué.

Premièrement : DE QUOI A BESOIN MON PAYS ?
Commencez à lister tous les principaux besoins de votre pays.

Deuxièmement : QUI SONT LES MEILLEURS POUR CHACUN DE CES BESOINS ?

Troisièmement : Un à un, commence le mécanisme de réalisation des différents Business Plans, en contemplant les FORMATEURS et les FORMATEURS qui se multiplieront par la suite.

Ce qui empêche le plus de faire quelque chose comme ça, c'est : METTRE MES PRIORITÉS DEVANT LES PRIORITÉS DU PAYS.

Et puis la destruction commence :
- Quelle sera ma commission...
- Où mes proches non préparés vont travailler...
- Tout ce que je peux compliquer pour vendre l'installation plus tard...

Et une fois de plus, mon pays est à la dérive dans la prospérité.

Conclusion, si nous ne mettons pas fin à ces dépendances, ces dépendances nous mettront fin.

Quiconque a l'occasion d'avoir une relation plus étroite avec moi, en lisant ces mots, se souviendra que j'ai toujours dit cela dans nos conversations.

Bref : NOUS DEVONS Y ARRIVER, POUR CHANGER CE QUI NE VA PAS EST LÀ.

Cela doit être la pensée des nouvelles générations. Et si nous continuons à copier le programme des innombrables formations de nos diplômés, SANS ANALYSER CE QUI DOIT CHANGER, nous n'irons nulle part et nous continuerons à la dernière place de la course, étant dépassés en boucle et en boucle par celui qui est devant. .

Tout contenu programmatique destiné à nos nouvelles générations de Noirs et de pauvres doit prendre en compte ces nouveaux paradigmes.

Et pour terminer en beauté, je souligne une fois de plus le BIEN SOCIAL. Actuellement, nous sommes poussés par le marché de la consommation à en avoir de plus en plus et c'est ce qui fait la différence. Si j'ai 10 voitures de luxe, 80 maisons, 10 femmes, je serai reconnu comme un homme qui réussit.

Une erreur. Même parce que ce type de pensée ou d'idéologie alimente une cupidité débridée, qui se plie à la corruption d'innombrables manières. La prison et la dépression seront les calices amers à prendre.

Nous devons initier un grand front pour le changement, d'abord en nous-mêmes. Puis dans nos maisons, dans les groupes qui se réunissent, dans les écoles, dans les églises, dans les partis politiques, dans tous les endroits où nous vivons.

Pour conclure ce sujet important, j'attire votre attention sur le fait que nous préférons faire ce que nous faisons bien. Nous avons du mal à travailler ce que nous ne maîtrisons pas. C'était peut-être notre plus grande difficulté. Nous aimons réussir. Nous aimons être reconnus là où nous sommes forts.

Faire face à nos faiblesses ou à nos défauts nous terrifie. NOUS DEVONS CHANGER EXACTEMENT LÀ. Si je maîtrise l'apprentissage des langues, je dois travailler dur en maths, physique, chimie.

Je dois m'efforcer d'ENTREPRENDRE des entreprises, en les développant au-delà de mon environnement.

Pour tout cela, la CONNAISSANCE et la FORCE DE LA VOLONTE sont nécessaires. Il est essentiel d'acquérir un rythme fort à la recherche des innombrables connaissances déjà placées dans le sujet scientifique de ce livre. Allons-y, nous avons encore beaucoup de choses à regarder dans ce livre.

AGRICULTURE / ÉLEVAGE

Tous les sujets sont abordés dans le free sont d'une importance capitale. Celui qui parle d'Agriculture ne pourrait pas être différent, car il est lié à ce dont les noirs et les pauvres ont plus besoin dans le monde. NOURRITURE.

Et pourquoi ne pas produire notre propre nourriture ?

Qu'est-ce qui nous arrête réellement ?

Livre ouvert 3, L'IMPORTANCE DE LA DIASPORA AFRICAINE DANS LA NOUVELLE DÉCOLONISATION DE L'AFRIQUE, maintenant la liste complète des unités EMBRAPA - Brazilian Agricultural Research Corporation s'accorde à dire que les entités de l'environnement peuvent bénéficier des connaissances graciement structurer de l'offre au Brésil. Toujours dans ce libre, j'ai pris la liberté de créer le nom AGROVIDA pour remplacer AGRIBUSINESS. Oui, car avant toute entreprise il y a la VIE. Vous pouvez perdre beaucoup de trades, comme j'en ai déjà perdu, more perdre la VIE est compliqué.

La nature qui donne toutes les conditions pour l'AGRICULTURE la location absolument GRATUITE. Si nous ne sommes pas partons de ces princes, nous ne reverrons pas en profondeur le terme BUSINESS.

Dans le cadre de LIFE, j'envisage une AGRICULTURE encore plus puissante, car en remplissant sa mission, qui est de NOURRITURE et de VIE, la nature elle-même conspires en sa faveur.

Il existe des endroits sans nom sur la planète ou nous pouvons cultiver sans détruire la nature et nourrir les populations locales en raison des surplus d'exportation, générant de la richesse pour d'énormes poches de pauvreté.

Une fois de plus, nous allons nous heurter aux ordres établis et aux intérêts des minorités, qui nous devons invariablement mettre dans chaque chapitre, car les tumeurs malignes de l'humanité et trouvent là-bas.

CI-DESSOUS, UNITÉS EMBRAPA :

Heures d'ouverture dans le fuseau horaire de Brasilia

téléphone

code postal

Emplacement à la carte

Unité Plateforme Numérique

Embrapa au Brésil : https://www.embrapa.br/embrapa-no-brasil

En agriculture, la connaissance est fondamale. Nous n'avons pas besoin d'inventer des roues existantes. Dans les unités Embrapa, vous apporterez un grand évènement d'information qui valorisera votre vision pour le bon développement de votre projet agricole. Comme l'a très bien dit le premier président de l'Angola, par le Dr António Agostinho Neto : « L'agriculture est la base et l'industrie le facteur décisif.

LA FINANCE

La connaissance de la FINANCE a également été loin des noirs et des pauvres. Si on ne démarre pas le processus d'inclusion, avec des campagnes pour motiver les jeunes à réaliser des études qui leur permettront d'évoluer dans le domaine de la Finance.

Commençons par une notion légère de MATHÉMATIQUES FINANCIÈRES.

Qu'est-ce que les mathématiques financières et à quoi ça sert ?

Les mathématiques financières aident énormément à planifier et à gérer l'argent d'une entreprise. Les mathématiques financières sont un domaine d'application pratique des mathématiques, qui consiste en des calculs visant à une meilleure organisation et un plus grand contrôle de l'argent.

Plus qu'une science, c'est un outil très utile dans la vie de tous les jours, aussi bien pour s'occuper des comptes personnels que ceux qui appartiennent à une entreprise.

C'est à partir des instruments des mathématiques financières que les rêves deviennent réalité.

Pour mieux comprendre, il suffit de rappeler l'importance de l'organisation et de la planification lors de la souscription d'un prêt ou de l'obtention de financement, que ce soit pour l'achat d'un véhicule ou d'une propriété.

À moins que vous n'ayez la totalité du montant à payer en espèces, vous devrez faire des calculs pour comprendre l'impact de ce produit financier et de ses versements sur votre budget personnel.

Cela nécessite une connaissance de base des pourcentages, des intérêts et des formules qui vous permettent de comprendre exactement la taille du compte.

Toujours en gardant à l'esprit que, dans ce type d'opération, le coût final est différent de celui contracté, précisément en raison de l'incidence des intérêts.

Un autre bon exemple est celui des investissements, lorsque les chiffres jouent en votre faveur.

Vous pouvez planifier votre retraite en laissant de l'argent dans votre épargne. Mais il est important que cette décision soit prise après avoir comparé la rentabilité avec d'autres options.

Ainsi, il identifie les gains qui seront obtenus dans une période donnée.

Et vous ne pouvez le faire qu'à partir d'instruments de mathématiques financières.

Mais son importance va au-delà et apparaît de manière frappante dans le monde de l'entreprise.

Quelle est l'importance des mathématiques financières dans le monde de l'entreprise ?

La santé financière et les flux de trésorerie d'une entreprise peuvent être calculés à l'aide de mathématiques financières.

En observant les exemples évoqués dans la rubrique précédente, concernant l'application des mathématiques financières à la sphère personnelle, il est déjà possible de se faire une idée de son importance pour les entreprises.

La vérité est que l'entrepreneur n'a pas besoin de maîtriser les mathématiques, mais s'engage à comprendre et à savoir utiliser certaines de ses formules pour des tâches de routine.

Le meilleur exemple, sans aucun doute, est celui des flux de trésorerie.

C'est l'outil qui enregistre les entrées et sorties de trésorerie de l'entreprise. C'est-à-dire vos revenus et dépenses.

C'est à partir de là que le manager identifie comment évolue la santé financière de l'entreprise, dans ce qui a dépensé plus qu'elle ne devrait et, donc, où sont les opportunités d'économies.

Là-bas, nous avons déjà un échantillon qu'il n'y a aucun moyen de croître, ou même de survivre en tant qu'entreprise, sans un contrôle financier strict.

Et c'est encore pire lorsque l'on contracte des prêts sans connaître la réalité de l'argent liquide.

Ou, qui sait, concevoir un nouveau produit ou ouvrir une succursale, sans prévoir les performances de l'entreprise dans les mois et les années à venir. Tout dépend des calculs financiers.

Vous pouvez être un excellent administrateur, payer les factures à temps, facturer les clients et recevoir à temps, négocier des conditions avantageuses avec les fournisseurs et avoir des niveaux élevés de productivité et d'efficacité dans l'entreprise.

Tout cela est valable pour atteindre les objectifs qui lui sont proposés.

En revanche, tout peut s'effondrer en un seul geste imprévu qui fait fi de votre capacité financière à moyen et long terme.

Les mathématiques financières vous aident à comprendre le comportement de l'argent.

Un autre axe important est la maîtrise des connaissances en ECONOMIE.

La carrière de l'économiste est pleine de bonnes opportunités. Le marché du travail valorise les professionnels ayant une formation en économie, tant dans le secteur public que privé. Si vous envisagez d'exercer cette profession, lisez la suite et découvrez 5 raisons d'étudier l'économie.

Principales raisons d'étudier l'économie

La Faculté des sciences économiques compte en moyenne huit semestres. Au cours du cursus, les futurs bacheliers en économie sont en contact avec des matières telles que la microéconomie, la macroéconomie, l'économie brésilienne, l'économie internationale, les probabilités et les statistiques, la communication d'entreprise et l'économétrie. Sans aucun doute, ce cours est l'un des plus prometteurs aujourd'hui. Ci-dessous, nous énumérons les 5 principales raisons d'étudier l'économie. Voir!

1. Marché chaud

Une enquête sur les métiers de haut niveau, réalisée par le cabinet de recrutement Robert Half et publiée par Você/SA, a souligné que les postes liés au marché financier sont parmi les plus prometteurs aujourd'hui.

Malgré les incertitudes causées par la pandémie, ce marché continue d'attirer de nouveaux talents, notamment dans les domaines des fusions et acquisitions, du risque, du crédit et de la conformité. Entre le les organisations qui embauchent le plus sont les fintechs, les banques et les courtiers en investissement.

2. Large domaine d'expertise

L'employabilité est l'une des préoccupations majeures qui se posent lors du choix d'une profession. Après tout, travailler dans le domaine de la formation peut être un défi pour de nombreuses personnes.

À ce stade, ceux qui étudient l'économie ont un grand avantage. L'économiste peut travailler dans une variété de marchés du secteur privé, tels que l'évaluation des investissements, la planification du marché, la gestion financière et la comptabilité.

De plus, il est possible de trouver des opportunités prometteuses dans le secteur public. Grâce à des concours périodiques, l'économiste peut gagner des postes dans des agences gouvernementales, telles que la BNDES et la Banque centrale.

Enfin, les économistes peuvent également se consacrer au secteur académique, en développant des cours de recherche et d'enseignement dans les filières de l'enseignement supérieur.

3. Profession très valorisée sur le marché du travail

En plus d'être l'un des professionnels les plus demandés par les entreprises, l'économiste est très apprécié sur le marché du travail. Pour cette raison, les professionnels nouvellement diplômés de la région ont la perspective de bons salaires et d'excellentes chances de croissance.

Selon le Salary Table of Brazil, préparé par Robert Half Consulting, le salaire de départ d'un économiste junior se situe entre U$600,00 et U$1,200,00. Un économiste en chef peut recevoir jusqu'à 8 000 $.

4. Possibilité d'entreprendre

Les données du Global Entrepreneurship Monitor montrent que le nombre d'entrepreneurs au Brésil atteint 52 millions. Dans le scénario actuel du pays, l'entrepreneuriat est une alternative très attrayante, en particulier pour ceux qui visent à offrir des produits et services innovants.

Si vous rêvez d'ouvrir votre propre entreprise, sachez que la Faculté des sciences économiques peut très bien vous préparer à ce défi. Après tout, le cours comprend le comportement de différents marchés dans différentes situations.

En tant qu'économiste, vous serez en mesure de faire des affaires dans une variété de secteurs, en plus d'offrir des conseils d'expert aux entreprises et aux investisseurs.

5. Des apprentissages qui aident dans la vie personnelle

Sans aucun doute, les notions d'économie, de marché et de revenu apprises en économie seront très utiles pour la vie financière et personnelle de l'étudiant. Après la formation, l'économiste agit comme un agent multiplicateur des enseignements reçus en cours, aidant la société.

En Angola, j'ai guidé de nombreux jeunes vers l'ÉCONOMIE, précisément à cause des grands défis auxquels ils seront confrontés à l'avenir.

En particulier dans les défis liés à la gestion financière du pays, la connaissance de l'économie est vitale pour le succès en général. Un pays économiquement fort est essentiel pour une meilleure qualité de vie de sa population.

L'OFFRE et la DEMANDE doivent être gérées avec beaucoup de connaissances afin qu'il puisse y avoir des contrôles de prix et des stocks réglementaires de produits en général.

À ce stade de votre lecture, vous devez déjà avoir réalisé la réelle importance de ce livre, car nous devons ouvrir l'esprit de nos jeunes pauvres et noirs afin qu'ils visualisent des fenêtres importantes qui doivent être ouvertes pour eux, afin qu'ils soient pas dominé par des stéréotypes selon lesquels ce n'est que par la célébrité, la musique ou le sport que vous réussirez dans la vie.

Il existe un vaste univers de possibilités pour les jeunes noirs et pauvres d'obtenir le succès tant rêvé, qui leur garantira les meilleurs revenus pour vivre au mieux pour le meilleur soutien de leurs familles et la réalisation de leurs rêves.

Souvent, ce type d'orientation ne peut pas venir de familles noires et pauvres, car elles n'ont pas eu la possibilité de l'acquérir et de la transmettre à leurs enfants.

D'où la grande importance de ce livre et d'autres qui n'ont pas peur d'affronter les faits et de reconnaître le besoin de changer de l'intérieur de nous-mêmes.

J'ai vécu cela moi-même, comme j'ai déjà eu l'occasion de le mentionner dans les pages précédentes de ce livre, et les décisions qui, malgré le jeune âge que j'ai fini par prendre, m'ont permis de transmettre ce message à mes 62 ans (2021).

COMMERCE

Le monde des affaires est le plus proche des jeunes noirs et pauvres. Mais ce sont surtout des entreprises sans haute valeur ajoutée, généralement dans l'alimentation, les transports et d'autres domaines qui peuvent être réalisées avec un faible investissement et de faibles connaissances.

Avec le manque de préparation pour obtenir des emplois importants sur des marchés de plus en plus petits et compétitifs, la plupart des jeunes noirs et des jeunes pauvres finissent par trouver un moyen de subsistance dans l'entrepreneuriat.

Travail généralement informel, qui finit par accueillir un grand nombre de jeunes issus de la classe dite inférieure.

Lorsqu'ils atteignent l'âge de 18 ans sans beaucoup d'éducation, ces jeunes se retrouvent avec très peu d'options de soutien.

Sans parler de ceux qui entrent dans le monde criminel.

Le premier et important point est que chaque entreprise juridique est la bienvenue et élargir cet univers d'affaires est notre plus grand défi.

Voyez que les sujets précédents sont d'une importance fondamentale pour ceux qui atteignent cet âge pour se démarquer dans le monde des affaires. La connaissance et la préparation sont essentielles.

L'une des formations les plus adaptées pour vous aider à réussir est la formation en administration des affaires, aussi bien au niveau secondaire ou technique, qu'au niveau universitaire ou universitaire. Le TALENT est le principal moteur du succès. Cependant, le talent seul ne fait pas tout. Il faut ajouter des connaissances, de la persévérance et de la patience.

De même, il est essentiel d'identifier les besoins des marchés où vous comptez vous installer, quel que soit le type d'entreprise. Le sujet de la finance que nous avons vu dans les pages précédentes fera une grande différence lorsqu'il s'agira de développer quelque chose dont beaucoup ne rêvent même pas et qui est d'une importance fondamentale, le soi-disant PLAN D'AFFAIRES. Avec le BUSINESS PLAN, vous avez la possibilité de faire moins d'erreurs. En effet, cela vous oblige à analyser une très grande série de situations qui peuvent même vous faire repenser la viabilité de l'entreprise que vous souhaitez mettre en place.

Actuellement, il existe de nombreuses applications qui vous permettent de créer un bon plan d'affaires à un faible coût mensuel. L'un de ceux que j'utilise dans mes projets sociaux est UpMetrics. Il est déjà livré avec de nombreux modèles qui facilitent grandement votre travail.

Le plan d'affaires que j'ai élaboré pour le projet COA, présenté dans le livre 4 - Qui plante des dattes ne récolte pas de dattes, a été préparé à l'aide de la technologie UpMetrics. Il est à noter que l'application est un facilitateur de votre travail, mais elle ne générera aucun Business Plan sans votre participation effective.

Vous devrez remplir toutes les informations en fonction de votre connaissance de l'entreprise que vous souhaitez implanter. Pour l'instant tout est en anglais.

REMARQUE : Vous devez faire un effort pour connaître un minimum la langue anglaise, car elle est toujours très utile dans la plupart des plateformes numériques que vous devriez utiliser pour une meilleure performance de votre entreprise.

Après avoir réalisé votre BUSINESS PLAN, que vous avez sûrement déjà considéré comme un investissement dans le marketing ou la diffusion, vous pouvez utiliser les réseaux sociaux où vous pourrez atteindre un large public pour attirer des clients dans un meilleur rapport coût X bénéfice.

Faire des affaires implique nécessairement la maîtrise de nombreuses connaissances. Plus votre entreprise est complexe, plus vos connaissances sont importantes.

NE JAMAIS ABANDONNER VOS RÊVES ET PRÉPAREZ-VOUS POUR EUX.

L'optimisme dans tout ce que nous faisons dans la vie est toujours le bienvenu et lorsqu'il s'accompagne de diverses connaissances, c'est encore mieux. La théorie et la pratique se complètent dans le monde des affaires.

LES FACTEURS EXTERNES PEUVENT AIDER OU DIFFICILER.

Tout dépendra de votre volonté de surmonter les objections. Une pandémie même comme COVID 19 a bouleversé le monde. Des milliers et des milliers d'entreprises ont dû être examinées. Beaucoup ont été avortés. Beaucoup sont en attente. Tout est très relatif et il n'y a pas de règle précise sur la façon d'agir.

La sagesse des personnes âgées est toujours la bienvenue dans ces situations, car elles ont certainement dû surmonter de nombreuses difficultés dans la trajectoire de leur vie.

Je me souviens très bien qu'en 2001, le 11 septembre, un real au Brésil équivalait à un dollar américain. Avec le 11 septembre, la valeur du dollar a grimpé en flèche. Nous avons dormi au paradis et nous nous sommes réveillés en enfer au Brésil.

Nous avons dû nous réinventer. Et cette expérience compte pour beaucoup, car surmonter les turbulences finit par être l'une des principales conditions de réussite.

Dans certaines des conférences que je donne, je dis toujours qu'être entrepreneur nécessite des nerfs d'acier. Beaucoup se lancent dans l'entrepreneuriat parce qu'ils n'ont pas de place sur le marché du travail. D'autres à rechercher de meilleures conditions de vie.

Ce que nous trouverons dans l'histoire des nations évoluées, c'est le TRAVAIL et la création de STRUCTURES qui permettent l'évolution de leurs peuples.

LE GRAND DÉFI HUMAIN EST DE LIBÉRER LE DISPRIVÉ DE LA CROISSANCE.

Dans le livre 4 de la Collection África, je mets à la fin du livre qu'un pays comme le Brésil, qui compte plus de la moitié d'afro-descendants, s'il crée les meilleures conditions pour la croissance de cette majorité deviendra très bientôt l'un des les nations les plus puissantes du monde. Une masse qui, empêchée de progresser, devient un problème, une fois motivée et avec des structures prêtes à croître, elle portera inévitablement le PIB brésilien à des niveaux beaucoup plus élevés.

Pour cela, la politique, principalement, ne peut plus se concentrer sur la défense des intérêts d'une minorité et commencer à travailler dur pour créer des situations d'égalité, qui permettent la naissance de nouvelles générations de scientifiques, d'hommes d'affaires, d'agriculteurs, de professionnels libéraux de la plus haute compétence. ..

Dans le tome 6 de la Collection África, je place à nouveau, sans crainte d'être heureux, les 55 RAISONS D'INVESTIR EN AFRIQUE. Il y a 52 républiques et 3 royaumes avec un grand pouvoir de croissance. Le but de ce livre était d'apporter une nouvelle vision de l'Afrique, aux potentiels innombrables. Dans ce livre, vous pouvez rapidement voir ce que chaque pays offre comme avantages pour vous permettre de développer votre rêve d'entreprise en Afrique.

Dans le livre 7 LA NOUVELLE AFRIQUE BRÉSILIENNE j'ai porté une attention particulière à tout un univers de franchises qui peuvent trouver de belles opportunités sur le territoire africain. Des entreprises performantes, formatées, pouvant être implantées en Afrique, génératrices de richesse pour le continent africain et pour les différents franchiseurs.

J'ai pu travailler en étroite collaboration avec l'ambassadeur de Suède en Angola à l'époque, Lennart Killander Larsson et j'ai beaucoup appris de lui et de la Suède. Les ambassades de Suède à travers l'Afrique sont de véritables centres d'affaires, opérant à travers leur Team Sweden.

Tant au Brésil qu'en Afrique, j'ai eu beaucoup de deals et j'ai l'opportunité de les accompagner. En Angola, je souligne le beau travail effectué par Gold Procurement depuis 2014. Gold Procurement, Lda est une société angolaise spécialisée dans l'achat et la fourniture d'équipements de protection individuelle pour l'industrie angolaise. C'est la première plate-forme d'achat en Angola, offrant à ses clients toutes sortes de produits et de solutions en fonction de leurs besoins. Gold Procurement gère l'ensemble de la chaîne d'approvisionnement des entreprises, les aidant à se concentrer sur leur cœur de métier, en sous-traitant leurs achats à Gold Procurement. Avec des plateformes d'assistance sur les 5 continents, Gold Procurement est le choix idéal pour la croissance de votre entreprise.

Récemment, Gold Procurement a commencé à fabriquer des lignes de produits en grand besoin en Angola. Ceux-ci sont appelés Cutted Cotton Rags Gold, fabriqués avec des tissus 100% coton, ils ont un pouvoir élevé d'absorption des déchets. Ils sont idéaux pour les segments industriels en général, des ateliers et usines aux machines. Les chiffons en coton GOLD sont proposés avec des options de grosses balles et une livraison immédiate. Disponible en balles de : 50 kg / 45 kg / 25 kg / 10 kg / 05 kg

VENTES

Le commerce a été la bouée de sauvetage des pauvres en général. Au Brésil, les vendeurs de rue. En Angola les Zungueiros. Ce sont des hommes et des femmes d'une immense volonté qui font face à d'énormes défis à travers le commerce pour gagner leur vie chez eux.

Les grands marchés informels sont formés par les gens eux-mêmes où ils pratiquent des prix très compétitifs et vendent absolument tout. Pas seulement des produits mais des services.

Les marchés comme nous avons l'habitude de voir, appartenant normalement à de grandes chaînes du monde entier existent, mais ils ne servent qu'une partie de la société.

LA VIE TROUVEZ TOUJOURS UN MOYEN D'AVANCER

Et il en a été ainsi. Je vois ce grand marché à explorer, en respectant cette grande masse de la population mondiale. Il ne sert à rien de cacher la pauvreté. Il fait partie du monde d'aujourd'hui et le réduire de toutes les manières possibles est notre grand défi. Les chercheurs en sciences sociales, en particulier, doivent intervenir et proposer une vaste gamme d'inventions. Le développement de la capacité des pauvres à créer leurs propres solutions à leurs principaux besoins passe invariablement par le commerce. Toilettes publiques. Eau potable. Eau pour l'hygiène générale. Combattre les brigades d'ordures et beaucoup d'éducation pour la population en général. Les groupes électrogènes dotés d'appareils permettant de meilleures performances dans les zones reculées et extrêmement difficiles sont également une priorité. Chariots de transport adaptés aux vélos, bancs pour ranger les produits, etc.

En raison de mes déplacements constants, je peux dire que le monde scientifique a encore beaucoup à travailler. Souvent, offrir de meilleures conditions de vie n'est pas copier le mode de vie d'autres endroits, mais simplement améliorer la qualité de vie des communautés qui vivent plus en contact avec la nature, en leur fournissant des solutions qui répondent à leurs besoins de base et pas seulement, avec des équipements et des produits généraux créés spécifiquement pour vos besoins.

C'est le cas de la commande d'allumage par téléphone portable, créée par l'inventeur Luciano Muecalia. Il dessert parfaitement les régions difficiles d'accès, où le passage d'un point A à un point B peut même être impossible. C'est un pont qui tombe. C'est une voiture qui tombe en panne, et un père de famille peut subir de nombreux dommages car il ne pourra peut-être pas arriver à temps pour allumer le générateur de son entreprise ou de sa résidence.

D'autres inventions importantes sont constamment créées par des scientifiques héroïques qui, avec leurs propres ressources, mettent leurs talents au service de la communauté locale.

Les talents naissent partout. Il est fréquent, surtout en Afrique, de croiser des esprits brillants, faisant des choses pour ravir des scientifiques de renom.

Qu'est-ce qui manque alors ?
Créer les conditions de découverte de ces talents et des structures capables de leur garantir maintien et continuité de leur travail.

Les pays du premier monde, au lieu de faire de gros efforts pour qu'il y ait une dépendance globale vis-à-vis de leurs inventions et de leurs produits, doivent comprendre qu'un véhicule doté du maximum de technologie sur la planète peut tout simplement ne pas fonctionner sur certains sols africains.

Les fauteuils roulants faits pour se déplacer sur l'asphalte ne fonctionnent pas à la périphérie de l'Afrique. Il est impossible pour les brillants scientifiques des pays développés de trouver des solutions à des situations qu'ils ne peuvent même pas imaginer.

Les ponts mobiles et attachables sont des besoins impératifs dans de nombreuses régions de la planète, qui peuvent être montés et démontés en quelques heures.

En médecine donc, différentes feuilles et plantes guérissent d'innombrables maux que les remèdes traditionnels ne peuvent avoir la même efficacité. Ce sont des connaissances transmises de génération en génération.

Plus l'objectif d'aider, de créer de meilleures conditions de travail et de vie pour les gens du monde entier, est grand, plus les affaires de toute entreprise prospéreront.

Au lieu d'importer des équipements et des solutions insoupçonnés pour certains emplacements, créez à partir des emplacements.

Plus il y a de gens avec la santé et les ressources nécessaires pour consommer des produits mondiaux, mieux c'est pour les capitalistes. Pour que cela se produise, vous devez avoir cette vision. Combien de milliers et de millions de personnes en Afrique pourraient consommer votre produit si elles en avaient les moyens.

Les BANQUES en particulier ont cette mentalité de mettre le capital avant tout, comme si le capital lui-même avait la vie. Une cupidité démesurée et aucun sens logique. Le capital n'est pas né pour sa propre nourriture, mais pour le mouvement des entreprises qui génèrent de la richesse et encore plus de capital.

Le capitalisme financier a été le grand bourreau de notre époque (2021), mais il a certainement une date à changer. Lui-même est déjà en train de creuser sa fin, car il oblige la grande masse de la population mondiale à survivre sans lui. Survivre ou mourir. Comme la vie trouve toujours un moyen d'avancer, SURVIE est certaine.

INDUSTRIE

Il existe plusieurs types d'industrie, le processus d'activité industrielle est classé selon son centre d'action.

L'activité industrielle consiste en le processus de production qui vise à transformer des matières premières en marchandise par le travail humain et, de manière de plus en plus courante, à l'aide de machines. Cette activité est classée selon son pôle d'activité, en se répartissant en trois grands groupes : les industries de biens de production, les industries de biens intermédiaires et les industries de biens de consommation.

Les industries de biens de production, également appelées industries de base ou industries lourdes, sont chargées de transformer les matières premières premières en matières premières transformées, constituant la base d'autres branches industrielles. Les industries de biens de production sont divisées en deux volets : les biens d'extraction et les biens d'équipement.

Les industries extractives – sont celles qui extraient des matières premières de la nature (végétale, animale ou minérale) sans aucune modification significative de leurs propriétés élémentaires. Exemples : industrie du bois, production minérale, extraction de pétrole et charbon minéral.

Industries d'équipement - sont chargées de transformer des biens naturels ou semi-manufacturés pour la structuration des industries de biens intermédiaires et de biens de consommation. Exemples : sidérurgie, pétrochimie, etc.

Les industries de biens intermédiaires se caractérisent par la fourniture de produits transformés. Ils produisent des machines et des équipements qui seront utilisés dans les différents segments de l'industrie des biens de consommation. Exemples : mécanique (machines industrielles, tracteurs, moteurs automobiles, etc.) ; pièces automobiles (roues, pneus, etc.)

Les industries de biens de consommation ont leur production dirigée directement vers le marché de consommation, c'est-à-dire vers la population en général. Il y a aussi la division de ce type d'industrie en fonction de leur performance sur le marché, elles sont ramifiées en industries de biens durables et de biens non durables.

Les industries de biens durables – sont celles qui fabriquent des biens non périssables. Des exemples de ce type d'industrie sont : l'automobile, le mobilier commercial, le matériel électrique, l'électronique, etc.

Industries des biens non durables – produisent des produits de première nécessité et une consommation généralisée, c'est-à-dire des produits périssables. Exemples : alimentation, textile, habillement, médicaments, cosmétiques, etc.

Le philosophe Paulo Ghiraldelli, à qui nous adressons nos remerciements particuliers dans ce livre, a attiré notre attention sur la pensée que nos jeunes ont été amenés à croire, que le grand objectif des gens doit être de devenir indépendant, s'éloignant ainsi de le marché du travail d'innombrables candidats qui, amenés à être leurs propres patrons, ne parviennent pas à devenir des professionnels de haut niveau.

Au Brésil notamment, avec la forte baisse du nombre d'entreprises à haute valeur ajoutée, la formation de main-d'œuvre spécialisée est encore réduite.

Principales professions du secteur industriel

Electrotechnicien
Profession pour ceux qui recherchent un travail lié à l'exécution et à la

maintenance de composants et d'équipements électroniques. C'est une branche du génie électrique, par conséquent, la profession nécessite des travailleurs concentrés, organisés et responsables.

À la fin du cours technique, le professionnel sera capable de travailler dans les industries de la métallurgie, des télécommunications ou même de la construction civile. Cependant, là où il y a plus de place pour que le technicien en électrotechnique se démarque et se développe, c'est dans les entreprises dédiées à la production et à la distribution d'électricité, en plus des entreprises d'eau et d'assainissement et des entreprises qui installent et entretiennent des équipements techniques.

Assistant de production

C'est le professionnel responsable de la préparation des matériaux pour l'alimentation des lignes de production, de l'organisation de la zone de service, de l'approvisionnement des lignes de production et des machines d'alimentation. C'est lui qui surveille les processus et les équipements de la ligne de production, aidant à gérer les processus industriels, conformément aux normes et procédures techniques de qualité, de sécurité, d'hygiène et de santé.

En raison de toutes ces compétences, l'assistant de production aura la possibilité de travailler dans des industries de différents domaines. En effet, il est apte à travailler dans n'importe quel secteur, et il peut opter pour les industries alimentaire, automobile, métallurgique, pharmaceutique, etc.

Mécanicien de maintenance de machines industrielles

Il est chargé d'effectuer la maintenance des composants, des équipements et des machines industrielles. Il planifie les activités de maintenance, évalue les conditions de fonctionnement et les performances des machines et des équipements.

Il est chargé de lubrifier les machines, les composants et les outils, de documenter les informations techniques et d'effectuer la maintenance préventive et corrective des machines et équipements. Tout comme l'assistant de production, il a une multitude d'options, et il peut choisir le domaine qu'il aime le plus.

Assistant logistique

L'assistant logistique est chargé de collaborer à la planification des espaces et à la distribution des marchandises, en fournissant les informations nécessaires à la prise de décision sur les opérations logistiques. De plus, il développe des activités liées aux ressources matérielles, financières et personnelles d'une entreprise.

Ses principales fonctions sont de séparer, envoyer et recevoir des matériaux en tenant compte des conditions et des modes, de demander et de contrôler les coûts des opérations logistiques, de planifier et de coordonner le chauffeur de l'entreprise, de travailler avec la relocalisation de matériel, de contrôler le stock de tous les clients, d'émettre des factures à partir d'une simple expédition. pour stocker l'entrée, entre autres diverses fonctions.

Pour que le professionnel ait une bonne performance, il est essentiel qu'il ait des compétences en chiffres, une capacité à résoudre des situations défavorables, de la patience, de la méthodologie et de l'agilité.

NR 10

Le métier de base NR 10 est probablement l'un des plus jeunes du secteur industriel. La NR 10 est la Norme réglementaire 10 du Code du travail, qui traite spécifiquement de la sécurité dans les installations et services électriques. Il s'agit d'une subdivision du domaine de la sécurité au travail, mais plus ciblée. La présence du Technicien NR 10 est nécessaire en raison de la complexité et du risque encouru lorsque le sujet est l'électricité.

Le cours technique de base NR 10 est important car il peut enrichir le cursus de ceux qui souhaitent occuper des postes nécessitant de vivre avec l'électricité. Il prouve que le professionnel est au courant des réglementations respectives et, par conséquent, est en mesure d'exercer des activités à risque électrique sans que cela ne constitue une menace pour lui-même et pour les autres.

En plus des professions susmentionnées, il en existe plusieurs autres dans le secteur industriel, tels que Opérateur de soutien technique informatique, Assistant de laboratoire d'analyses physico-chimiques, Concepteur technique, etc. Le plus important est d'avoir des aptitudes et, surtout, une bonne formation dans le domaine.

"Made in Ethiopia", la nouvelle mode pour la production textile en Afrique

Les étiquettes des vêtements révèlent où ils ont été réellement fabriqués. L'Éthiopie figure déjà sur les étiquettes des grandes marques et veut devenir le centre de la production textile en Afrique. Mais à quel prix ?

L'Éthiopie voit grand. D'ici 2025, plus de 30 gigantesques parcs industriels devraient approvisionner le monde en vêtements fabriqués dans le pays, créer 350 000 emplois et générer environ 27 milliards d'euros grâce aux exportations.

Pour Temesgen Tilahun, de l'Ethiopian Investment Commission, la main-d'œuvre est un atout important face aux pays asiatiques comme le Bangladesh, le Vietnam et la Chine.

« L'Éthiopie est un pays de plus de 110 millions d'habitants. 60% à 70% de ces personnes sont très jeunes, en âge de travailler, aptes à être formées et très disponibles. Nous devons utiliser ce potentiel pour transformer l'Éthiopie en un centre de production. . Nous n'exigeons pas de salaires élevés, ce qui est un aspect important pour que les investisseurs envisagent d'investir en Éthiopie », dit-il.

Salaire le plus bas au monde dans le secteur

Au Bangladesh, les travailleurs gagnent trois fois plus qu'en Éthiopie et en Chine jusqu'à dix fois plus. Dans aucun autre pays, cette industrie ne paie moins qu'en Éthiopie. Selon un récent sondage de l'Université de New York, c'est souvent seulement 23 € par mois.

Les bas salaires, combinés à des allégements fiscaux, un emplacement attrayant et une électricité bon marché, devraient attirer des entreprises textiles du monde entier en Éthiopie.

Volume 90%

"Made in Ethiopia", la nouvelle mode pour la production textile en Afrique

Des usines sont déjà en construction dans tout le pays. La production de vêtements bat son plein. Des sociétés comme H&M, Levi's, Primark, Calzedonia, Calvin Klein, Tommy Hilfiger, Tschibo, Aldi et Lidl produisent déjà en Éthiopie.

Pour le gouvernement éthiopien, le parc industriel de Hawassa, dans le sud du pays, est un modèle pour l'avenir de la production textile : il offre des conditions de travail sûres, des installations modernes et écologiquement correctes.

23 mille personnes travaillent ici. L'une d'elles, qui préfère ne pas être identifiée, nous raconte sa routine. Lorsque vous avez un quart de travail matinal, il commence à quatre heures du matin, six jours par semaine. Vous gagnez environ 27 euros (900 Birr) par mois, plus le déjeuner et le transport jusqu'au travail.

"Ce que nous obtenons ne suffit pas, car c'est disproportionné par rapport au travail que nous effectuons. Je reste debout pendant 8 heures à coudre. Je fais 600 t-shirts par jour. C'est vraiment beaucoup de travail, mais très peu d'argent. Ce n'est pas juste." décris.

Prix élevé pour les travailleurs

Les salaires extrêmement bas entraînent une forte fluctuation des travailleurs dans les parcs industriels. Les gestionnaires signalent qu'environ la moitié de la main-d'œuvre démissionne au cours de la première année. Selon les recherches de l'Université de New York, ce nombre atteint presque 100 %. Les grèves sont également de plus en plus fréquentes.

Notre interlocuteur habite dans une petite chambre partagée, dans une hutte à la périphérie d'Hawassa. "Nous vivons ici à trois et nous essayons de partager tous les frais possibles. Le loyer, mais aussi les dépenses de nourriture, entre autres. Vous ne pouvez pas vivre moins cher, mais l'argent ne suffit souvent pas pour tout le mois. L'usine est vraiment très difficile. Nous espérons qu'un jour le salaire augmentera", conclut-il.

Mais ce n'est pas à ça que ça ressemble. Les entreprises profitent des bas salaires et demandent des comptes au gouvernement éthiopien. Cependant, le gouvernement a des difficultés à introduire un salaire minimum légal. Il n'y a pas d'investisseurs pour les nombreux parcs industriels prévus et il ne veut pas non plus les faire fuir.

FINITION

Écrire ce livre était vraiment un rêve devenu réalité, car les Africains du monde entier manquaient de ce genre de conseils. Lors du choix d'une profession, on pense généralement à ce qui fait de l'argent en premier et beaucoup plus tard à la vocation.

Les barrières sont innombrables, à commencer par le manque de structure financière et de structure dans la plupart des pays, qui lorsqu'elles existent, ne profitent qu'aux enfants de familles disposant d'un plus grand pouvoir financier, au détriment des plus talentueux, sans les moyens de payer pour le bien et l'important écoles.

Les enfants des pauvres et des noirs finissent par être poussés par toutes les forces imaginables et inimaginables à grossir un groupe de perdants, malchanceux et incapables de voir au-delà de ce véritable trou noir dans lequel ils sont nés et sont contraints de rester.

Les galaxies éclairées par des étoiles et plus d'étoiles ne sont vues que par quelques-uns, et je ne doute pas que c'est une cause majeure des différences qui se perpétuent depuis des siècles.

La plupart des décisions que j'ai prises dans mon adolescence et ma jeunesse étaient en grande partie responsables de l'histoire que j'ai construite. Comme je n'avais pas d'argent à l'époque, j'ai créé quelque chose que j'ai appelé "capital inversé" qui n'était rien de plus que des dettes ou des dettes. Ce que nous appelons au Brésil un "nom sale" (donné au débiteur en général) je l'appelle "nom audacieux". Aujourd'hui, à 62 ans, je ne pouvais plus faire ce que je faisais à 20 ans. Cette audace m'a naturellement occasionné plusieurs contraintes, mais elle m'a procuré une expérience de vie que je n'aurais jamais eue si mon objectif n'était pas de prendre des risques.

PENSÉE, je le répète, c'est tout. Si nous sommes guidés aveuglément par ce que chante "Zeca Pagodinho", musicien de samba brésilienne, "LETS LIFE TAKE ME, LIFE TAKES ME", nous n'irons peut-être pas très loin et c'est ce qui s'est passé principalement avec la race noire dans le monde et avec le pauvre en général.

Un conformisme ou une résilience vraiment sanguinaires, car en même temps qu'ils conduisent nos jeunes à accepter simplement le peu que la vie leur offre, ils sont bombardés par le marché capitaliste qui, avec sa faim vorace de consommation, leur impose des produits et encore des produits qu'ils ne peuvent pas acheter et pour cela finissent par chercher des ressources dans les vols, le trafic de drogue et la prostitution.

Même lorsque les ressources tombent entre les mains de personnes célèbres, de footballeurs, de musiciens, une bonne partie est dépensée de manière inappropriée car rares sont ceux qui ont la formation nécessaire pour transformer l'argent en capital et le capital en richesse.

Il y a toute une ingénierie de consommation créée pour prendre de l'argent aux célébrités. De belles filles, des voitures de luxe, des demeures très chères. Je crois que je n'ai pas besoin de citer de noms, car le retour à la misère des célébrités de la pauvreté ou du ghetto sont des assiettes pleines pour les médias sensationnalistes du monde entier.

L'éducation et la formation sont les antidotes contre ce poison qui consume l'esprit et la vie des Noirs de la planète. Plus que d'exiger nos espaces dans un monde blanc et dominant, nous devons construire nos espaces et en leur sein, établir de nouvelles règles qui n'excluent personne par sa couleur ou sa classe sociale, mais qui, par la génération d'emplois, les sortent de la pauvreté et de la faim tous, absolument tous nos frères.

Bref, on ne peut pas se limiter à danser, jouer au foot, au basket et vivre dans des squares qui nous ont été encouragés voire imposés.

Si quelqu'un doit commencer de NOUVEAUX COURS IMPORTANTS, pourquoi ne pouvons-nous pas le faire nous-mêmes ?

Sur la photo ci-dessus, la jeune Angolaise Chinda Dias, posant avec les tomes 5 et 6 qui viennent d'arriver de Correios de Angola. Une image qui reflète la grande satisfaction du travail accompli.

Chinda a suivi plusieurs directives que je lui ai données concernant la recherche de CONNAISSANCES. Je l'ai référée à certains sites avec de nombreux cours en ligne gratuits. Elle vient d'être employée dans une entreprise de premier plan en Angola et a déjà commencé avec un salaire qui lui permettra de changer l'histoire de sa vie. Et il a rejoint l'entreprise, où la plupart des personnes sous contrat sont blanches, occupant un poste de haute importance.

Comme la plupart des jeunes Angolais, Chinda Dias danse magnifiquement et continue de danser, mais maintenant elle va au-delà de la danse, elle pourra étudier encore plus, voyager pour suivre des cours en Afrique du Sud pendant ses vacances, améliorer sa langue anglaise, réaliser des rêves et plus encore. rêves.

Comme je l'ai fait pour Chinda Dias, je recommande les mêmes cours à d'autres jeunes qui s'en foutent. Ils continuent d'attendre que tout tombe du ciel. Comme disait mon ami Aldeci Carvalho, qui vit dans l'État d'Espírito Santo au Brésil : « Le ciel ne fait que pleuvoir et tonner. Et pourtant comme enseigné dans l'Église Kimbanguista : AMOUR, COMMANDEMENT ET TRAVAIL.

Concluant et en regardant dans les Saintes Ecritures, "DONNEZ A DIEU CE QUI EST DIEU ET A CAESAR CE QUI EST DE CAESAR".

Je peux garantir que la pauvreté, la tristesse, la souffrance, la douleur, la faim ne plaisent pas à Dieu qui a créé tous ses enfants pour être heureux.

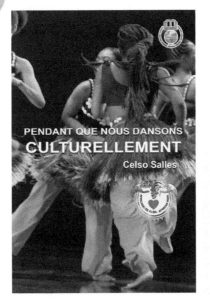

ET SI L'AFRIQUE POUVAIT PARLER?

Celso Salles

Il y a d'innombrables raisons qui finissent par enfermer l'Afrique. L'un des principaux a été le silence des Africains eux-mêmes. Parler. Communiquez vos idées et vos pensées. Peu sont prêts à être les messagers de l'Afrique. Ce qui influence le plus ce silence n'est pas la peur, mais la paresse. Et c'est la paresse qu'il faut combattre contre l'épuisement. Sortez de la ligne avec confort. Le propre moteur de recherche de Google a le mot écrit numériquement comme son excellent moteur de recherche. Les tragédies, les guerres et les conflits sont rapidement et intensément médiatisés par les médias, ce qui finit par alimenter des images de pauvreté, de faim et de violence, qui, en fait, ont partout dans le monde, pas seulement en Afrique. Je peux dire qu'il en va de même avec les musulmans, immensément pacifiques, mais avec une image détériorée par la couverture médiatique des groupes radicaux, des conflits localisés et souvent initiés par des personnes au pouvoir dans le monde qui aiment la haine, parce qu'elles vendent des armes, enlèvent des gouvernements et empêcher la croissance de l'Afrique.

Le mal en général est beaucoup plus apte à se dévoiler que le bien. Tout ce qui construit ou provoque la croissance est généralement silencieux. En 2021, nous pouvons ajouter le mensonge de masse comme une autre forme nuisible de diffusion de messages.

D'un côté les détenteurs du pouvoir, de l'autre les menteurs. La question est : que reste-t-il pour l'Afrique ?

Je suis sûr d'une chose, continuer comme on est, on ne peut pas. Nous avons constaté que la voix de l'Afrique, bien qu'en petite quantité, n'est pas amplifiée, même avec les microphones allumés et connectés à un réseau mondial.

Pour considérer que l'Afrique parle effectivement, il faut analyser une série de facteurs, à travailler à l'unisson pour que des actions nouvelles et importantes puissent être menées, pour que la voix de l'Afrique commence à être entendue en général, à travers le monde.

Le but de ce livre est de RÉVEILLER. Il est humainement impossible de mettre la Voix de l'Afrique dans 120 pages d'un livre. Nous aurions besoin de milliers et de milliers de bibliothèques. Dès lors, notre ambition est pure et simple, d'ouvrir les yeux de tous les Africains sur la grande importance qu'est une synergie et un travail d'équipe, où beaucoup peuvent parler de leurs réalités, forces propulsives et contraignantes.

Il existe des milliers et des milliers de cultures qui ne peuvent plus se cantonner à l'exil comme cela se fait depuis plus de 4 siècles. Le manque de connaissances sur l'Afrique est gigantesque. Dans diverses parties du monde, dont le Brésil, l'Afrique est considérée comme un pays.

Pourquoi ne pensez-vous pas que l'Europe est un pays. Exactement par la quantité d'informations générées et partagées. Pour le programme de milliers et de milliers de cours et au-delà.

Dans le livre 5 de la Collection Afrique « 55 raisons d'investir en Afrique », nous avons fait le tour des 55 pays d'Afrique exactement avec le focus PROGRESSIF, ce que font les Premiers Blocs Mondiaux.

Ici en Angola, où en 2011 je suis entré pour la première fois en territoire africain, il existe d'innombrables opportunités d'investissement, avec une grande source de richesse, un peuple majoritairement jeune et avec un énorme potentiel d'apprentissage et de travail.

Comme en Angola, dans les 54 autres pays d'Afrique, les opportunités sont immenses. Que devons-nous faire? Nous devons parler jusqu'au coude si nécessaire pour que cette NOUVELLE AFRIQUE puisse émerger dans les années à venir.

PARTAGEZ TOUT BIEN.
MULTIPLIER L'ACCÈS.

Tu vois, genre, c'est bon ? PARTAGER. Ne le gardez pas pour vous. Passez-le en avant. Atteignez encore plus de personnes. Comme j'essaierai de le montrer dans la suite des pages de ce livre, l'AFRIQUE A BEAUCOUP PARLÉ, contrairement aux idées reçues. Tout simplement, une grande partie de ce que l'on dit être bon en Afrique finit systématiquement par ne pas atteindre un large public dans le monde. Et puis tu rentres. Et puis j'entre. Chacun de nous a un rôle extrêmement important dans cette divulgation.

Depuis 2000, j'ai moi-même eu l'occasion de développer d'innombrables activités qui ont contribué au fil des ans à une perception plus grande et meilleure de l'Afrique.

Grâce à la chaîne Youtube EDUCASAT, lancée le 16 juin 2007, j'ai mis au monde des milliers de vidéos d'Afrique, où sans aucune campagne pour attirer des abonnés, le 19 août 2021, j'ai atteint 1128 451 vues. A MOI DE FAIRE PARLER L'AFRIQUE. C'EST A VOUS AUSSI. (youtube.com/educasat)

L'AFRIQUE PARLE
MAIS MALHEUREUSEMENT, VOUS NE POUVEZ PAS ÉCOUTER.

ÉCOUTER L'AFRIQUE PARLER
AVEC LE CUR ET LES OREILLES OUVERTS

Toute planification effectuée par l'Union africaine est de la plus haute compétence. La réalisation de l'Agenda 2063 dans son intégralité nécessite un grand soutien de tous les pays membres et du monde en général. Changer la mauvaise attitude des siècles est un immense défi qui doit être initié dans l'âme de chacun de nous. Commencer à écouter les revendications de l'Afrique de manière aussi compétente et professionnelle est avant tout notre devoir.

L'Afrique A BESOIN DE GRANDIR ET DE SE DÉVELOPPER AVEC LE SOUTIEN DE NOUS TOUS.

Les pays dotés d'une immense richesse et d'une main-d'œuvre jeune ne se combinent pas avec le chômage, la pauvreté et la faim. Il y a des erreurs structurelles qui remontent à des siècles et que nous devons corriger de toute urgence.

Dans le passé, nous nous sommes appropriés ce qui n'était pas à nous. Le moment est donc venu pour nous de lancer une grande chaîne mondiale de soutien à toutes les initiatives de l'Union africaine.

Nous, dans le reste du monde, sommes dans une situation privilégiée, mais nous ne pouvons oublier qu'une grande partie de ce privilège a été obtenue avec du sang africain. En tant qu'Afro-Brésilien, ayant aussi le sang européen qui coule dans mes veines, malgré ma mélanine noire, je dois assumer le côté européen et RECONNAÎTRE ma culpabilité à l'intérieur de ce côté. Mais il ne suffit pas de reconnaître, nous devons prendre des mesures sérieuses pour RÉPARER tout le mal que nous avons fait au continent berceau.

Oublier, ignorer, faire semblant de ne rien savoir ou que ce n'est pas à nous, sont des procédures que nous devons changer. Si ce sont mes ancêtres qui ont causé toute la douleur au continent africain, oui, c'est à moi et à mes descendants d'apporter des changements significatifs qui permettent l'AVANCEMENT DU CONTINENT AFRICAIN vers son plein et plus grand développement.
Tout type de SABOTAGE auquel on peut penser doit être immédiatement éliminé. L'Union africaine fait sa part. Maintenant, nous devons, en tant qu'êtres humains,

faire notre part.

Dans ma façon de voir les choses, notre humanité actuelle a beaucoup besoin de ce que j'ai appelé dans les livres précédents l'ÂME AFRICAINE. Avec ALMA AFRICANA, nous équilibrons notre existence en tant qu'êtres humains.

Depuis 2011, lorsque j'ai mis les pieds en Afrique pour la première fois, j'ai pu ressentir, en personne sur le continent africain, une grande partie de ce que nous avons déjà perdu en tant qu'êtres humains dans d'autres parties du monde.

On devient froid, consumériste, amer, triste, plein de haine et on met l'argent comme seule source de bonheur. Et c'est de là que viennent la corruption et les grandes inégalités.

Nous avons vécu comme si le capital financier était un dieu. Et c'est le cas pour une bonne partie de l'humanité. Mais pour ceux qui ont une vision plus affûtée, le chemin de l'amertume que nous suivons tel que l'humanité le voit clairement. Un vrai déséquilibre, l'homme, Dieu et la nature.

Ce que nous perdons le plus dans nos civilisations occidentalisées, c'est ce que je peux appeler le NOYAU DE FAMILLE, si présent et visible en Afrique, que par une bénédiction divine il le maintient encore dans ses racines et ses cultures. Un développement africain, sans la perte de ses traditions, coutumes et culture est fondamental. Nous devons africaniser l'Occident au lieu d'occidentaliser l'Afrique.

Dans les pages suivantes, je mettrai quelques textes importants de ma source de recherche, extraits de la plate-forme numérique de l'Union africaine, car je comprends qu'il s'agit des GRANDS ORATEURS du continent africain. En même temps, j'avancerai quelques points de vue que je considère comme fondamentaux. Les images africaines présentées proviennent du magazine annuel de l'Union africaine, qui peut être téléchargé à l'aide du QR CODE en anglais ou en français aux pages 12 et 13 de ce livre.

au.info

Une Afrique intégrée, prospère et pacifique, conduite par ses propres citoyens et représentant une force dynamique sur la scène mondiale.

Afrique sans visa

L'Aspiration 2 de l'Agenda 2063 envisage "Un continent intégré et politiquement uni basé sur les idéaux du panafricanisme et la vision de la Renaissance africaine" et l'Aspiration 5 envisage "Une Afrique avec une identité culturelle forte, un patrimoine commun, des valeurs et une éthique partagées "

Pour réaliser ces aspirations des Africains à se considérer comme un peuple uni sous les idéaux du panafricanisme, les barrières physiques et invisibles qui ont entravé l'intégration des peuples africains doivent être supprimées.

Le projet phare de l'Agenda 2063, le passeport africain et la libre circulation des personnes, vise à supprimer les restrictions sur la capacité des Africains à voyager, travailler et vivre sur leur propre continent. L'initiative vise à transformer les lois africaines, qui restent généralement restrictives de la circulation des personnes, malgré les engagements politiques de démolir les frontières dans le but de promouvoir la délivrance de visas par les États membres pour améliorer la libre circulation de tous les citoyens africains dans tous les pays africains .

La libre circulation des personnes en Afrique devrait offrir plusieurs avantages importants, notamment :

• Stimuler le commerce intra-africain, le commerce et le tourisme ;

• Faciliter la mobilité de la main-d'œuvre, le transfert de connaissances et de compétences intra-africaines ;

• Promotion de l'identité panafricaine, de l'intégration sociale et du tourisme ;

• Améliorer les infrastructures transfrontalières et le développement partagé ;

• Promouvoir une approche globale de la gestion des frontières ;

• Promotion de l'état de droit, des droits de l'homme et de la santé publique.

Le Département des affaires politiques dirige les efforts d'intégration de l'Union africaine sur la capacité des Africains à vivre et à travailler sur le continent et à travailler avec les États membres pour identifier les opportunités de supprimer les obstacles à la circulation des Africains en Afrique.

J'aime particulièrement l'idée d'un passeport africain et le libre transit des Africains en Afrique, comme cela se passe sur le continent européen par exemple.

J'aimerais être en vie pour voir cela se produire. Ce serait presque comme remonter le temps et ressentir ce que nos générations les plus récentes ne pouvaient pas ressentir : UNE AFRIQUE.

Pour qu'un pays donné se développe, il est nécessaire que tout le monde, le peuple en général, donne la priorité au pays plutôt qu'à ses propres priorités. Tout ou presque, le pays évolue, sans crainte de se tromper.

La même chose se produit avec un continent. Tous les pays pensant au continent, il grandira et se développera.

On peut alors penser :
1er - Développement personnel ;

2e - Développement Collectif National ;

3e - Développement collectif continental.

La base de ces développements est l'ÉDUCATION. C'est exactement pourquoi l'Agenda est 2063, ce n'est pas 2023, ni 2033. Il faut considérer toute une série de réalisations au sein du composite proposé par l'Agenda 2063, pour que ce jour tant rêvé puisse arriver.

Étant sur le continent africain, au moment où j'écris ce livre 10 de la Collection Afrique, j'ai le sentiment que même l'Union africaine n'est toujours pas connue de la grande masse, sans parler de l'Agenda 2063 ou même de ce merveilleux programme Afrique sans visa.

Fondamentalement, toutes les actions visant à des changements significatifs, qui vont à l'encontre des intérêts particuliers des peuples, des nations et des continents, ne sont jamais mises en évidence.

Cependant, il est MERVEILLEUX d'imaginer LE CONTINENT AFRICAIN avec cette nouvelle performance. Absolument tout en Afrique est dynamique. Cette NOUVELLE AFRIQUE 2063 profite à l'économie du continent de manière saine et durable. Tous les secteurs de l'économie sont encouragés. Le nombre d'investisseurs dans le monde donnant la priorité à l'Afrique va également monter en flèche.

Pour en revenir au plan de la PENSÉE, il faut éliminer l'idée que « quand l'un gagne, l'autre perd ». Nous pouvons penser très différemment, comme par exemple "quand l'un gagne, l'autre gagne encore plus". La poursuite du développement de l'Afrique créera d'importants nouveaux marchés de consommation. Tout le monde veut un iPhone haut de gamme, mais son prix restreint de nombreux utilisateurs. Si j'améliore les conditions pour les utilisateurs, j'alimenterai des marchés nouveaux et importants, ce qui réchauffera diverses industries à travers le monde, surtout si ces industries sont basées sur le continent africain. ARRÊTER - PENSER - RÉFLÉCHIR.

African Union Headquarters
P.O. Box 3243, Roosvelt Street W21K19, Addis Ababa, Ethiopia
Tel: +251 (0) 11 551 77 00 **Fax:** +251 (0) 11 551 78 44
www.au.int

www.twitter.com/_AfricanUnion
www.facebook.com/AfricanUnionCommission
www.youtube.com/AUCommission

Migration, travail et emploi

Tout au long de son histoire, l'Afrique a connu des mouvements migratoires, tant volontaires que forcés, qui ont contribué à son paysage démographique contemporain. Dans de nombreuses régions du continent, les communautés sont réparties dans deux ou trois États-nations et les déplacements ne sont souvent pas limités par des frontières politiques. La migration en Afrique est due à une multiplicité de facteurs qui incluent la nécessité de meilleures conditions socio-économiques à travers l'emploi, les facteurs environnementaux, ainsi que l'atténuation de l'instabilité politique, des conflits et des troubles civils. L'Afrique est également témoin de changements dans les schémas migratoires reflétés dans la féminisation de la migration ; une augmentation du nombre de jeunes en transit et une augmentation des flux migratoires irréguliers, qui incluent la traite des êtres humains et le trafic de migrants.

L'intégration économique est une voie clé vers le développement et nécessite la mobilité de la main-d'œuvre et d'autres formes d'implication économique qui nécessitent le mouvement des personnes et l'Union africaine estime que, si elles sont gérées de manière cohérente, sont les principaux facteurs à l'origine de la migration sur le continent. , les nations et les régions peuvent récolter les fruits des liens entre migration et développement alors que le continent s'efforce de réaliser les idéaux de l'Agenda 2063.

Le cadre de politique migratoire de l'Union africaine pour l'Afrique MPFA est l'un des cadres continentaux qui a été développé pour permettre à l'Afrique de mieux gérer et de bénéficier de la migration planifiée, fournissant des orientations stratégiques aux États membres et aux CER dans la gestion de la migration à travers la formulation et la mise en œuvre de ses propres politiques migratoires régionales en fonction de ses priorités et de ses ressources. Le MPFA fournit des orientations dans plusieurs domaines clés, notamment :

gouvernance des migrations
migration de travail et éducation
Implication de la diaspora
Gouvernance des frontières ;
Migration irrégulière ;
Déplacement forcé;
Migrations internes ;
Migration et commerce ;
Le Département des affaires sociales promeut le travail de l'UA dans le domaine

de la migration, du travail et de l'emploi et le Département des affaires politiques travaille avec les États membres pour mettre en œuvre le Protocole de l'UA sur la libre circulation des personnes, les droits de résidence et le droit d'établissement.

J'ai eu l'occasion de constater que les talents ne manquent pas sur le territoire africain. Selon moi, la plus grande difficulté actuelle est de gérer CES TALENTS. Durant cette période que je me trouve en territoire angolais, j'ai eu l'occasion de séjourner dans plusieurs quartiers de Luanda, capitale de l'Angola. L'un de ceux sur lesquels j'ai beaucoup appris et sur lequel j'aime vraiment séjourner se trouve dans le quartier appelé Martyrs of Kifangondo, où la plupart des habitants viennent des pays de la côte ouest de l'Afrique, à savoir la Gambie, le Sénégal, la Côte d'Ivoire, le Ghana , Mali, Togo, entre autres. Dans ce quartier à majorité musulmane, je suis très bien traité par les jeunes, les adultes et surtout les enfants. Ils m'appellent BRAZUCA. Je ressens la joie et l'honneur qu'ils ressentent d'avoir un BRAZUCA (brésilien) dans le quartier où ils sont majoritaires. J'habite près d'une grande mosquée sénégalaise.

L'Angola, en particulier, est très accueillant envers les autres peuples d'Afrique qui résident ici et ils contribuent beaucoup au commerce et aux services en général. A proximité se trouve un autre quartier très important où la majorité est congolaise. Lorsque vous avez un problème avec un téléphone, par exemple, peu importe la marque, c'est là qu'il est résolu.

Quand je suis arrivé ici, ils étaient déjà là. Ils sont paisibles, ordonnés et très affectueux. Très différent de l'image stéréotypée vendue par la presse occidentale.

Au fond, ils se sentent chez eux. Et ils sont vraiment chez eux. Même si je suis né de l'autre côté de l'océan, je me sens chez moi. La presse s'affaire à montrer des cas isolés de xénophobie, ce qui donne à penser que ce thème de la migration, du travail et de l'emploi est quelque chose d'impossible. En fait, je peux dire qu'il existe déjà et dans une grande partie du territoire africain l'harmonie et la paix entre les peuples des différents pays est réelle. Les Africains s'entraident beaucoup et se respectent.

Participation de la diaspora et de la société civile

La Direction des Citoyens et des Organisations de la Diaspora (CIDO) est responsable de la mise en œuvre de la vision de l'Union Africaine d'une organisation à vocation humaine basée sur un partenariat entre les gouvernements, la société civile et la diaspora. La direction se compose de divisions de la société civile et de la diaspora.

La division de la société civile est chargée d'intégrer la participation de la société civile dans les processus, les départements et les organes de l'Union africaine.

Dans le domaine de la migration et du développement, CIDO, à travers la division de la diaspora, construit une famille africaine mondiale, assurant la participation de la diaspora africaine au programme d'intégration et de développement du continent.

L'article 3 du Protocole d'amendement à l'Acte constitutif de l'Union africaine reconnaît le rôle important que la diaspora africaine doit jouer dans le développement du continent et déclare que l'Union « invitera et encouragera la pleine participation de la diaspora africaine en tant qu'une partie importante de notre continent, dans la construction de l'Union africaine. "

« La diaspora africaine est composée de peuples d'origine africaine qui vivent hors du continent, quelles que soient leur citoyenneté et leur nationalité et qui souhaitent contribuer au développement du continent et à la construction de l'Union africaine.

Domaines de résultats CIDO

CIDO contribue directement à dix domaines de résultats dans le cadre de l'Agenda 2063 :

- Développement de structures de résolution des conflits par le dialogue interreligieux ;
- Le Projet Héritage du Corps des Volontaires de la Diaspora Africaine ;
- Projet d'héritage du marché mondial de la diaspora africaine ;
- Projet d'héritage du fonds d'investissement de la diaspora africaine ;
- Implication de la Diaspora Africaine dans les activités de l'Union Africaine ;
- Encyclopédie Africaine ;
- Saisie des données d'étude et cartographie de la diaspora africaine ;
- Stratégies de partenariat intercontinental ;
- Plateforme intercontinentale interconfessionnelle ;
- Fiche technique

Informations de contact:

Site Web : www.au.int/cido
Courriel : cido@africa-union.org
Facebook et Twitter : @AUC_CIDO
Podcast : l'UA en déplacement

Ce sujet important de l'UNION AFRICAINE est essentiel pour accélérer la croissance du continent africain.

En tant qu'Afro-brésilien, le pays avec la plus grande population d'ascendance africaine en dehors de l'Afrique, avec environ 114 millions d'habitants, environ 60% de la population brésilienne, je connais l'importance de mon rôle et les actions qui ont abouti aux 12 livres de la Collection Afrique.

Quiconque a le privilège de lire tous les livres de la Collection África, de l'auteur Celso Salles, verra que l'accent est mis sur l'avenir prospère du continent africain.

Dans le livre NEW BRAZILIAN AFRICA j'ai fini par parler de NEW NORTH AFRICA AMERICAN, ANGLAIS, FRANÇAIS, BELGE ET BRITANNIQUE, car je crois qu'avec cette GLOBAL AFRICAN FAMILY, nous pouvons accélérer bon nombre des sujets prévus dans l'Agenda 2063.

Les pessimistes, lorsqu'ils accèdent à l'Agenda 2063, finissent par imaginer un délai encore plus long pour nous permettre d'atteindre les objectifs de l'Agenda. Moi en particulier, comme je veux être vivant et contempler cette NEUVIÈME MERVEILLE DU MONDE, je suis très optimiste et je vois qu'avec la GLOBAL AFRICAN FAMILY, nous pourrons anticiper l'Agenda, Pourquoi pas AGENDA 2043 ?

En fait, tout est entre nos mains. Le pouvoir de changer est à nous.

Démocratie, droit et droits de l'homme

L'Agenda 2063 envisage un continent dans lequel existe une culture universelle de bonne gouvernance, de valeurs démocratiques, d'égalité des sexes et de respect des droits de l'homme, de la justice et de l'état de droit. L'Union africaine travaille avec les États membres pour élaborer et mettre en œuvre des politiques visant à créer des institutions solides et bien gouvernées et promulguer des lois qui garantiront que les citoyens africains sont pleinement engagés et impliqués dans la formulation de politiques et d'initiatives de développement et que ces citoyens ont des environnements .sûr et sécurisé dans lequel vivre.

L'Union africaine a assuré la mise en œuvre de divers traités et politiques pour assurer la bonne gouvernance, ainsi que la protection des libertés civiles et la préservation des droits des citoyens africains. Les traités de l'Union africaine sur les droits des peuples comprennent la Charte africaine des droits et du bien-être de l'enfant, la Charte africaine des droits de l'homme et des peuples, le Protocole à la Charte africaine des droits de l'homme et des peuples relatif aux droits de la femme en Afrique, African Youth African Charte de l'Union et Convention pour la protection et l'assistance aux personnes déplacées en Afrique.

Des organes judiciaires, des droits de l'homme et juridiques de l'Union africaine ont été créés pour soutenir la mise en œuvre de la bonne gouvernance et le respect des droits de l'homme sur le continent. Ils comprennent la Commission africaine des droits de l'homme et des peuples (CADHP), la Cour africaine des droits de l'homme et des peuples (AfCHPR), la Commission de l'UA sur le droit international (AUCIL), le Conseil consultatif de l'UA sur la corruption (AUABC) et le Comité africain d'experts. sur les droits et le bien-être de l'enfant (ACERWC)

Le Département des affaires politiques est chargé de promouvoir, faciliter, coordonner et encourager les principes démocratiques et l'état de droit, le respect des droits de l'homme, la participation de la société civile au processus de développement du continent et la recherche de solutions durables pour faire face aux crises humanitaires. Le département coordonne également la mise en œuvre de l'architecture de gouvernance africaine, ainsi que la mise en œuvre de solutions durables aux crises humanitaires et politiques, y compris la diplomatie préventive.

En lisant ces informations, vous pouvez vous faire une idée exacte de combien le continent africain a évolué ces dernières années et de combien il évoluera, notamment en ce qui concerne la qualité technique de ses dirigeants.

Comme vous pouvez déjà le voir, l'Afrique a beaucoup parlé et celui qui a la vision de l'écouter pourra certainement nouer d'innombrables partenariats. La célèbre ligne AFRIQUE EST LE CONTINENT DU FUTUR est largement médiatisée, peut être changée en AFRIQUE EST LE CONTINENT DU PRESENT ET DU FUTUR.

Et surtout, l'AFRIQUE POUR LES AFRICAINS et non une Afrique que je peux comprendre est pour mon avenir. C'est pour l'avenir de toute l'humanité, mais en gardant toujours à l'esprit que l'AFRIQUE EST POUR LES AFRICAINS.

Toutes les politiques internationales qui visualisent cette nouvelle performance seront les bienvenues et auront une forte réverbération du continent.

Ceux qui restent encore dans le champ de la domination ou de l'usurpation seront certainement éliminés, car le travail en BLOC n'accepte pas ce type de comportement. Isolé, n'importe quel pays n'importe où dans le monde a de nombreuses faiblesses, mais dans le BLOCO AFRICAN UNION, les faiblesses individuelles sont remplacées par la force de l'ENSEMBLE PENSER ET AGIR.

En tant qu'écrivain, je dois me concentrer sur la PUBLICITÉ, LA PRÉVISION et en tant que chercheur, je dois de plus en plus nourrir ma propre vision afin que LA VOIX DE L'AFRIQUE puisse être correctement amplifiée de toutes les manières possibles et imaginables.

En lisant ce livre, essayez d'évoluer dans vos recherches et vos visions. Ne soyez pas pris en otage par la presse internationale, qui, souvent financée par des intérêts, insiste sur la diffusion de vérités uniques qui ne correspondent plus aux cadres actuels et futurs.

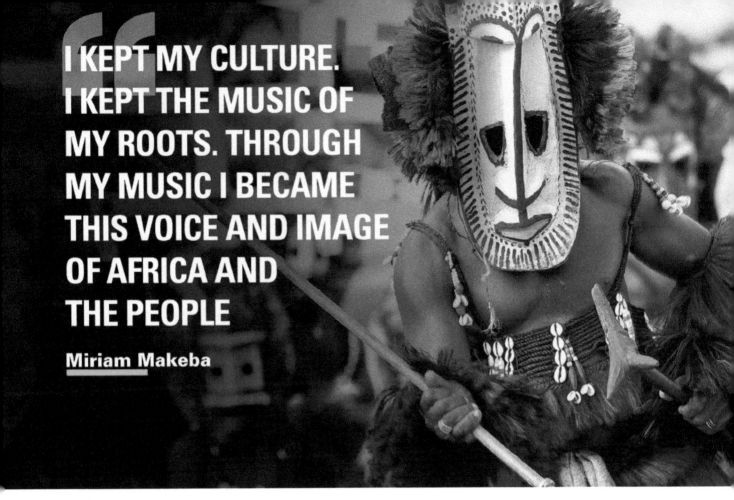

> I KEPT MY CULTURE. I KEPT THE MUSIC OF MY ROOTS. THROUGH MY MUSIC I BECAME THIS VOICE AND IMAGE OF AFRICA AND THE PEOPLE

Miriam Makeba

Éducation, science et technologie

La réalisation de l'Aspiration 1 de l'Agenda 2063 pour « Une Afrique prospère fondée sur une croissance inclusive et un développement durable » exige que l'Afrique fasse des investissements importants dans l'éducation dans le but de développer le capital humain et social à travers une révolution dans l'éducation et les compétences, en mettant l'accent sur l'innovation, la science et la technologie.

La Stratégie continentale d'éducation pour l'Afrique de l'Union africaine (CESA) vise à réorienter les systèmes d'éducation et de formation de l'Afrique pour fournir les connaissances, les compétences, les compétences, l'innovation et la créativité nécessaires pour nourrir les valeurs fondamentales africaines et promouvoir le développement durable au niveau national, sous-régional et continental. Les principaux objectifs du CESA sont :

- Redynamiser la profession enseignante pour assurer la qualité et la pertinence à tous les niveaux ;

- Élargir l'accès à une éducation de qualité en construisant, réhabilitant et préservant les infrastructures éducatives et en élaborant des politiques qui garantissent un environnement d'apprentissage permanent, sain et favorable dans tous les sous-secteurs ;

- Tirer parti des capacités des TIC pour améliorer l'accès, la qualité et la gestion des systèmes d'éducation et de formation ;

- Assurer l'acquisition des connaissances et des compétences nécessaires, ainsi que l'amélioration des taux d'achèvement à tous les niveaux et groupes à travers des processus d'harmonisation à tous les niveaux pour l'intégration nationale et régionale ;

- Accélérer les processus qui conduisent à la parité et à l'équité entre les sexes ;

- Lancer des campagnes d'alphabétisation complètes et efficaces à travers le continent pour éradiquer l'analphabétisme ;

- Renforcer les programmes de sciences et mathématiques et diffuser les connaissances scientifiques et la culture scientifique dans la société africaine ;

- Élargir les opportunités d'EFTP aux niveaux secondaire et supérieur et renforcer les liens entre le monde du travail et les systèmes d'éducation et de formation ;

- Revitaliser et développer l'enseignement supérieur, la recherche et l'innovation pour relever les défis continentaux et promouvoir la compétitivité mondiale ;

- Promouvoir l'éducation pour la paix et la prévention et la résolution des conflits à tous les niveaux d'enseignement et pour tous les groupes d'âge ;

- Construire et améliorer les capacités de collecte, de gestion, d'analyse, de communication des données et d'amélioration de la gestion du système éducatif, ainsi que de l'outil statistique, à travers une formation à la collecte, la gestion, l'analyse, la communication et l'utilisation des données ;

- Former une coalition de tous les acteurs de l'éducation pour faciliter et soutenir les initiatives découlant de la mise en œuvre de la CESA.

La Stratégie de l'Union africaine pour la science, la technologie et l'innovation pour l'Afrique (STISA) place la science, la technologie et l'innovation à l'épicentre de la croissance et du développement socioéconomiques de l'Afrique et met l'accent sur l'impact que la science peut avoir sur des secteurs critiques tels que l'agriculture, l'énergie, l'environnement, la santé, les infrastructures le développement, l'exploitation minière, la sécurité et l'eau, entre autres. La stratégie envisage une Afrique dont la transformation est tirée par l'innovation et qui créera une économie fondée sur la connaissance. La STISA est ancrée dans six (6) domaines prioritaires, à savoir :

1 - Eradication de la faim et réalisation de la sécurité alimentaire ;
2 - Prévention et contrôle des maladies ;
3 - Communication (mobilité physique et intellectuelle) ;
4 - Protection de notre espace ;
5 - Vivre ensemble en paix et en harmonie pour construire la société ;
6 - Création de richesse.

La stratégie STISA définit également quatre piliers qui se renforcent mutuellement et qui sont des conditions préalables à sa réussite, à savoir : la construction et/ou la modernisation d'infrastructures de recherche ; accroître les compétences professionnelles et techniques; promouvoir l'entrepreneuriat et l'innovation; et fournir un environnement propice au développement de la science, de la technologie et de l'innovation (STI) sur le continent africain.

La stratégie continentale d'EFTP fournit un cadre complet pour la formulation et le développement de politiques et de stratégies nationales pour relever les défis de l'éducation et de la formation technique et professionnelle afin de soutenir le développement économique, de créer de la richesse nationale et de contribuer à la réduction de la pauvreté par l'entrepreneuriat des jeunes, l'innovation et l'emploi.

L'Union africaine travaille également avec les États membres pour développer l'enseignement supérieur et la recherche en Afrique, qui est confrontée au faible niveau des opportunités de formation postuniversitaire et des résultats de la recherche. Le projet Agenda 2063 pour l'Université virtuelle africaine et l'E-Université vise à utiliser des programmes basés sur les TIC pour accroître l'accès à l'enseignement supérieur et continu en Afrique, atteignant un grand nombre d'étudiants et de professionnels dans plusieurs endroits simultanément. Il vise à développer des ressources ouvertes, à distance et en ligne (ODeL) pertinentes et de haute qualité pour offrir aux étudiants un accès garanti à l'Université de n'importe où dans le monde, à tout moment.

La poêle-Africana (PAU) est la première université établie par l'Union africaine et a été créée pour servir de norme à toutes les autres universités en Afrique. La mission de PAU est de renforcer l'enseignement supérieur et la recherche en Afrique, d'aborder la qualité de l'éducation, la collaboration intra-africaine, l'innovation et d'établir des liens avec l'industrie et le secteur social. PAU se concentre sur cinq domaines thématiques : - Sciences fondamentales, technologie et innovation ; Sciences de la Vie et de la Terre (y compris Santé et Agriculture), Gouvernance, Sciences Humaines et Sociales ; Sciences de l'énergie et de l'eau (y compris le changement climatique) ; et sciences spatiales. Les domaines thématiques sont attribués aux instituts basés par les universités d'excellence existant dans les régions géographiques de l'Afrique comme suit :

1) Afrique de l'Est : Institut des sciences fondamentales, de la technologie et de l'innovation (PAUSTI) de l'UPA à l'Université d'agriculture et de technologie Jomo Kenyatta, Nairobi, Kenya ;
2) Afrique du Nord : Institut PAU pour les sciences de l'eau et de l'énergie (y compris le changement climatique) (PAUWES) à l'Université AbouBekr Belkaid à Tlemcen, Algérie ;
3) Afrique de l'Ouest : Institut PAU des sciences de la terre et de la vie (y compris la santé et l'agriculture) (PAULESI) à l'Université d'Ibadan, Nigéria ;
4) Afrique centrale : Institut PAU de Gouvernance, Sciences Humaines et Sociales (PAUGHSS) à l'Université de Yaoundé II et à l'Université de Buea, Cameroun. Les domaines d'études en gouvernance et intégration régionale sont enseignés sur le campus de l'Université de Yaoundé II-Soa, et les programmes de traduction et d'interprétation sont enseignés à l'Université de Buea.

Le programme de mobilité universitaire en Afrique est une initiative menée par la CUA en collaboration avec l'Agence exécutive de la Commission européenne qui facilite la mobilité des étudiants et du personnel académique afin d'améliorer la reconnaissance des qualifications et la coopération entre les établissements d'enseignement supérieur de différents pays et régions. du continent. Il attribue des bourses de maîtrise partielles (court terme) et complètes ainsi que des programmes de doctorat.

L'espace extra-atmosphérique est essentiel au développement de l'Afrique dans tous les domaines : agriculture, gestion des catastrophes, télédétection, prévisions météorologiques, banque et finance, ainsi que défense et sécurité. L'accès de l'Afrique aux produits des technologies spatiales n'est plus une question de luxe et l'accès à ces technologies et produits doit être accéléré. Les nouveaux développements dans les technologies satellitaires le rendent plus accessible aux pays africains et des politiques et stratégies appropriées sont nécessaires pour développer un marché régional pour les produits spatiaux en Afrique. La Stratégie spatiale africaine de l'Agenda 2063 est le projet prioritaire de l'Union africaine visant à renforcer l'utilisation de l'espace extra-atmosphérique par l'Afrique pour stimuler son développement.

Le Département des ressources humaines, de la science et de la technologie promeut le travail de l'Union africaine dans le domaine de l'éducation et du développement des STI. Le département coordonne également les bourses et les études scientifiques de l'Union africaine, notamment le programme de bourses d'études et de mobilité académique Nyerere, les prix scientifiques Kwame Nkrumah, ainsi que la supervision des travaux des institutions spécialisées de l'Union africaine, notamment le Centre international de l'Union africaine pour l'éducation des filles et des femmes en Afrique (UA/CIEFFA), l'Université Panafricaine (PAU) et l'Institut Panafricain pour l'Education au Développement (IPED).

Comme nous avons déjà eu l'occasion de le mentionner dans le livre TANDIS QUE NOUS DANSONS CULTURELLEMENT, la science a été placée dans le TOP 10 des priorités du monde africain.

UN PEUPLE SANS SCIENCE EST UN PEUPLE SANS AVENIR.

Développement des infrastructures et de l'énergie

L'Agenda 2063 met l'accent sur la nécessité de l'intégration comme l'un des principaux fondements pour garantir que l'Afrique atteigne ses objectifs de croissance et de développement inclusifs et durables. L'Aspiration 2 de l'Agenda 2063 accorde de l'importance à la nécessité pour l'Afrique de développer des infrastructures de classe mondiale qui s'étendent sur l'Afrique et qui amélioreront la connectivité grâce à des initiatives plus récentes et plus audacieuses pour relier le continent par rail, route, mer et air ; et développer les pools énergétiques régionaux et continentaux ainsi que les TIC.

L'Union africaine s'emploie également à mettre en œuvre les cadres de l'Agenda 2063 continental pour la promotion du développement des infrastructures, tels que le Programme de développement des infrastructures en Afrique (PIDA), qui fournit un cadre commun aux parties prenantes africaines pour construire les infrastructures nécessaires à un transport plus intégré, à l'énergie , TIC et transports. les réseaux d'eau frontaliers pour stimuler le commerce, stimuler la croissance et créer des emplois.

Les principaux projets phares de l'Agenda 2063 guidant les efforts de l'Union africaine dans les domaines du développement de l'énergie et des infrastructures sont :

- Le Réseau Intégré de Trains à Grande Vitesse, qui vise à relier toutes les capitales et centres commerciaux africains à travers un Réseau Africain de Trains à Grande Vitesse ;

- La mise en œuvre du projet du grand barrage d'Inga, qui vise à transformer l'Afrique des sources d'énergie traditionnelles aux sources d'énergie modernes et à garantir l'accès de tous les Africains à une électricité propre et abordable grâce au développement du barrage d'Inga ;

- La création d'un Marché unique du transport aérien africain (SAATM), qui vise à assurer la connectivité intra-régionale entre les capitales africaines et à créer un marché unique du transport aérien en Afrique, en tant qu'impulsion pour le programme d'intégration économique et de croissance du continent ;

- Le réseau électronique panafricain qui vise à promouvoir des applications et des services électroniques transformateurs en Afrique, en particulier les infrastructures terrestres à large bande intra-africaines ; et la cybersécurité, faisant de la révolution de l'information la base de la prestation de services dans les industries des biotechnologies et des nanotechnologies et transformant finalement l'Afrique en une société électronique ;

- La cybersécurité qui vise à promouvoir l'utilisation sûre des technologies émergentes, ainsi qu'à garantir que ces technologies sont utilisées au profit des individus, des institutions ou des États-nations africains, en garantissant la protection des données et la sécurité en ligne.

Alors que le paysage numérique évolue, l'Union africaine s'est engagée dans une mission visant à garantir que les TIC jouent leur rôle dans le développement de l'Afrique, à travers la création de la propre identité en ligne de l'Afrique, conduisant au lancement de DotAfrica (.africa), qui est le sommet géographique -level domain (gTLD) pour les peuples et le continent africain. Ce nom gTLD offre aux particuliers, aux gouvernements, aux entreprises et à d'autres la possibilité de lier leurs produits, services et informations au continent et aux peuples d'Afrique.

Le Département de l'infrastructure et de l'énergie de la CUA dirige la mise en œuvre de ces programmes phares de l'Agenda 2063 ainsi que des activités de l'Union africaine visant à promouvoir, coordonner, mettre en œuvre et suivre les programmes et politiques de développement des infrastructures, des transports, de l'énergie et de la technologie en Afrique. communication (TIC) ainsi que les services postaux.

En matière d'INFRASTRUCTURE ET D'ÉNERGIE, le continent africain offre une réelle source d'opportunités.

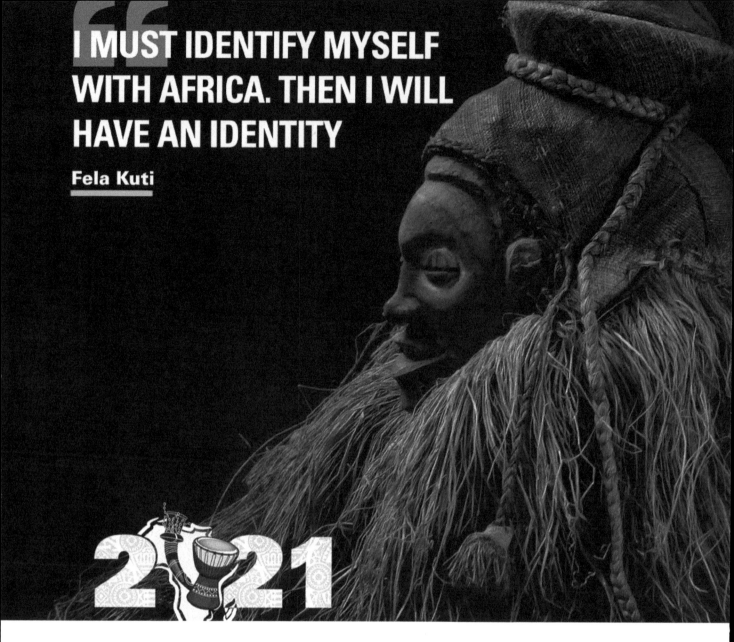

> # I MUST IDENTIFY MYSELF WITH AFRICA. THEN I WILL HAVE AN IDENTITY
>
> **Fela Kuti**

Développement agricole

Pour que l'Afrique réalise l'aspiration de l'Agenda 2063 pour « Une Afrique prospère basée sur une croissance inclusive et un développement durable » (Aspiration 1), le continent doit investir dans l'agriculture moderne pour augmenter la proactivité et la production, ainsi que pour exploiter le vaste potentiel du bleu / économie de l'océan de l'afrique. En outre, des mesures doivent être prises pour résoudre les problèmes de changement climatique et d'autres facteurs environnementaux qui constituent un risque majeur pour le secteur agricole.

Le Programme détaillé pour le développement de l'agriculture africaine (PDDAA) est l'un des cadres continentaux de l'Agenda 2063 et vise à aider les pays africains à éliminer la faim et à réduire la pauvreté en augmentant la croissance économique grâce à un développement axé sur l'agriculture, ainsi qu'en promouvant une augmentation de la provision du budget national pour le secteur agricole. Grâce au PDDAA, les gouvernements africains devraient augmenter le niveau d'investissement dans l'agriculture, allouer au moins 10 % des budgets nationaux à l'agriculture et au développement rural, et atteindre des taux de croissance agricole d'au moins 6 % par an. Le PDDAA fixe également des objectifs pour réduire la pauvreté et la malnutrition, augmenter la productivité et les revenus agricoles, et améliorer la durabilité de la production agricole et l'utilisation des ressources naturelles. À travers le PDDAA, l'Union africaine plaide pour que les États membres mettent l'accent sur l'appropriation africaine et le leadership africain pour définir l'agenda agricole et préparer le terrain pour le changement agricole.

L'Union africaine dirige également la mise en œuvre d'initiatives qui renforceront la résilience des communautés et des écosystèmes dans les zones arides d'Afrique, en luttant contre la dégradation des terres, la désertification, la perte de biodiversité et le changement climatique en promouvant la gestion et la restauration durables des terres. Dans le cadre de l'initiative de la Grande Muraille Verte (GGW), l'Union africaine met en œuvre des actions pour mettre fin ou inverser la dégradation des terres, la perte de biodiversité dans les zones arides africaines et pour garantir que les écosystèmes sont résilients au changement climatique, continuent de fournir des services essentiels et contribuent au bien-être humain. -être et l'élimination de la pauvreté et de la faim. L'Initiative GMV vise à aider plus de 425 millions d'Africains vivant dans les zones arides à adopter des pratiques de développement durable qui protègent l'environnement et luttent contre la faim et la pauvreté.

Le Département de l'économie rurale et de l'agriculture dirige les efforts visant à promouvoir le développement agricole et la gestion durable de l'environnement, ainsi qu'à soutenir la mise en œuvre du PDDAA, de la GMV et d'autres programmes d'agriculture durable à travers le continent.

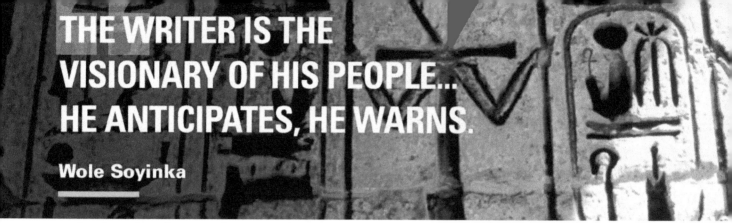

Intégration économique et développement du secteur privé

Pour promouvoir l'intégration économique ainsi que le développement du secteur privé, l'Union africaine met en œuvre plusieurs projets phares clés dans le cadre de l'Agenda 2063, ainsi que la promotion de l'adoption de la Zone de libre-échange continentale africaine (AfCFTA) et du Protocole de libre circulation comme moteurs de développement régional. intégration et développement économiques.

Pour promouvoir la participation du secteur privé, l'Union africaine a mis en œuvre des programmes qui cherchent à former des partenariats stratégiques avec le secteur privé par le biais d'engagements de partenariat public-privé, notamment le développement de partenariats stratégiques avec des philanthropes africains pour soutenir la mise en œuvre d'initiatives de développement clés au niveau régional et continental. Le Forum économique africain (Plateforme) de l'AEP a été lancé en tant que réunion multipartite pour réunir les dirigeants politiques africains, le secteur privé, les universités et la société civile afin de réfléchir à la manière d'accélérer la transformation économique de l'Afrique, en tirant parti de ses vastes ressources pour améliorer le développement de le peuple africain. Le forum discute des principales opportunités ainsi que des contraintes qui entravent le développement économique et propose des mesures à prendre pour réaliser les aspirations et les objectifs de l'Agenda 2063. Le Conseil Africain des Affaires.

La création d'institutions financières continentales africaines vise à accélérer l'intégration et le développement socio-économique du continent à travers la mise en place d'organisations qui joueront un rôle central dans la mobilisation des ressources et la gestion du secteur financier africain. Les institutions financières prévues pour promouvoir l'intégration économique sont la Banque africaine d'investissement et la Bourse panafricaine des valeurs mobilières ; le Fonds monétaire africain et la Banque centrale africaine.

L'Union africaine encourage également l'utilisation des données africaines provenant de sources nationales officielles pour améliorer l'utilisation des statistiques et des données vérifiées pour le développement. La Charte africaine de la statistique promeut l'utilisation des statistiques pour le développement en Afrique et énonce les principes méthodologiques et éthiques qui visent à assurer la production en temps réel de statistiques harmonisées sur l'Afrique, afin de répondre aux besoins et aux normes qui en font la référence africaine. statistiques.

L'Institut africain pour les envois de fonds (AIR) est le bureau de l'Union africaine chargé de promouvoir les réformes des cadres réglementaires des envois de fonds des États membres dans le but de réduire les coûts de transfert des envois de fonds ; améliorer la capacité des États membres en matière de mesure statistique, de compilation et de communication des données sur les envois de fonds ; et aider les États membres à concevoir des outils stratégiques pour tirer parti des envois de fonds pour le développement social et économique. L'institut est organisé par la Kenya School of Monetary Studies (KSMS) à Nairobi, au Kenya.

Le Département des affaires économiques promeut les travaux de l'Union africaine dans le domaine de l'intégration économique et du développement et de l'implication du secteur privé. Le département propose également des solutions politiques pour résoudre le problème de la dette de l'Afrique et fournit un cadre pour l'utilisation de statistiques harmonisées. Le département dirige les efforts de l'Union africaine pour établir l'Institut de statistique de l'Union africaine et le Centre de formation statistique.

La Fondation de l'Union africaine se concentre sur l'engagement avec la philanthropie du secteur privé pour soutenir les initiatives de développement clés sur le continent, telles que l'agriculture et le développement de la jeunesse.

Résolution des conflits, paix et sécurité

L'Union africaine montre la voie dans la formulation des politiques et la mise en œuvre des décisions pour garantir que l'Afrique réalise l'Aspiration 4 de l'Agenda 2063, qui aspire à « Une Afrique pacifique et sûre » grâce à l'utilisation de mécanismes qui favorisent une approche axée sur le dialogue pour la prévention et la résolution des conflits. et la résolution des conflits et l'établissement d'une culture de paix et de tolérance nourrie chez les enfants et les jeunes d'Afrique à travers l'éducation pour la paix. L'initiative phare de l'Agenda 2063 Faire taire les armes est au cœur des activités mises en place pour faire de l'Afrique un continent plus pacifique et plus stable.

Le principal organe de l'Union africaine pour la promotion de la paix et de la sécurité sur le continent est le Conseil de paix et de sécurité (CPS), qui est l'organe décisionnel permanent de l'Union africaine pour la prévention, la gestion et la résolution des conflits. Il s'agit d'un accord collectif de sécurité et d'alerte précoce conçu pour faciliter des réponses rapides et efficaces aux situations de conflit et de crise en Afrique. C'est également le pilier fondamental de l'Architecture africaine de paix et de sécurité (APSA), qui constitue le cadre de promotion de la paix, de la sécurité et de la stabilité en Afrique.

Le Département Paix et Sécurité de la Commission de l'Union africaine (CUA) soutient le CPS dans l'accomplissement de ses responsabilités en vertu du protocole du CPS et dirige les activités de la CUA liées à la paix, la sécurité et la stabilité à travers le continent. Le Département soutient divers bureaux et missions de paix et de sécurité et travaille avec des représentants spéciaux nommés par le président de la CUA dans le domaine de la paix et de la sécurité.

Le Département supervise le Centre africain pour l'étude et la recherche sur le terrorisme et préconise également la signature et la ratification par les États membres des différents traités de l'Union africaine dans les domaines de la paix et de la sécurité.

Pour en savoir plus sur le travail de l'Union africaine dans la résolution des conflits et le maintien de la paix sur le continent, visitez le Département de la paix et de la sécurité.

Promouvoir la santé et la nutrition

L'Aspiration 1 de l'Agenda 2063 envisage une « Afrique prospère fondée sur une croissance inclusive et un développement durable ». Pour réaliser cette ambition, l'un des principaux objectifs de l'Afrique est de veiller à ce que ses citoyens soient en bonne santé et bien nourris et que des niveaux d'investissement adéquats soient consentis pour élargir l'accès à des services de santé de qualité pour tous.

L'Union africaine veille à ce que l'Afrique développe et gère de manière durable son secteur de la santé, en mettant en place des institutions sectorielles pertinentes pour soutenir le renforcement des connaissances et gérer les urgences et les épidémies sur le continent. Les Centres de l'Union africaine pour le contrôle et la prévention des maladies (CDC Afrique) ont été créés en tant qu'institution chef de file pour aider les pays africains à promouvoir la santé et à prévenir les épidémies, à améliorer la prévention, la détection et la réponse aux menaces pour la santé publique. Le CDC Afrique cherche à renforcer les capacités et les partenariats des institutions de santé publique africaines pour détecter et répondre rapidement et efficacement aux menaces et aux épidémies de maladies, sur la base de la science, de politiques, d'interventions et de programmes fondés sur des preuves. Africa CDC joue un rôle clé dans la mise en relation des différentes parties à travers l'unité de surveillance basée sur les événements (EBS), le renforcement des capacités des États membres, les activités de terrain menées par le biais du Centre continental d'opérations d'urgence (COU), ainsi que dans la création de centres de collaboration régionaux (RCC).).

L'Union africaine envisage de lancer un corps de volontaires de la santé au sein du CDC Afrique. Le Corps Volontaire Africain de Santé sera déployé lors d'épidémies et d'autres urgences sanitaires.

Des études montrent que la malnutrition prolongée, le retard de croissance et une mauvaise santé contribuent à l'augmentation des taux d'absentéisme et d'abandon scolaire, à des taux de fréquentation plus faibles et à une baisse globale de la cognition. Cela a mis en lumière les résultats nutritionnels et sanitaires potentiels des programmes d'alimentation scolaire en tant que complément aux résultats de l'éducation et de l'apprentissage. L'Union africaine travaille avec les États membres pour améliorer les niveaux de nutrition sur le continent et a entrepris des activités spécifiques telles que l'étude sur le coût de la faim en Afrique (COHA), qui a amélioré les connaissances sur l'impact social et économique de la malnutrition infantile en Afrique et les interventions que les pays doivent prendre des mesures pour traiter et remédier aux problèmes identifiés comme contribuant à la malnutrition, tels que la production agricole inadéquate/déficiente en nutriments.

En outre, pour soutenir l'apprentissage et l'amélioration de la santé et de la nutrition chez les enfants d'âge scolaire, l'Initiative d'alimentation scolaire de l'Union africaine reconnaît que les programmes d'alimentation scolaire ont un impact significatif sur l'accès et la rétention, la fréquentation et la baisse des taux d'abandon chez les enfants d'âge scolaire. En plus des avantages psychologiques, ces initiatives améliorent l'apprentissage, les fonctions cognitives, le comportement en classe, les performances scolaires et la capacité de concentration ; et pour les familles marginalisées et en situation d'insécurité alimentaire, les programmes d'alimentation scolaire améliorent la sécurité alimentaire des ménages en augmentant les paniers alimentaires de base des familles dans les zones de déficit alimentaire. L'Union africaine travaille avec les États membres pour mettre en œuvre des programmes d'alimentation scolaire qui, en plus des avantages mentionnés ci-dessus, créent des transferts de revenus pour les familles bénéficiaires et des filets de sécurité sociale pour les familles pauvres, bénéficiant à des communautés entières grâce à la stimulation des marchés locaux, permettant aux familles investir dans des actifs productifs et avoir un impact sur l'économie en général, en facilitant la transformation agricole grâce à des liens avec les petits agriculteurs. Le 1er mars est la Journée Africaine de l'Alimentation Scolaire officielle en reconnaissance de ces programmes qui sont mis en œuvre quotidiennement dans différents pays africains.

Le Département des affaires sociales promeut le travail de l'Union africaine dans le domaine de la santé et de la nutrition. L'Initiative d'alimentation scolaire de l'Union africaine est dirigée par le Département des ressources humaines, des sciences et de la technologie dans le cadre d'initiatives éducatives visant à promouvoir la fréquentation scolaire.

développement de la jeunesse

L'Afrique a la population la plus jeune au monde, avec plus de 400 millions de jeunes âgés de 15 à 35 ans. Cette population jeune nécessite un investissement accru dans les facteurs de développement économique et social afin d'améliorer le taux de développement des nations africaines.

L'UA a élaboré plusieurs politiques et programmes de développement de la jeunesse au niveau continental dans le but de s'assurer que le continent bénéficie de son dividende démographique. Les politiques comprennent la Charte africaine de la jeunesse, le Plan d'action de la Décennie de la jeunesse et la Décision de Malabo sur l'autonomisation des jeunes, qui sont tous mis en œuvre dans le cadre de divers programmes de l'Agenda 2063 de l'UA.

La Charte africaine de la jeunesse protège les jeunes de la discrimination et garantit la liberté de mouvement, d'expression, d'association, de religion, de propriété et d'autres droits humains, tout en s'engageant à promouvoir la participation des jeunes dans l'ensemble de la société.

Le plan d'action de la Décennie de la jeunesse se concentre sur 5 domaines prioritaires, à savoir :
- Éducation et développement des compétences;
- Emploi et entrepreneuriat des jeunes ;
- Gouvernance, Paix et Sécurité ;
- Santé des jeunes et droits à la santé sexuelle et reproductive ;
- Agriculture, changement climatique et environnement.

La stratégie continentale d'EFTP fournit un cadre complet pour la formulation et le développement de politiques et de stratégies nationales pour relever les défis de l'éducation et de la formation technique et professionnelle afin de soutenir le développement économique, de créer de la richesse nationale et de contribuer à la réduction de la pauvreté par l'entrepreneuriat des jeunes, l'innovation et l'emploi.

Le Département des ressources humaines, de la science et de la technologie promeut le travail de l'Union africaine dans le domaine du développement de la jeunesse.

Égalité des genres et développement

L'Aspiration 6 de l'Agenda 2063 appelle à « une Afrique dont le développement est axé sur les personnes, exploitant le potentiel des Africains, en particulier leurs femmes et leurs jeunes, et prenant soin des enfants ». L'Agenda 2063 exige donc que nous vivions dans une société plus inclusive, où tous les citoyens sont activement impliqués dans la prise de décision à tous égards et où aucun enfant, femme ou homme n'est laissé pour compte ou exclu sur la base du genre, de l'affiliation politique, de la religion, l'origine ethnique, l'emplacement, l'âge ou d'autres facteurs. L'article 3 du Protocole d'amendement à l'Acte constitutif de l'Union africaine reconnaît le rôle essentiel des femmes dans la promotion du développement inclusif et appelle l'UA « à assurer la participation effective des femmes à la prise de décision, en particulier dans les domaines politique, économique et domaines socio-économiques -culturels. "

L'UA reconnaît que l'égalité des sexes est un droit humain fondamental et une partie intégrante de l'intégration régionale, de la croissance économique et du développement social et a élaboré la stratégie de l'UA pour l'égalité des sexes et l'autonomisation des femmes (GEWE) pour assurer l'inclusion des femmes dans le programme de développement de l'Afrique.

La stratégie de GEWE s'articule autour de 6 piliers principaux, à savoir :

1) Autonomisation économique des femmes et développement durable - l'autonomisation des femmes est la clé de la croissance, de la prospérité et de la durabilité ;

2) Justice sociale, protection et droits des femmes - les droits des femmes sont

des droits humains ; elles couvrent tous les domaines - social, politique, juridique et économique ;

3) Leadership et gouvernance - la bonne gouvernance requiert la participation égale et effective des femmes ;

4) Systèmes de gestion du genre - fournir des ressources d'accès et d'investissement (ressources financières et autres ressources techniques) pour soutenir les femmes ;

5) Femmes, Paix et Sécurité - Veiller à ce que les perspectives des femmes soient incluses dans les questions de Paix - Programmes de Prévention, Protection et Promotion ;

6) Médias et TIC - Donner aux femmes une voix dans les médias africains et l'accès à la technologie pour la connaissance.

La Charte de l'Union africaine des droits de l'homme et des peuples relative aux droits des femmes en Afrique de l'Union africaine exige des États parties qu'ils combattent toutes les formes de discrimination à l'égard des femmes par le biais de mesures législatives appropriées.

La Direction des femmes, du genre et du développement (WGDD) est chargée de diriger, guider, défendre et coordonner les efforts de l'UA pour atteindre l'égalité des sexes et promouvoir l'autonomisation des femmes et veiller à ce que les pays africains se conforment à la Déclaration solennelle de l'UA sur l'égalité des genres en Afrique (SDGEA).

LA GRANDE FORCE DES FEMMES AFRICAINES

Le Kenya a remporté le doublé du marathon féminin aux Jeux olympiques de Tokyo. Peres Jepchircir a remporté la médaille d'or après plus de 42 kilomètres de course. Elle a terminé avec un temps de 2h27min20s. La Kenyane Brigid Kosgei a également remporté la médaille d'argent et franchi la ligne d'arrivée 16 secondes après sa compatriote, en 2h27:36s.

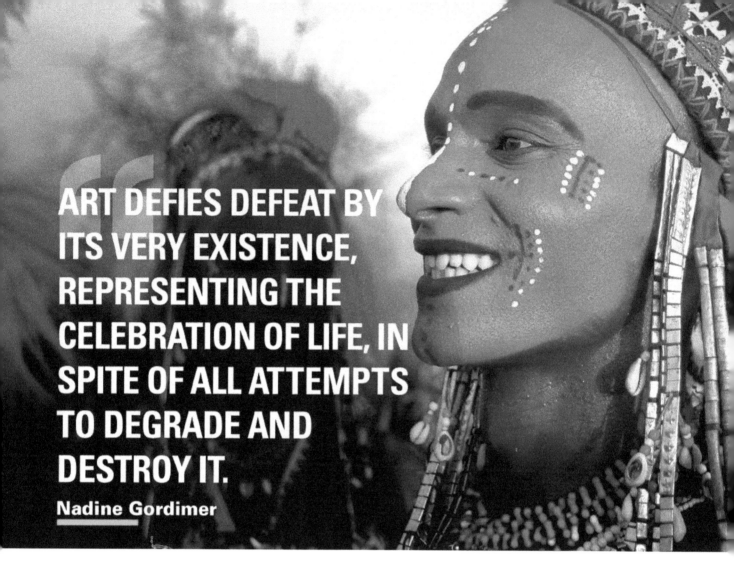

> ART DEFIES DEFEAT BY ITS VERY EXISTENCE, REPRESENTING THE CELEBRATION OF LIFE, IN SPITE OF ALL ATTEMPTS TO DEGRADE AND DESTROY IT.
>
> Nadine Gordimer

Promotion du sport et de la culture

L'Aspiration 5 de l'Agenda 2063 envisage une Afrique avec une identité culturelle forte, un patrimoine commun, des valeurs et une éthique partagées. Cela nécessite une renaissance culturelle africaine qui soit prééminente et promeuve l'esprit du panafricanisme ; explorer le riche patrimoine et la culture de l'Afrique pour s'assurer que les arts créatifs sont des contributeurs clés à la croissance et à la transformation de l'Afrique ; et restaurer et préserver le patrimoine culturel de l'Afrique, y compris ses langues.

La Charte africaine de l'Union africaine pour la renaissance culturelle africaine reconnaît le rôle important que joue la culture dans la mobilisation et l'unification des peuples autour d'idéaux communs et dans la promotion de la culture africaine pour construire les idéaux du panafricanisme. Le projet phare de l'Agenda 2063 pour le Grand Musée Africain vise à faire prendre conscience des artefacts culturels vastes, dynamiques et diversifiés de l'Afrique et de l'influence que l'Afrique a eu et continue d'avoir sur les différentes cultures du monde dans des domaines tels que l'art, la musique , la langue, la science et ainsi de suite. Le Grand Musée Africain sera un centre focal pour la préservation et la promotion du patrimoine culturel africain. L'Union africaine œuvre pour encourager la coopération culturelle à travers l'utilisation des langues africaines et la promotion du dialogue interculturel. L'Académie africaine des langues (ACALAN) et le Centre d'études linguistiques et historiques par tradition orale (CELHTO) ont été créés pour autonomiser les langues africaines, promouvoir l'utilisation de diverses langues à tous les niveaux, notamment dans le secteur de l'éducation, et assurer le développement et la promotion des langues africaines en tant que facteurs d'intégration et de développement africains, de respect des valeurs et de compréhension mutuelle et de paix.

Le sport est reconnu comme un élément de culture et un contributeur important au développement humain et au renforcement de la cohésion nationale et du rapprochement des peuples. L'Union africaine mène des activités par l'intermédiaire des États membres pour développer et promouvoir le sport et veiller à ce que la contribution de l'Afrique au sport mondial soit équilibrée et démocratique. Les États membres de l'Union africaine ont reconnu la nécessité pour l'Afrique d'intensifier sa campagne contre toutes les formes de discrimination raciale, religieuse et politique dans le sport. Le Conseil du sport de l'Union africaine (AUSC) a été proposé comme organe chargé de coordonner le Mouvement sportif africain et le forum qui coordonnera les efforts des États membres pour promouvoir et développer le sport sur le continent. Ses fonctions comprennent la promotion du sport en tant que droit humain fondamental, le plaidoyer pour le développement du sport, le plaidoyer pour le financement du développement du sport et la garantie que les pays élaborent des politiques, des programmes, des systèmes et des structures sportifs. L'AUSC est responsable des Jeux Africains.

Le Département des affaires sociales promeut le travail de l'Union africaine dans le domaine de la culture et du sport.

FINITION

Dans ces deux dernières pages, je veux laisser ici mes sincères remerciements à tous les connus et inconnus, qui ont participé directement ou indirectement à ce contenu. En ce qui concerne la VOIX DE L'AFRIQUE, nous sommes confrontés à un grand défi. Dans notre présent, nous ne pouvons ignorer un passé aussi difficile et toutes les souffrances attribuées à la race noire en Afrique et dans le reste du monde. L'avenir, cependant, dépend de nos efforts et de notre capacité à travailler en groupe.

Je crois que nous n'avons pas d'autre voie que celle-ci : L'INFORMATION ET LA FORMATION. S'ils nous ont laissé des citrons aigres, nous devons faire de délicieuses limonades.

Nous devons travailler dur pour qu'à chaque nouvelle génération, les conditions de vie s'améliorent considérablement en Afrique et dans toute la diaspora africaine.

D'après la connaissance que j'ai de la vie en dehors du continent africain et depuis 2011 également sur le continent africain, je peux dire catégoriquement que l'Afrique et la diaspora africaine se complètent. Quiconque arrive sur le territoire africain en tant qu'enseignant se rend vite compte qu'il y a beaucoup à apprendre des indigènes.

D'un autre côté, les indigènes doivent être prêts à boire le savoir de ceux qui sont ici en Afrique. Imitez-les dans tout ce qui est bon. Exactement parce que le succès ne vient jamais sans beaucoup d'efforts. Du ciel, seuls la pluie et l'orage tombent.

Les Noirs n'ont absolument rien d'inférieur aux autres peuples de la planète. Nous avons des esprits grands et brillants qui ont déjà commencé le dur travail de construction de cette NOUVELLE AFRIQUE.

Ma responsabilité en tant qu'écrivain est immense, c'est pourquoi je suis toujours en train de rechercher dans différentes sources et d'interagir avec les anciens qui sont de véritables bibliothèques de connaissances.

Tous les moyens possibles de transmettre une bonne information doivent être utilisés sans relâche. Les plus jeunes ont besoin de l'expérience des plus âgés, les plus âgés de la force et de l'enthousiasme des plus jeunes.

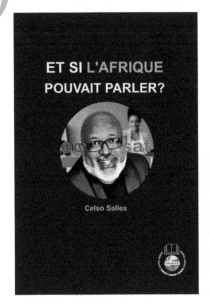

L`AFRIQUE

DE KIMBANGU À KAGAME

Celso Salles

Simon Kimbangu et Paul Kagame, deux entités africaines de premier plan, chacune à leur époque, chacune à leur époque, qui finissent par prendre le sommeil de l'Occident. Kimbangu pour le grand héritage qu'il a laissé dans le domaine matériel et spirituel et Kagame pour les résultats obtenus durant son mandat au gouvernement à la tête du Rwanda, gérant de manière beaucoup plus adéquate le mode de vie africain. Encore un livre extrêmement courageux de l'auteur afro-brésilien Celso Salles, résident en Angola en 2021, lorsqu'il a écrit ce livre. Une série de certitudes et de vérités doivent être réfléchies. Simon Kimbangu, fait prisonnier belge pour avoir assumé un christianisme avec une posture chrétienne très différente de celle adoptée par les colonisateurs européens à l'époque, a été emprisonné pendant 30 ans et pourtant, métaphysiquement, a accompli d'innombrables miracles qui ont montré que le Christ n'avait rien à faire. avec le processus colonisateur de l'époque. Paul Kagame, avec une histoire en cours au moment où ce livre est écrit, qui a affronté un pays d'innombrables confrontations, lui donnant des chiffres positifs, bien au-dessus de la moyenne d'innombrables pays à l'intérieur et à l'extérieur du continent africain.

Quiconque veut écrire sur l'Afrique, face à un véritable océan de complexités, peut être sûr qu'il ne sera facile de vivre dans aucune des lignes de son livre.

L'histoire de l'humanité telle qu'elle est racontée apporte d'innombrables contradictions et lacunes qu'il faut affronter de front, visant principalement à laisser un meilleur héritage aux nouvelles générations, que ce que nous pourrions réellement hériter des générations qui nous ont précédés.

Le grand pouvoir que le christianisme européen a exercé et exerce encore en Afrique a dans la figure de Simon Kimbangu un véritable mur en matière de christianisme. Lorsqu'on est témoin d'un culte kimbanguiste, on peut voir une foi chrétienne d'une force et d'une originalité immenses. Il a tout ce que le christianisme européen prêche, enseigne ET BIEN PLUS ENCORE. Cela est dû beaucoup plus à la manière dont les différents groupes existant dans l'Église Kimbanguista interagissent, génèrent des ressources et travaillent collectivement, d'innombrables projets sociaux et évangélistes.

À mon avis, de nombreuses confessions chrétiennes, en particulier celles qui ont opté pour la théologie de la prospérité, ont fini par s'éloigner beaucoup des enseignements du Christ et faire de la foi chrétienne une véritable chasse au trésor. Le "donne à César ce qui appartient à César" peut presque se dire aujourd'hui, "donne à César ce qui appartient à César et aussi à César ce qui appartient à Dieu".

En général, nous sommes capables d'identifier les erreurs de nos ancêtres, mais identifier nos erreurs dans notre temps présent n'est pas une tâche facile. Il nécessite une grande puissance d'analyse, des réflexions profondes et ne pas avoir peur de nager à contre-courant.

LE CIEL N'A JAMAIS ÉTÉ À VENDRE ET NE LE SERA JAMAIS.

Le commerce de la foi augmente de plus en plus, car le côté César, nourri par le capitalisme financier, domine tout et tout le monde, heureusement : PRESQUE TOUT LE MONDE.

Kimbangu, même après plus de 100 ans de son travail, continue d'être un grand soleil dans la manière de vivre le vrai christianisme aujourd'hui, précisément à cause du côté prédominant de Kimbangu étant le "DONNER À DIEU CE QUI EST DE DIEU".

Les horreurs commises par le gouvernement belge de l'époque ont fait de Kimbangu un défenseur légitime du christianisme enraciné, radicalement contraire aux intérêts coloniaux européens de l'époque.

Beaucoup ont du mal à voir le côté spirituel de Kimbangu et d'autres le placent comme juste un autre prophète.

Dans cet ouvrage, je vais essayer de mettre de nombreux textes de moi, basés sur les études que je fais depuis 2015, lorsque j'ai été en contact pour la première fois avec UNIVERSO KIMBANGU, par l'intermédiaire du révérend Bitombokele Lei Gomes Lunguani, qui est littéralement allé me chercher. au Brésil. Je publierai également des textes recherchés et compilés pour faciliter une meilleure compréhension de la vie et de l'œuvre de Simon Kimbangu.

Je ne me suis jamais demandé pourquoi moi ? J'ai simplement vu rapidement la grandeur de tout ce à quoi je venais d'avoir accès et qui ne pouvait pas garder le savoir pour moi. Il fallait en quelque sorte les faire avancer. Ce livre est un autre messager de la connaissance auquel j'ai eu accès. Dans la Collection África, il y a de nombreux livres dans lesquels je mentionne Simon Kimbangu.

Né et élevé dans l'Église catholique, ayant pour cousin l'évêque brésilien José Luis Ferreira Salles, fils de mon oncle Luis Ferreira Salles, je me sens très honoré du choix que Simon Kimbangu a fait pour moi et, j'espère être à la hauteur de votre attentes. J'ai essayé de faire de mon mieux, en contribuant à ce qu'un VRAI Dieu puisse inonder les âmes des peuples du monde entier, sans être l'otage de différents intérêts économiques.

Je ne suis pas né dans le christianisme Kimbanguiste, c'est pourquoi je ne me considère pas comme Kimbanguiste. J'aurais aimé naître formellement au sein du Kimbanguisme, mais je me considère comme un annonceur de Simon Kimbangu et le fils légitime de Simon Kimbangu.

Parce que je?

Parce que Simon Kimbangu le voulait.

Je suis sûr que vous qui lisez ce livre avez en quelque sorte une mission. Le trouver et le remplir dépendra de vous.

C'est à vous de croire ce que je vais mettre dans les prochaines pages. Ma mission pour vous rejoindre est en train de s'accomplir.

DOCUMENTAIRE SIMON KIMBANGU - Partie 1 - Portugais et Français.

C'est 33 minutes dans lesquelles vous recevrez un message riche. Vous ferez connaissance d'encore plus près le chrétien africain Simon Kimbangu, résumé de la trajectoire du Kimbanguisme, Son Eminence DIANGIENDA Kuntima Joseph et son message juste avant sa mort commence le Documentaire dont nous placerons le texte dans les pages suivantes de ce livre.

Fiche technique:

Discours d'ouverture Son Eminence DIANGIENDA Kuntima Joseph

Chef spirituel de l'Église Kimbanguiste (1959-1992)

Troisième fils de Papa Simon Kimbangu

Langue d'origine : Lingala

Versions portugaise et française : Bitombokele

Voix off en portugais : Celso Salles

Voix off en français : Bitombokele

Production documentaire : Educasat - Celso Salles

Textes : Bitombokele Lei Gomes Lunguani

Participation : Suzana Sheibel, Rodrigo Orso et Guelda Dikkendjeef

Pères et mères, je n'ai pas de message particulier à vous transmettre, dans les jours à venir, si nous ne sommes pas déjà dans ce monde des vivants, que nous traversons et voyageons, car si vous demandez, qu'est-ce que père pars avant d'abandonner son âme, regarde les enseignements que je t'ai donnés chaque jour, hier j'ai parlé, dimanche j'ai parlé, chaque jour j'ai parlé, ce que j'ai dit est ce qui constitue la base de notre enseignement : amour, commandement et travail.

Si par hasard vous négligez ces trois vertus, nos souffrances ne finiront jamais. En fait, nous voyons que Dieu est vivant et nous aime beaucoup. Ma santé est terrible et mon esprit est toujours très fort.

Dieu voulait-il que nous tombions malades tous les trois maintenant ? Quel serait votre souhait ? C'est votre volonté qui sera accomplie et non la nôtre. Comme nous l'avons dit, le jour où nous ne serons plus dans ce monde, ne demandez pas ce que le père a laissé comme recommandations, dans nos prières, dans nos discours quotidiens, c'est notre message que nous vous avons toujours donné pour ceux qui ne vivez plus. , pour vous qui êtes présents ici et pour ceux qui viendront, car le poids que nous portons est une grande et dure responsabilité. Toi et moi, qui avons alors accepté de suivre Simon Kimbangu, ton chemin est plein de difficultés, c'est pourquoi toi qui suis Simon Kimbangu, en fait j'ai dit que tu es vraiment spécial, parce que la façon dont ce chemin est si difficile par rapport aux autres vies, subiront des moqueries partout où ils iront, si les gens se rendent compte qu'ils sont kimbanguistes. Ils seront traités comme des ânes, alors que vous n'êtes pas stupide, au contraire, vous surpassez leur intelligence. Dans quel sens? Vous avez fait le choix et votre propre chemin à suivre.

Quelles sont les origines de l'homme noir ? Maintenant, de temps en temps, quand je me repose au lit, j'ai regardé beaucoup de choses à la télévision, en remarquant que les Noirs, où qu'ils soient, sont vraiment nuls. Nous avons déjà beaucoup d'intellectuels, qui peuvent faire des performances spectaculaires, il y en a beaucoup, mais ils ne peuvent pas le faire et que nous manque-t-il, si nous sommes vraiment intelligents ? Nous étudions beaucoup. Nous ne pouvons pas mettre notre intelligence dans des applications pendant que nous étudions à l'école. Quelque chose nous a manqué. Le Christ avait dit, en fait c'est pour suivre ce qu'Il a dit : Cherchez d'abord le Royaume de Dieu et le reste vous sera donné en plus. Et pour chercher ce Royaume de Dieu, il est nécessaire de pratiquer l'amour, de respecter les commandements de Dieu et d'accomplir de bonnes œuvres. Ces trois conditions qui nous sont données sont ce qui fera de nous des gens formidables. Si nous échouons, nos souffrances ne cesseront pas. Nous marchons. Comme je l'ai dit, nous sommes des visiteurs de ce monde. Un jour le Père Kisolokele reviendra, le Père Diangienda, le Père Dialungana. Nous y retournons vraiment, car nous sommes venus en pèlerinage. Nous étions avec toi, tu nous as vu, tu nous as parlé, tu nous as montré ton amour, tu nous as habillé et fait tout ce dont nous avions besoin. Aujourd'hui, 2 janvier 1992, ils sont venus nous souhaiter une bonne année, merci beaucoup. Mes frères ne sont pas ici, mais nous sommes ensemble et nous ne sommes qu'une seule personne. Arrêtons de marcher selon la chair. Il est impératif que nous ayons un amour considérable et non un amour de l'hypocrisie, c'est-à-dire qu'à l'extérieur, nous démontrons un amour alors qu'à l'intérieur de nos cœurs nous n'avons pas d'amour. A partir de quel moment commence-t-on à trébucher ? Il vaudrait donc mieux pour vous et moi de démontrer que nous aimons notre prochain, du fond du cœur et non en apparence, car si nous devons pratiquer l'hypocrisie, cela nous coûtera cher et conduira à des souffrances extrêmes, alors laissons prenons garde à la mort. Nous n'avons pas d'autre solution à nos problèmes que Dieu le Père, Notre Seigneur Jésus-Christ et le Saint-Esprit qui nous aidera. Alors toute cette année nous donnons à Dieu le Père, notre Seigneur Jésus-Christ et le Saint-Esprit de nous accompagner, de nous aider à accomplir sa volonté. Si nous faisons votre volonté, tout ce dont nous avons besoin, nous le réaliserons. AMOUR, COMMANDEMENT ET TRAVAIL.

Qui est cet homme dont la vie a transformé, transforme et continue de transformer l'histoire de l'Afrique. Dans ce documentaire, nous vous présenterons Simon Kimbangu et son importance pour la Renaissance Africaine Moderne.

La personnalité de Simon Kimbangu peut être définie en deux dimensions. Dimension du Kimbangu de l'Histoire et du Kimbangu de la Foi Le Simon Kimbangu de l'Histoire est la réalité de la personnalité physique et humaine de Simon Kimbangu, du point de vue de la compréhension humaine limitée dans le temps et l'espace. Le Kimbangu de l'Histoire est un être humain naturel, sujet à toutes les fragilités humaines, ne montrant aucune apparence physique mystérieuse. La particularité de sa nature est le sacrifice. L'art d'assumer passivement et pacifiquement l'attitude agressive des oppresseurs.

Le Simon Kimbangu de la foi est la réalité de la personnalité spirituelle de Simon Kimbangu, non perceptible à la compréhension humaine. Cette manifestation dans le contexte théologique peut être considérée comme la plénitude de la manifestation du Saint-Esprit. Pour mieux remplir sa mission dans le temps et dans l'espace, le Simon Kimbangu de la foi peut se définir de deux manières :

1. Méthode transcendantale ou métaphysique et
2. Méthode naturelle.

Simon Kimbangu est une grande figure africaine car il apparaît dans une période considérée comme une période centrale de la colonisation, qui va de 1920 à 1950 est une période où il y avait une stabilité absolue du système colonial, il n'y avait plus de résistance politique de la part d'Africains, pas de résistance religieuse et dans cette période en 1921 la responsabilité et la mission ont été confiées à Simon Kimbangu, par Jésus-Christ, afin de pouvoir évangéliser le peuple africain.

Le système colonial avait 3 piliers :
1. Pouvoir politique
2. Les entreprises coloniales
3. L'Église

L'Église a joué un rôle très fondamental dans l'éducation des Africains à accepter la colonisation. Dans ce contexte, l'Église s'est servie des chapitres bibliques de l'Évangile pour maintenir le peuple africain dans la subordination coloniale. C'était plus doux, les prêtres, les pasteurs protestants viennent dire « bienheureux les pauvres car ils vont hériter du Royaume de Dieu. L'Africain, acceptant la pauvreté, n'avait pas la possibilité de pouvoir faire ses revendications. Dans ce contexte de subordination mentale, de subordination politique, Simon Kimbangu recevra la mission de pouvoir rééduquer les Africains dans une ligne plus spirituelle, car aucun développement n'est possible sans pérennité spirituelle.

Simon Kimbangu a prêché la renaissance du peuple de Dieu, déclenchant par la même occasion une action qui a déplacé des milliers et des milliers de personnes autour d'eux et a menacé la puissance coloniale.

Qu'a fait Simon Kimbangu ? Il annonçait la parole de Dieu et il y avait des barrières de la part des Africains, qui disaient : nous connaissons les pratiques du christianisme et que Jésus-Christ est le sauveur des blancs. Le colonisateur nous maltraite et cette religion n'est pas la nôtre.

Simon Kimbangu a dit : Non, le Christ n'a rien à voir avec le système colonial.

Christ est le Fils de Dieu. Nous devons suivre Christ parce qu'Il m'a choisi, m'a envoyé pour nous enseigner la parole de Dieu.

DÉMONSTRATION, nous voulons une démo.

Simon Kimbangu au nom du Christ a ressuscité les morts, au nom du Christ, les paralytiques ont marché, les aveugles ont commencé à voir et cette information a commencé à se répandre dans toute cette région et a commencé à harceler le système colonial dans toute l'Afrique centrale, en mettant l'accent sur L'Angola, le Congo Démocratique et le Congo Brazaville qui sont au cœur de l'Afrique, une action menée à Nkamba, village situé au point de rencontre de ces 3 pays.

Le colon belge trouva cela très menaçant, créa un scénario et arrêta Simon Kimbangu en 1921.

Simon Kimbangu a passé un procès inéquitable, a été condamné à la prison à vie, qui a duré 30 ans. Pendant 30 ans, qui représente la période centrale de la colonisation, comme le classe l'historien britannique Basil Davidson, Simon Kimbangu a eu la faculté d'être en prison, mais aussi hors prison, d'évangéliser. Il est apparu en Angola, au Congo Démocratique, dans d'autres régions. Ce potentiel qu'il avait à multiplier a fait une grande différence.

Simon Kimbangu a déjà été détenu 5 fois, dans 5 endroits différents le même jour. Ils ont pris tous les Kimbangus, les ont mis dans la même cellule et ont vu que c'était la même personne.

Simon Kimbangu avait une certaine personnalité qui déstabilisait spirituellement le système colonial. Ce n'est qu'après cette période centrale de colonisation, où Simon Kimbangu a agi, à partir de 1950, que les mouvements indépendantistes ont commencé à affluer.

Simon Kimbangu était la plate-forme spirituelle du mouvement indépendantiste africain. Certains auteurs considèrent Simon Kimbangu comme le père de l'indépendance en Afrique.

Ce n'est qu'après que Simon Kimbangu a quitté ce monde que les vents de l'indépendance commencent à souffler sur le territoire africain.

La Bible est l'une des sources théologiques de l'Église Kimbanguiste. La théologie Kimbanguiste est centrée sur la Parole de Dieu, l'Évangile du Christ et l'Ancien Testament.

Le départ des enfants d'Israël d'Egypte est à l'image de la sortie du peuple africain du système colonial.

L'action de Simon Kimbangu s'inscrit dans le contexte des prophéties d'Isaïe 19, 20, où Isaïe projette la venue d'un Sauveur qui viendrait résoudre le problème de l'Égypte, de l'Afrique. Simon Kimbangu est à la hauteur de cette prophétie. Et quand le Christ parle des Paraclet, qui viendraient l'aider dans son œuvre, Simon Kimbangu s'accorde avec ces prophéties. C'est une action qu'Il a déclenchée. En 1921, Kimbangu prophétisait déjà sur l'indépendance. L'une des phrases clés des prophéties de Simão Kimbangu est quand il dit : Un jour, le noir deviendra blanc et le blanc deviendra noir.

Nous avons beaucoup à parler de Simon Kimbangu et c'est ce que nous ferons dans les prochaines parties de son riche documentaire. Un homme véritablement inspiré par l'Esprit Saint et propriétaire de nombreux passages qui ont marqué son histoire, qui continue d'être écrite par des Kimbanguistes, répartis sur les 5 continents.

LE CHEMIN DU KIMBANGUISME

Le kimbanguisme est un christianisme issu des enseignements et des œuvres de Simon Kimbangu, basé sur l'amour, l'obéissance aux lois de Dieu et l'engagement au travail.

En réalité, le Kimbanguisme est une NOUVELLE CIVILISATION, qui entend mettre en œuvre les bases de l'humanisme pour la crainte de Dieu et le respect des êtres humains, sans discrimination de race, de tribus et de langues.

Mais, en tant que congrégation qui rassemble des êtres humains, comme toute institution, le Kimbanguisme a connu des hauts et des bas dans sa trajectoire divisée en deux voies :
1. Le premier cours se déroule de 1887 à 2001
2. Le deuxième cours se déroule de 2001 à 2021

Le premier cours est divisé en 5 phases :

1. Phase de l'Alliance entre Jésus-Christ et Simon Kimbangu, à partir de 1887, année de naissance de Simon Kimbangu, jusqu'en 1921, année de début de l'action spirituelle de Simon Kimbangu, pour la renaissance du peuple de Dieu d'Afrique ;

2. Phase de déstabilisation spirituelle du système colonial en Afrique, dans laquelle Simon Kimbangu a prêché la renaissance spirituelle, la non-violence et l'équilibre racial, prophétisant l'indépendance des pays africains. L'une de ses prophéties les plus célèbres est quand il dit : le noir deviendra blanc et le blanc deviendra noir. Cette période s'étend de 1921 à 1951, année de la mort de Simon Kimbangu, après 30 ans de réclusion à perpétuité ;

3. C'est la phase de transition pour l'officialisation et l'institutionnalisation du Kimbanguisme en tant qu'Église. Cette période s'étend de 1951 à 1959, année de la mort de l'épouse de Simon Kimbangu, Muilu Maria, qui mena le Kimbanguisme dans cette phase de clandestinité et de persécution des Kimbanguistes par le colonisateur ;

4. C'est l'étape de formation des Kimbanguistes sous la conduite de Son Eminence DIANGIENDA Kuntima Joseph, où les Kimbanguistes ont bénéficié d'une formation très riche, qui visait à former des militants pour le développement intégral du continent africain. Le cours, qui a duré 33 ans, était basé sur la formation spirituelle, la formation intellectuelle, l'initiation à l'autonomie absolue. Cette période s'étend de 1959 à 1992, année de la mort des pères spirituels qui dirigeaient l'Église Kimbanguiste, Sa Grandeur Kisolokele Lukelo Daniel Charles et Son Éminence Diangienda Kuntima Joseph.

5. Phase de révision et de consolidation des connaissances au moment de la formation, sous la direction de Son Eminence Dialungana Kiangani Salomon. Cette période s'étend de 1992 à 2001, année du décès du Chef Spirituel, Son Eminence Dialungana Kiangani Salomon. Avec sa disparition physique, le Kimbanguisme a marqué la fin du premier voyage de son histoire, ouvrant la porte à une nouvelle génération de Kimbanguistes qui seraient soumis à un test pour identifier les mineurs ayant assimilé les connaissances acquises en phase de formation.

En fait, la trajectoire du Kimbanguisme s'inscrit dans la perspective de la loi de restauration sociale, où à notre connaissance nous considérons 3 principes importants :

1. Mise en place des meilleures conditions, avant la mise en œuvre de tout projet ;

2. Elaboration du processus qui fournira la restauration;

3. Applicabilité.

La trajectoire du Kimbanguisme est en fait l'application de ces 3 principes.

Le processus de la Renaissance Africaine Moderne que Simon Kimbangu a mis en œuvre à partir de 1921, ainsi que le processus de formation rationalisent le processus de mise en œuvre, rendant possible l'APPLICABILITÉ qui est en fait la plus difficile.

Trois types de Kimbanguistes cohabitent :

1. Traditionnel

2. Eurocentristes

3. Renaissance

LE GRAND DISCOURS
PAR SIMON KIMBANGU

DONNÉ À NBANZA NANDA
LE 10 SEPTEMBRE 1921.

Mes frères! L'Esprit me révèle que le temps est venu de me livrer aux autorités. Veuillez bien noter ceci, qu'avec mon arrestation, une terrible période d'immense persécution va commencer contre moi et ceux qui me suivent. Il faudra tenir bon, car l'Esprit de notre Dieu Tout-Puissant ne nous abandonnera pas, car il n'abandonne jamais tous ceux qui se confient en Lui.

Les autorités vont imposer un très long silence physique sur ma personne, mais elles ne parviendront jamais à détruire le travail que j'ai effectué, car il vient de notre Dieu Père.Il est certain que ma personne physique sera soumise à l'humiliation et à l'immense souffrance, mais ma personne spirituelle s'occupera du combat contre les injustices semées par les peuples du monde obscur qui viennent nous coloniser.

J'ai été envoyé pour libérer le peuple Kongo, et la race noire en général. Par conséquent, le noir deviendra blanc et le blanc deviendra noir. Et les fondements spirituels et moraux tels que nous les connaissons aujourd'hui seront tous ébranlés et les guerres persisteront à travers le monde.

En Afrique, les décennies qui suivront sa libération seront atroces, car ses premiers dirigeants travailleront au profit des blancs et vivront de leurs conseils. Et, en conséquence, un grand désordre spirituel et matériel s'installera, et les populations du continent se battront entre elles, ce qui généralisera la misère.

De nombreux jeunes quitteront le continent dans l'espoir de trouver le bien-être dans les pays blancs. Ils parlaient toutes les langues de ces régions, et beaucoup d'entre eux seront séduits par la vie matérielle de ces pays. Par conséquent, ils deviendront la nourriture des blancs et il y aura de nombreux cas de mortalité parmi eux, au point qu'ils ne reverront plus jamais leurs proches.

Il faudra beaucoup de temps avant que l'homme noir n'atteigne la maturité spirituelle. Et c'est avec elle qu'il accédera à l'indépendance matérielle. À ce moment-là, la troisième étape sera achevée, à partir de laquelle un grand roi divin naîtra. Il viendra avec ses trois pouvoirs : Spirituel, Scientifique et Politique.

Et je serai votre représentant. J'éliminerai à jamais l'humiliation qui depuis les temps anciens n'a pas cessé sur les noirs, à cause de toutes les races de l'humanité, aucune n'a été aussi maltraitée et humiliée que la race noire.

Continuez à lire la Bible, car à travers ses enseignements, vous découvrirez l'immense méchanceté de ceux qui vous ont appris à la lire, contrairement aux principes moraux contenus dans ce livre.

Cependant, le jour viendra où nous aurons notre propre livre sacré, dans lequel seront écrites d'immenses vérités jusque-là cachées sur la Race Noire et les peuples Kongo.

Un Nlongui (Maître) viendra avant mon retour pour écrire ce livre et préparer la venue du Roi, il sera combattu par la génération de son temps. Cependant, au bout de quelques années, les gens comprendront votre message et vous suivront. Et pourquoi ce Nlongui préparera-t-il les peuples congolais à la venue du grand Roi ?

Désormais, l'arrivée du Roi sera une action dévastatrice et implacable. Ainsi, il faudra que les peuples du Congo soient éduqués, car ils ne savent pas ce que signifie le combat spirituel. A quoi sert l'homme à combattre Dieu, si le jour de sa mort, même s'il a beaucoup de biens, il n'aura même pas le temps de ranger sa propre maison ? Vous ne savez pas ce qui a été fait dans votre vie et pourquoi vous vivez. Et exister physiquement n'est pas si important.

Pourquoi tuer son voisin et en même temps souhaiter que ta vie continue, et pour combien de temps ? Dieu n'a ni temps ni espace. Il est entier et en tout. Le peuple Kongo y perdra tout car il sera poussé à suivre les principes moraux pervers du monde occidental, oubliant ainsi leurs valeurs les plus nobles léguées par leurs ancêtres, ce qui se traduira aussi par le mépris des langues locales.

En attendant, je vous exhorte à ne pas mépriser vos langues. Il faut que vous les appreniez de plus en plus à vos enfants et petits-enfants, car un temps viendra où les langues des blancs seront oubliées. Dieu le Père a donné à chaque groupe humain une langue qui sert de communication avec Lui.

Simon Kimbangu
Mbanza Nsanda, le 10 septembre 1921

https://educasatworld.com/artigos

L'IMPORTANCE DE LA GESTION RWANDAISE À L'ÈRE PAUL KAGAME POUR CHANGER EN AFRIQUE.

Quand on me demande quel est le lien entre Simon Kimbangu et Paul Kagame, je réponds : il se peut qu'il n'y en ait pas, comme il peut y en avoir tous.

Moi, en particulier, je suis enthousiaste à l'idée de gérer le Rwanda par Paul Kagame et Team, que j'ai mis dans les livres de la Collection Afrique. Ce sont des chiffres très positifs.

En même temps, je vois la remise en cause de l'Occident en général depuis des années que Kagame est au pouvoir. J'ai l'impression que l'Occident en général voit la démocratie de manière pasteurisée, c'est-à-dire que ce qui est pour la France est bon pour le monde entier. Ce qui fonctionne aux États-Unis d'Amérique fonctionne partout dans le monde.

Le Rwanda prouve que ce point de vue n'est pas correct.

La démocratie a évolué partout dans le monde, mais elle doit nécessairement respecter les particularités qui existent dans diverses régions avec leurs propres cultures et caractéristiques.

Une fois de plus, je mettrai sur les pages suivantes le beau travail du professeur et écrivain angolais Flávio Januário intitulé :

SUJET : Description et analyse de la gouvernance démocratique en Afrique
« Cas particulier République du Rwanda »

CADRE DE LA THEORIE DE LA DEMOCRATIE DANS LA GESTION POLITIQUE DU RWANDA

Le Rwanda est considéré comme un pays dictatorial en raison du fait historique de la situation du génocide de 1994. Pour cette raison, les critiques dans la région reconnaissent que tant que le président Kagame et le FPR resteront au pouvoir, l'installation de la démocratie sera reportée. Seul un processus de réconciliation entre le génocide n'est pas un événement isolé. Son histoire tend à lier le passé, le présent et l'avenir dans un enchaînement de causes et de conséquences qui dépassent largement les limites géographiques et temporelles de l'élimination physique des victimes. En 1994, au Rwanda, 800 000 Tutsis et Hutus modérés ont été massacrés par des milices, des militaires, des cadres administratifs et des paysans, dans un « génocide de proximité » planifié et organisé par l'élite dirigeante.

Le président est le chef de l'État du Rwanda. Selon la constitution actuelle du pays, il est élu par la population pour un mandat de 7 ans. Le Président de la République nomme le Premier ministre et les membres du Conseil des ministres. La liste des présidents du Rwanda après 1961 est jointe en annexe.Pour dire que de 1961 à nos jours, avec le gouvernement du Président Kagame, il y a eu 7 élections avec leurs gouvernements et ethnies respectifs.

Compte tenu du processus électoral malavisé, il est important de préciser que le Rwanda a une alternance au pouvoir très jeune et qu'elle nécessite à son tour une plus grande acceptation et dynamisme dans la situation socio-politique, sans oublier la création menaçante de 1994, le cas particulier de la génocide.

Cependant, The Economist Democracy Index pour examiner l'état de la démocratie dans 167 pays, dans une tentative de quantifier cela avec l'Economist Intelligence Unit Democracy Index qui s'est concentré sur cinq catégories générales : le processus électoral et le pluralisme, les libertés civiles, le fonctionnement du gouvernement, participation politique et culture politique. Selon l'indice de démocratie de l'Economist Intelligence Unit 2011, les pays sont classés en « démocraties à part entière », « démocraties imparfaites », « régimes hybrides » (tous considérés comme des démocraties) et « régimes autoritaires » (considérés comme dictatoriaux). The Economist évalue les pays sur cinq critères (processus électoral et pluralisme, fonctionnement du gouvernement, participation politique, culture politique et libertés civiles), avec des notes allant de 0 à 10.

Cependant, sur les 167 pays évalués, selon The Economist, le Rwanda est placé dans la maison des 136 dans une catégorie Régime autoritaire en raison du fait qu'il a un score de 3,16 ; avec processus électoral et pluralisme réduit correspondant à 1,42, avec fonctionnement gouvernemental avec un taux de 4,29, participation politique de 2,78, Culture politique 4,38, Libertés civiles 2,94. Ce qui veut dire que le Rwanda est encore loin d'une démocratie acceptable par rapport aux pays à démocratie pleine et imparfaite, sans parler des pays à régime hybride.

Gouvernance rwandaise

Alors, comment parler de démocratie quand la majorité de la population était exclue des droits politiques ? Car, les femmes, les metecs, les esclaves n'étaient pas considérés comme des citoyens et en tant que tels n'avaient aucun droit. Pour notre sensibilité contemporaine, l'exclusion d'un si grand nombre de personnes est incompatible en tant que qualification « démocratique ». Mais il n'est pas moins certain que vu de leurs yeux, pour les Grecs, les systèmes par lesquels nous gouvernons bien que faisant partie du monde actuel, que nous appelons « démocratie libérale » seraient tout sauf une démocratie, étant plus proche de la polyarchie de Robert. Dahl.

Cependant, les Grecs n'ont pas compris que l'on appelle « démocratie » un système dans lequel la plus grande implication du citoyen avec sa « polis » se produit tous les 4 ou 5 ans lors des élections des représentants. Les raisons de cette dissonance tiennent évidemment à l'énorme distance temporelle qui nous sépare, mais aussi aux particularités de la démocratie athénienne. Ainsi, outre les caractéristiques réelles que présente la démocratie, il est important de recommander au Rwanda d'essayer de s'adapter aux nouvelles formes de pensée mondialisée face à une démocratie plus accentuée et, surtout, de clarifier et d'objectiver les besoins et la satisfaction des les désirs du peuple et comme si cela ne suffisait pas dans la corrélation stratégique de la communauté internationale.

Il convient de reconnaître qu'en plus de la géopolitique interne, le Rwanda a une caractéristique tout à fait unique et a, à son tour, étendu sa dynamique commerciale et économique à une dimension brutale, qui à son tour tend à étendre la condition sociale dans le bon sens, selon aux stratégies gouvernementales de Paul Kagame. Ainsi, il est essentiel que, dans le contexte du processus de mondialisation, le Rwanda se soit révélé être un excellent pays avec une vision plus juste et surtout avec des idées pragmatiques. C'est ce qui a conduit à la commercialisation et aux ventes diplomatiques dans les questions démocratiques de la situation que le Rwanda présente pour être et pour être dans le monde commercial, mais qui est fortement critiquée devant les pays plus adultes et les vrais savants de la démocratie.

Par conséquent, il est impératif d'affirmer que la culture politique développée par le gouvernement rwandais a une légitimité du fait que son gouvernement a une acceptation purement politique car, bien qu'il soit dictatorial, le gouvernement doit accepter la mise en place d'indicateurs qui pourraient soulever un grand indice de développement politique et démocratique comme Dahl établit les indicateurs pour que la démocratie soit réalisable :
• Liberté d'association;
• Liberté d'expression;
• Liberté de vote (suffrage universel) ;
• Liberté de concourir pour obtenir des soutiens (dirigeants politiques) ;
• Diversité des sources d'information ;
• L'éligibilité au domaine public ;
• Des élections libres, correctes et périodiques ;
• Des institutions qui s'assurent que la politique gouvernementale dépend des votes et d'autres moyens d'exprimer les préférences.

Pour le Rwanda, ces principes sont étroitement liés au fait du système politique et du régime mis en place par son gouvernement. Cependant, il est intéressant de noter que, progressivement, il commence à faire des pas significatifs vers le changement social à travers une démocratie accentuée qui profitera aux peuples.

À cette fin, le Rwanda a aujourd'hui une acceptation plus profonde de son développement économique et intellectuel et de la dimension de son développement technologique qui grandit de jour en jour dans le scénario économique et mondial et cela fait que ce pays parvient à maintenir les niveaux de bonne gouvernance , sans négliger la condition démocratique que nous n'avons cessé d'affirmer qu'elle a et mérite de procéder à un recadrage en profondeur étant donné le cadrage culturel de son impact historique du génocide.

Ainsi, il est important de préciser que le Rwanda est l'un des rares pays d'Afrique ayant un impact de grand avantage compétitif compte tenu du niveau de transparence que le gouvernement de Paul Kagame a mis en place, notamment en ce qui concerne une lutte accélérée contre la corruption.

Cependant, comme nous l'avons dit plus haut, il est important de rappeler que « plus de 40 ans après la vague d'indépendance de 1960, nous ne pouvons continuer à attribuer la responsabilité exclusive de nos malheurs au colonialisme ou au néocolonialisme des grandes puissances, aux blancs, aux marchands étrangers et je ne sais qui d'autre. Nous devons accepter, une fois pour toutes, que nous sommes les principaux coupables. Le glissement vers la violence, le laxisme dans la gestion du bien public, le vol à grande échelle, le fait de ne pas savoir accepter les différences entre les ethnies et les régions, tout cela a des causes principalement endogènes. L'admettre serait un début de prise de conscience et donc de sagesse » Jean-Paul Ngoupande (ancien Premier ministre de la RCA).

CONCLUSION

L'analyse des aspects qui ont structuré la recherche sur Description et Analyse de la gouvernance démocratique en Afrique, dans le cas concret de la République du Rwanda dans la réalisation de la politique sociale de l'État, se concentre sur une véritable étude qui a confirmé les hypothèses, comme l'affirme Jean-Paul

Ngoupande, que le glissement dans la violence, le laxisme dans la gestion du bien public, le vol à grande échelle, ne pas savoir accepter les différences entre ethnies et régions, tout cela a des causes principalement endogènes, la dimension du génocide de 1994 , qui à son tour , le changement des politiques démocratiques a laissé le gouvernement quelque peu sceptique dans cette perspective. Ainsi que la non-acceptation d'une ouverture de candidats en lice pour les élections, a conduit le Rwanda à une permanence constante d'un régime autoritaire. Avec l'expansion de ses services et le développement économique, politique et social de l'administration publique de l'État, il peut assimiler la volonté politique d'ouvrir la candidature à d'autres partis politiques afin que le Rwanda puisse insuffler de nouveaux horizons dans les vrais airs de la vraie démocratie pleine.

Avec les objectifs atteints dans cette recherche, il favorisera la rationalité de la République du Rwanda à travers la mise en place de processus plus démocratiques pour encourager la recherche de la satisfaction des intérêts collectifs, bien que dans le fonctionnement du gouvernement de Paul Kagame il existe plusieurs facteurs qui ne pas offrir une expérience formatrice, il y a, dans cette réalité, des individus qui préservent l'autoréflexion et entretiennent le mouvement inverse de la primauté économique, dans la recherche incessante de la culture politique face au génocide de 1994.

Il est essentiel que le gouvernement s'engage en faveur de la liberté d'expression et de communication, sans négliger le contrôle strict de la renaissance d'un énième génocide, ainsi que la lutte contre la corruption et la promotion de l'éthique du travail. Outre le contrôle, l'enquête, la transparence, la responsabilisation et l'application de sanctions sévères aux actes liés à l'émancipation des discriminations ethniques, il est essentiel que le manager favorise les actions de formation, d'éducation et de réflexion au travail.

Le gestionnaire public, lorsqu'il est en charge d'équipes de travail, doit mettre en place un mode de gestion qui permette de sensibiliser les salariés au travail qu'ils effectuent. Chercher à encourager les discussions sur la finalité des activités qu'ils exercent et leur impact sur la société et sur les objectifs de l'institution à laquelle ils sont liés. Permettre au fonctionnaire de se reconnaître plus facilement dans l'action de l'État dans la ville, dans l'État et à la campagne, se considérant comme le facilitateur de l'exercice de la citoyenneté.

FINITION:

Lorsque nous arrivons au Livre 11 de la Collection Afrique, prévu pour contenir 12 livres, notre joie est très grande. Un sentiment d'accomplissement, mais avec le sentiment d'être célèbre, j'en veux plus. Le thème de l'Afrique est passionné et doit être vu sous de nombreux angles différents. Ce que j'ai mis dans les livres sont en fait mes angles de vision. En accomplissant exactement 62 ans, en 2021, avec pratiquement 20 ans de recherche, dont 10 déjà en territoire africain, achevés en septembre 2021, le même mois où j'achève ce travail, je peux assurer au lecteur que le continent africain est le continent du présent et du futur.

Cependant, les pratiques laïques faites par les générations passées doivent être définitivement abolies. Le respect du continent africain, ainsi que du peuple africain, est fondamental pour que nous nous présentions comme des êtres humains, dignes d'occuper, même temporairement, un espace sur notre planète terre.

De nouvelles générations viendront et, j'en ai la foi, mieux forgées, dans une vision nouvelle et importante qui est le développement du continent africain, sans dépendance vis-à-vis des autres continents.

Pour tout ce qui a été semé de mauvais et de négatif, le continent africain, berceau de l'humanité a fini par hériter d'un très haut passif, légué par les générations passées, que l'on ne peut en aucun cas augmenter.

Dans ce livre nous avons pu parler plus en détail de Simon Kimbangu, l'inspirateur de la Renaissance Africaine Moderne et terminer en attirant l'attention d'autres pays d'Afrique, sur Rwanda Management de Paul Kagame.

Tout au long de la Collection Afrique qui sera finalisée dans le prochain livre, nous attirons l'attention sur le CHANGEMENT DE PENSÉES ET DE MENTALITÉ.

Les défis sont immenses, mais les opportunités sont immenses. Issu de la diaspora africaine et représentant plus de 110 millions d'Afro-Brésiliens, je connais mieux que quiconque la force mondiale que nous représentons.

Le chemin est exactement celui-ci. Information et sensibilisation. "Si le bœuf connaissait la force qu'il a, il n'y aurait pas de clôture qui le retienne"

Au lieu de Révolutions, nous devons provoquer des ÉVOLUTIONS. Les changements viennent généralement de ceux qui en ont besoin.

J'aime voir des mouvements de type Black Lives Matter, mais on ne peut pas rester dans le champ des réactions. NOUS DEVONS AGIR et agir demande beaucoup d'engagement et beaucoup de travail. Sortons de la ligne de confort qui est plus la ligne de résilience, car le confort passe trop loin de la majorité des noirs à l'intérieur et à l'extérieur de l'Afrique.

Ce qui existe, ce sont des poches avec le visage de l'Occident. Ce dont nous avons vraiment besoin, c'est de l'élimination d'énormes différences entre les classes sociales.

Comme le dit très bien le Suédois, PAS PEU, PAS BEAUCOUP. Nous devons être audacieux pour planter cela dans les cœurs et les âmes des nouvelles générations. Je n'ai pas besoin de vomir pour pouvoir manger plus, alors que des millions de personnes meurent de faim en un an. (Dom Helder Camara).

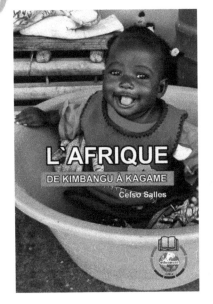

CPSIA information can be obtained
at www.ICGtesting.com
Printed in the USA
LVHW070833101121
702935LV00008B/716